# 大家看横山

（修订本）　　北京早春文化　编

从古到今，陕西北部横山周边方圆几十里相继出了赫连勃勃、梁师都、李继迁、李元昊、李自成、张献忠、高岗，绝非偶然

北京工艺美术出版社

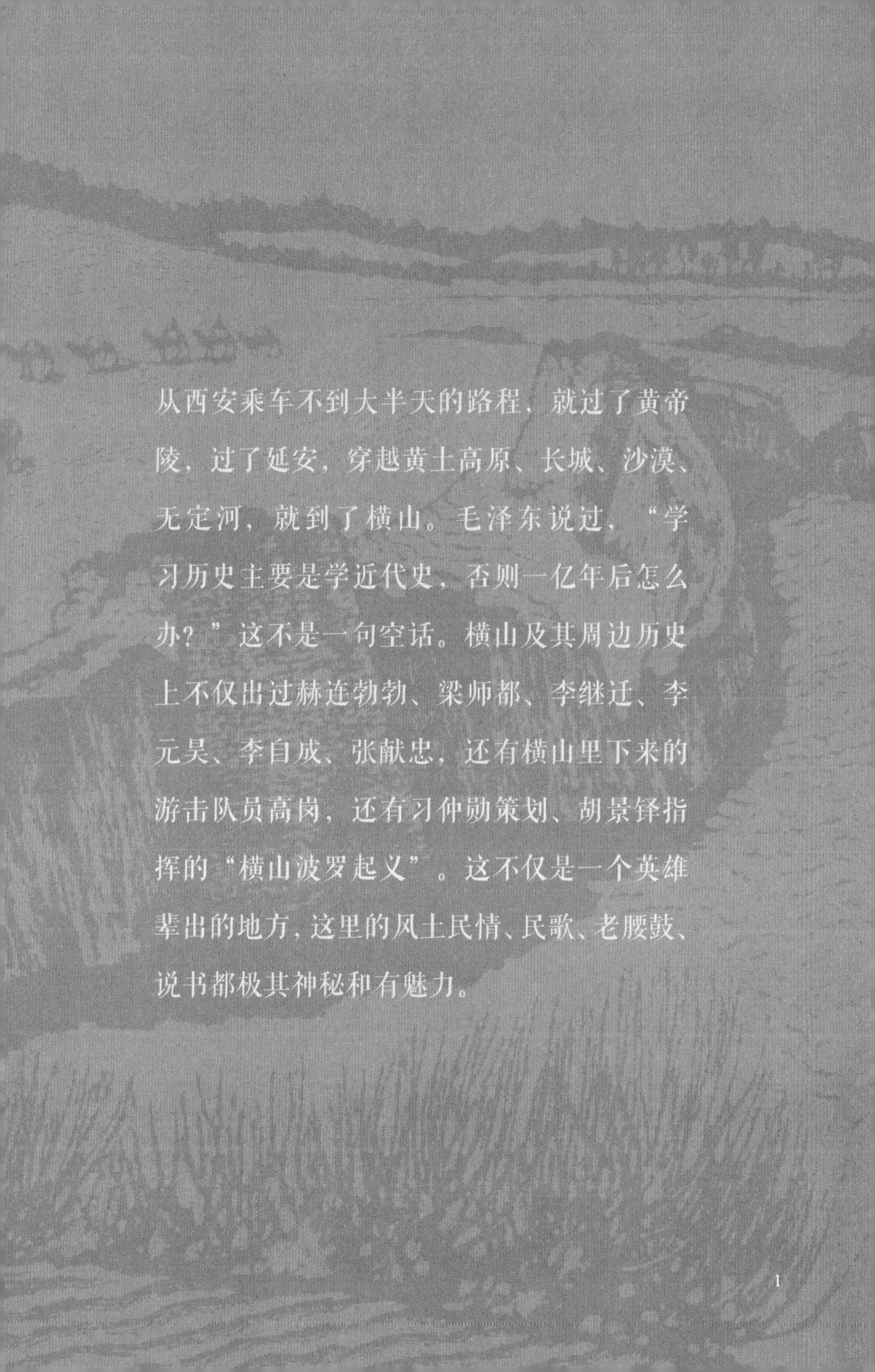

从西安乘车不到大半天的路程，就过了黄帝陵，过了延安，穿越黄土高原、长城、沙漠、无定河，就到了横山。毛泽东说过，“学习历史主要是学近代史，否则一亿年后怎么办？”这不是一句空话。横山及其周边历史上不仅出过赫连勃勃、梁师都、李继迁、李元昊、李自成、张献忠，还有横山里下来的游击队员高岗，还有习仲勋策划、胡景铎指挥的“横山波罗起义”。这不仅是一个英雄辈出的地方，这里的风土民情、民歌、老腰鼓、说书都极其神秘和有魅力。

# 为什么是大横山

每个人的故乡都是自己的，在梦里，在回忆中。每个人的心目中，小时居住的庄子说不定就是整个祖国乡村的象征。

我们今天编撰《大家看横山》，就是想让横山和陕北成为更多人的故乡。

人们都知道苏北、皖南、潮汕、湘西这些地方所包含的地理概念是什么，但外省人对“陕北”这个概念就比较模糊。20世纪80年代榆林知名文人龙云第一次提出了“陕北文化”的说法，但他的古道热肠，也仅仅停驻在热爱陕北、关注陕北文化的一小部分人们的头脑里。至于地理和行政区划概念上的“陕北”，对外省人来说，总是陌生。包括那些双脚从未踏上过这片曾被称之为荒凉之美的大地上的人们，时常分不清陕西人对“关中话”和“陕北话”的区别，事实上有这种认知的人也不在少数，另外一些人干脆以为陕北就是延安，而不知陕北的另一半，除了延安还有榆林。我们还经常看到一些热播影视剧里，同一角色的主角们经常在剧情里把陕北话和关中话混杂在一起说的情景。如改编自路遥同名小说的电视剧《平凡的世界》孪生兄弟田福堂、田福军在剧情里就分别操着关中话和陕北话坦然出场。在陕北人看来，这样啼笑皆非的硬伤还很多。这是一个值得反思的案例和现象，至少说明“我们陕北”对外地人的影响还没深入到“天下陕北”的范畴，陕北人常常面对故土的文化情不自禁，对天下人都爱陕北过度自信。怀揣着“本地粮票”按“全国通用粮票”行走世界。

陕北是陕北人的陕北，更是中国的陕北。对外省人来说，他首先要知道我们陕北在陕西省的位置、地位、历史传承及其文化，然后才能更深一步了解你们陕北和你们县。

陕北在哪里，陕北是什么？本书的作者大多是各领域的翘楚和权威，尽管如此，正如列宁所言："所有的譬喻都是深刻的，但所有的譬喻也可能是片面的。"专家们面对陕北的黄天厚土敬畏有加，感慨万千。纵是才情横涌，所能表达的也自是有限。本书作者之一宁夏民族大学杨蕤教授对此有个论断:"在考古学上，将具有断代和鉴定意义的标准器物定义为'标型器'，成为判断其他类似器物相对年代的重要参考。今天，要了解陕北文化，横山应该是一个必须去的地方,她不仅是观察陕北文化的一个窗口，更是理解陕北文化的一个'标型器'。"

我们选择了横山。横山的地貌概括性强，黄河（无定河）、黄土高原、沙漠、长城、秦直道，陕北有的横山全有。横山及其周边出的帝王最多，赫连勃勃、梁师都、李继迁、李元昊、李自成、张献忠，包括共产党开国副主席高岗都诞生在距其方圆几十里范围内。横山资源全，煤、油、气、盐不是最多，但全有。横山民俗文化丰富，陕北民俗文化代表性作品腰鼓、民歌、说书多源于横山。横山文物史迹繁盛，仰韶龙山文化遗址、秦明古长城、上郡遗址、古银州及其周边的大夏统万城、高柏山黄帝陵，等等。简言之，如果要在陕北 20 多个县区市找到一个县，能高度概括陕北的风土、地貌、人文、历史等，非横山莫属。

# 陕北的概念

陕北地区包括榆林和延安两市，涵盖子午岭、黄龙山以北，毛乌素沙漠以南的黄土高原区域。这一区域为中国黄土高原的中心部分，占据黄土高原约 1/6 的面积，习惯上称为“陕北黄土高原”，自古为中原民族与北方游牧民族交流、融合之地，汉以后逐渐发展为半农半牧区，被称为拱卫京师的咽喉之地（延安）和前沿阵地（榆林）。延安全市面积 3.7 万平方公里，总人口 226 万；榆林全市面积 4.35 万平方公里，人口 383.84 万。我们这本书要说的横山就是位于榆林市西边的一个区，2016 年 10 月撤县设区。

# 横 山 区 行 政 区 划 图

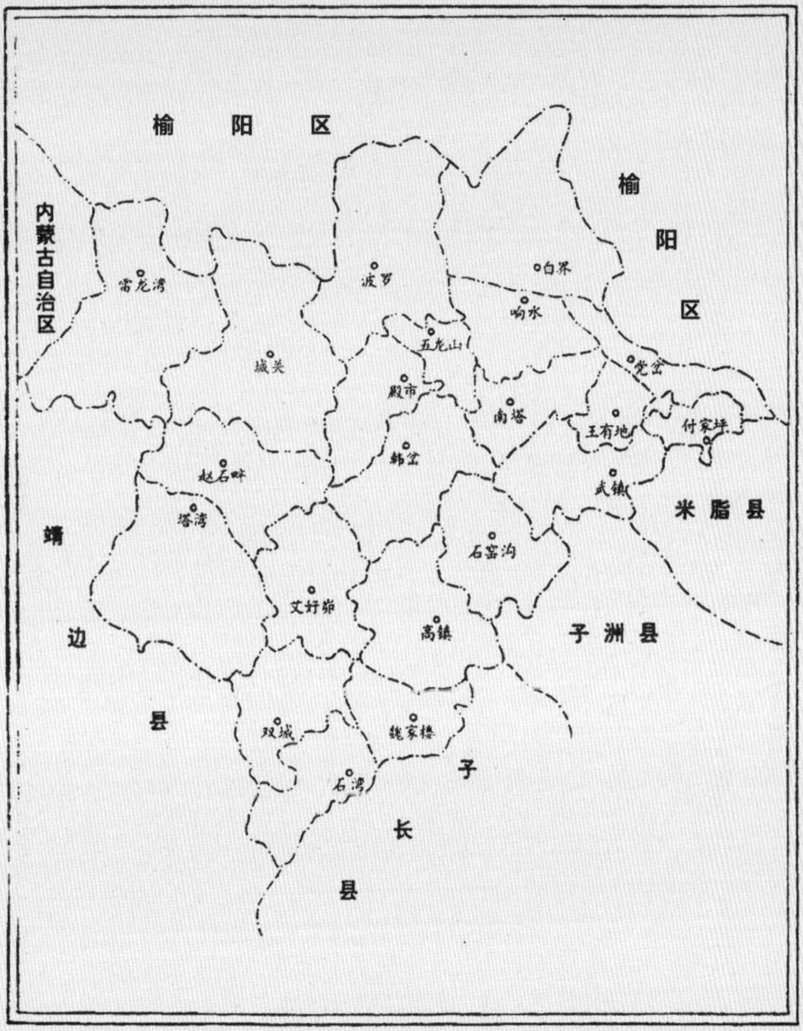
榆阳区
内蒙古自治区
榆阳区
雷龙湾
波罗
白界
响水
五龙山
城关
殿市
党岔
南塔
王有地
付家坪
韩岔
赵石畔
武镇
米脂县
塔湾
靖边县
石窑沟
艾好峁
高镇
子洲县
双城
魏家楼
石湾
子长县

# 大横山

从古到今，横山周边方圆几十里地区相继出了赫连勃勃、梁师都、李继迁、李元昊、李自成、张献忠、高岗等历史名人，这种现象绝非偶然。正如作家路遥、陈忠实、高建群所言：这里所拥有的最大财富是心智和体魄都极其卓越的几百万男女。他们创造了具有中华文化代表性意义的无定河

文化。这里文化的深厚如同其间的黄土大山。这样的沃土上，必然会长出许多栋梁之材。在中国历史上，这里演出过惊世骇俗的历史大剧，并且为祖国奉献出一批才华出众的英雄儿女。他们心比天高，命比纸薄；他们自命不凡，以致目空天下；他们大都有些神经质；他们世世代代做着英雄梦，并且用自信去创造传说。

# 横山概况

陕西的地图上有一个县，它的形状就像一面迎风飘扬的红旗。这就是我们的横山区。

横山区原名怀远县，取“怀柔边远”之意。因它与安徽省怀远县重名，民国三年（1914 年）北洋政府内务部令改怀远县为横山县，以境内横山山脉命名。2016 年 10 月横山撤县设区。

横山区位于陕西省北部，榆林市西面。它联系着黄土高原宽广浑厚的身躯，占据着逶迤两千余里的横山山脉的中脊，偎依在雄伟壮观的万里长城的臂弯，吮吸着奔腾不息的无定河的乳汁。它古为塞北军事要冲，兵家必争之地，今如一颗璀璨的宝石，耀人眼目。

全区辖 13 个镇（石湾镇、高镇、武镇、党岔镇、响水镇、波罗镇、殿市镇、塔湾镇、赵石畔镇、韩岔镇、魏家楼镇、白界镇、雷龙湾镇）、5 个街道办（城关街道办、怀远街道办、夏州街道办、怀仁路街道办、崇德路街道办事处）、1 个国营农场（石马坬农场）、4 个便民服务中心（南塔便民服务中心、艾好峁便民服务中心、双城便民服务中心、石窑沟便民服务中心），214 个行政村，总人口 38.3 万。

区境地处北纬 37°22' ~ 38°14' 和东经 108°56' ~ 110°02' 之间，东西最宽处为 97 公里，南北最长处约 102 公里，总面积 4333 平方公里。

区境最东端为党岔镇朱家沟村，最西端为雷龙湾镇沙梁村，最北端为白界镇老庄子村，最南端为石湾镇中青湾村。

环绕本区四周的，北为榆阳区，东为米脂县，东南是子洲县，正南是延安市子长市，西为靖边县，西北有内蒙古乌审旗。

横山地处黄土高原北部，毛乌素沙漠南缘，为黄土高原向内蒙古鄂尔多斯台地过渡带。横山地势大致从西向东倾斜。西南及中部高，海拔在 1300 ~ 1500 米之间；东北及南部低，海拔在 900 ~ 1200 米之间。西南部双城办事处的石楼墕为最高处，海拔 1534.9 米；东北部无定河出境处河床（党岔镇朱家沟）是最低处，海拔 879 米。

横山地貌以无定河及其支流芦河为界分为两大类型：

无定河以南、芦河以东系山峁沟川构成的丘陵沟壑区；无定河以北、芦河以西属沙丘滩梁构成的风沙区。

丘陵沟壑区面积为3033平方公里，约占全区总面积的70%。大理河、小理河、马尾河、黑木头河、武镇河、石窑沟、柿子沟、胭脂河等，犹如一柄柄利剑，把这块黄土地切割得姿态万千。主要形态有黄土长梁、山峁坡塌、残塬断涧、平川沟台等，大多适宜耕种放牧。

风沙区面积1300平方公里，占总面积近30%。秦汉时期，这里尚是“沃野千里”“水草丰美”的地方。后来由于战争破坏及掠夺式耕作，破坏了森林草原植被，造成了沙漠长驱直入的荒凉景象。新中国成立以后，人们连年经营防护林带，飞机播种种植沙蒿、柠条等，这些措施基本控制了沙丘南移。风沙地貌的基础地形为低缓的黄土梁峁及冲积滩地，大多可以耕作，许多沙丘荒滩也正变为农田。

鸟瞰下的横山地貌，是一派龙飞凤舞的景观。南北全境的长梁大峁，像千百条黄龙腾跃，而如牛兴山、小原山等数十座高山则像抛在空中的宝珠。二龙戏珠，已是美景，千百条龙戏数十颗珠又是多么壮观啊！全区南北有几十条支流汇入大理河、芦河和无定河，这些水流由万千条细流汇成。小流、支流经过的沟谷，色彩斑斓，尤其东南部山沟里黄土层下压着红土层，黄土层上长着青翠的树木、花草、庄稼，这些景象恰像凤凰展翅，飞迎朝阳，令人赏心悦目。

横山，像镶嵌在毛乌素大沙漠南缘的一颗宝珠，在广阔浑厚的黄土高原上熠熠生辉。富集的水、土、动植物资源，富饶的地下矿藏，激励着横山人民奋发图强，同奔小康。

煤炭：横山煤炭储量大，分布广，质量高，易开采，是举世瞩目的神府特大煤田的重要组成部分。天然气：横山地处陕甘宁盆地大气田的中心地带，境内普遍储有通连、稳定的大面积天然气。岩盐：横山地下的岩盐储量，是煤储量的22倍。岩盐既可提炼最纯净的食用盐，又是化学工业的重要原料，属上等精盐。高岭土：分布在横山殿市、韩岔、波罗、党岔、魏家楼等乡镇，是烧制普通陶瓷和高档细瓷的优质原料。石油：横山石油资源主要分布在石湾、魏家楼、双城及雷龙湾等乡镇一带。

横山自古为边塞要冲地带，是农耕民族与游牧民族激烈争夺、逐步融合的地方。古代的横山与全国息息相关。国家强盛，横山繁荣；国家衰弱，横山凋敝。占有横山，进可攻，退可守，守可安；失去横山，延安殃，长安慌，关中危。

横山，从广义上讲，指从宁夏六盘山向东北延伸到黄河岸的连绵1000公里的山系；从狭义上说，指在无定河、芦河、大理河之间的山脉，一般用狭义。白于山之东的这个大三角，是关中的影壁墙，是河套以南第一大障碍。这里演出了无数意义重大的悲喜剧，留下了足以补证史书的一处处古迹。

# 上郡银州

上郡在现在的什么地方呢？一说在绥德，但绥德在西汉属西河郡，而汉与秦的上郡是一致的。另一说在榆林市的鱼河堡，这也值得考证，因为从古以来中原农耕民族要防御北方游牧民族的侵扰，上郡修在鱼河堡就是背水为城，不符合军事常识。战国、秦、汉时，从绥德去包头的北边川路，是沿无定河西岸上行到党岔，过河经鱼河堡北去的，原因只在安全方面。

上郡建在肤施，肤施就是今党岔。党岔背靠的横山山脉，像一座巨大的城堡，可藏雄兵百万。而面前环绕的无定河是一条天然的护城河，在军事上具有重要价值。党岔正对的榆溪河川，是由河套内外向南行进的咽喉要道。军队在党岔一驻军就完全控扼住了战场，而从党岔出兵北进，可以横扫千里而无阻挡。

战国魏文侯时期这里置肤施县，后设上郡治所，秦汉沿袭，至建安二十年（215 年）废。南北朝周武帝三年（563 年）始置银州，直至宋崇宁五年（1106 年）废银州为银州城，共有 1540 多年的历史。其间经过多少次血与火的洗礼，银州仍保有要塞遗风。古城由上下两部分组成，俯视呈螺号形，上城居西北高岗之上，下城在东南低缓的冲积平地，两城海拔相差 70 米。两城中隔有一道厚半米、高近两米的残垣。城墙夯土版筑，东、北墙长各 400 米左右，外有长宽各 4 米的马面 4 座。西南垣包为 800 米长的弧形，西北和北面各留瓮城基址1座，西瓮城门洞用石头拱券，门洞宽达1.7米。只有东南垣部分毁成耕田，或被建筑物占领。古城遗物有板瓦、筒瓦、石条和砖等，砖上有细绳纹。城内出土物有瓷柱子、瓷钵、三彩瓷壶、瓷酒杯、陶人玩具和礌石、石索石，等等。

今日的党岔，“稻菽千重浪”，车水马龙，商铺林立。

## 古长城

横山古长城位于横山区西北部，为古代重要军事设施之一。分布在横山区波罗、城关、雷龙湾、赵石畔、塔湾五镇，全长107公里。城墙全用胶土夯成，版筑墙心，条石铺底，大砖砌表，十分坚固。高度、厚度随地形不同，一般高15米、底宽20米左右。境内留有130多座烽火台和近10处边口。

横山境内修长城的历史是从魏国开始的。魏惠王九年（公元前361年）“魏筑长城，自郑滨洛以北，有上郡”。秦惠王初更元年间，张仪为秦将，“筑上郡塞”。秦昭王时大规模修长城，秦始皇、汉武帝都在秦昭王长城基础上拓展。隋朝七次修长城，征发数十万人，本区内长城的走向与秦长城略同。

明朝成化年间，余子俊先是“铲削两边”，由鱼河堡过党岔，沿无定河南岸和芦河东岸陡坡立崖掘挖成“二边长城”，然后在隋长城基础上修筑“大边长城”。后来余子俊又对长城进行了几次加修和维护。余子俊开始筑长城时，有些人怀疑是否真正用得上。到成化十年（1474年）时，边寇入犯，守将驱逐，寇骑被扼制在大边两边墙堑的中间，他们散漫奔逃不得出去，被全部歼灭。边塞人们越发歌颂余子俊的功劳。

每家每户、每个单位都修筑院墙，对付骑马的抢掠者，在军事手段落后的古代，修筑长城之举不应当被说三道四。

## 无定河

一条发源于榆林市定边县白于山脉北麓的大河，无定河古称口河、奢延水，又名朔方水、朔水、生水，俗名晃忽都河，全长491公里。无定河汉代由榆溪河汇入黄河一段通称帝原水。唐代起下游沿用奢延水，上中游更名无定河。北魏时期著名地理学家郦道元在其所著《水经注》中介绍了奢延水的水文特征及周边流域概况。直到明代，无定河才确定了如今的名称，上游称之为红柳河，中下游统称无定河。无定河湿地在横山境内长约80公里，对当地的生态环境起着不可低估的作用，无定河是黄河中游较大的一级支流，横山段正是从沙地生态类型向黄土高原生态类型的过渡段，有明显的风沙地貌、河谷阶地地貌和黄土地貌三大地貌特征。区域内滩涂面积大，河流两侧地形开阔，水体污染较轻，水质良好，具有典型沙漠河流湿地的特征。

## 关塞城堡

在横山区广袤的4000平方公里土地上，战国到宋、明所修筑的关塞城堡随处可见。

横山区西南大理河上游地区是一片军事要塞。秦汉的阳周县完成使命后，唐宋时乌延城又成了战略关键。唐长庆四年（824年）节度使李佑修的护塞五城之一的乌延城，成为宋神宗时对付西夏的两种主张争议的焦点。关于乌延城城址，现在的说法不一。遍考横山靖边的古城遗址，只有靖边县青阳岔镇卧牛城遗址完全符合沈括、种谔描述的情形。卧牛城东数十里范围，宋代有四个连锁式城堡。白狼城东城子梁有古城遗址，为宋威羌塞。石湾镇为万安堡。双城为御谋城，现有残址。双城与石湾东北方向还有芦移堡。这四个城堡都属延安府管辖，连同种公台等，多少起到保卫乌延城的一些战略作用。

宁州关雄踞于横山区南部魏家楼镇麒麟沟东两公里许的大理河北岸，控东西交通之咽喉。北对层峦叠嶂的炉齿圪塔，南瞰奔腾的大理河，东西低谷，关山似欲直插大理河南岸，将水斩断，形成川口险峡，易守难攻。关上今有城址，呈方形，夯筑而成，内外城分明。关下校场坪和赛马场等遗址清晰可辨。城墙总长五百多米，四面墙高都在6米以上，厚达3米。宋代这里有威戎城，属延安府管辖，宁州关当为其遗址。

三捷关，俗称斩贼关，相传明参将陈长祚在此三次抗击河套南侵之敌皆获大胜。在明代两百多年里边寇对陕北人民的祸害相当惨烈，所以人们对三捷关这样的胜利格外欢欣鼓舞。明末在关上建武安王祠，名勒丰碑。三捷关雄峙于横山区东10公里的大川沟中游，三面悬崖峭壁，中间仅通一道，形势甚为险要。过去，三捷关是横山走榆林的必经之路，是横山北面的门户之一。

响水、波罗、怀远、威武和清平五堡，是横山明代屯兵防守的重要设施。

响水堡位于横山区东50公里的无定河南岸山上。明正统二年（1437年）此处设响水寨，明万历和清乾隆年间重修垛口和城垣。堡城周长一千多米。

古代这里的无定河上有天生石桥，水由桥下石洞激射而出，轰响如雷，像人舌翻动，大声讲话，所以无定河原取名圁（yín）水。明代时旧桥塌毁，人们又凿新桥，给它取个通俗的名字叫响水。

波罗堡位于横山区东北25公里的无定河南岸的山上。怀远堡遗址在横山区南1公里处。威武堡建立在横山区西南28公里的芦河与杨小川交汇处的东山畔上。清平堡建于古长城南 15 里的砖营儿。

五堡都在“二边长城”线上，前三堡在清代近代都是驻兵要冲。

## 秦直道

横山苍苍茫茫的群山草野中间，隐藏着这么一条落满历史尘埃的道路——秦直道。

秦直道是秦始皇三十五年（公元前 212 年）令大将蒙恬，从阴山下九原郡通至秦都咸阳西北林光宫的一条直通大道。战国时代就有从关中通往上郡和北边的直路或大路，蒙恬是在此基础上拓宽和取直的。直道全长 900 公里，跨越蒙、陕两省区的十多个县市。横山是直道沿途所经县境中，里程最长的一个。

秦直道从波罗镇的康梁进入横山境内，经大川沟、怀远堡、元坪、威武堡等城堡村庄，向狄青塬、八岔前行，由清平堡出境，计 75 公里左右，约占直道全程的 8%。

秦直道的修筑，挖山填谷，线形顺直。横山威武堡东侧山梁上由南向北有羊路墕、盘路湾、沙墕、墕口等古道垭口连成一线，这一特点尤为明显。秦直道是一条重要的国防公路，道路与烽燧并行。道路两侧五里一墩、十里一台，从战略上显现出秦以积极的态势来对付与之交界的戎族。无定河水磨沟东石嘴娘娘庙台留有渡河遗址，狄青塬北墩、八岔附近的花园圪垯是秦行宫遗址。

秦直道从帝王之都延伸到漠北匈奴，成了一条联结戎汉两族的南北大动脉。它几盛几衰，人们在这条路上演绎出多少悲悲喜喜的历史故事。

## 道佛圣地

李自成父亲“祷于华山”求得自成的传说，在《明史》、地方志和许多私家著述中有记载。这个华山，不是西岳华山，而是位于李自成故居与出生地之间的韩岔乡李四同村的华山。这山脚下有一座石宫寺，又名古佛寺、华严寺，明天顺年间、清咸丰年间两次重修，有碑文记载，还有明嘉靖铁钟一口。这里地名寺水镇，明以前就是巨大寺庙群，今有五个石窟留存，保有八卦藻井、壁画、须弥莲花座等。

位于波罗古堡城西的接引寺创建于唐代，明清重修。《怀远县志》记载：“堡西山石峻起，上有足形，一显一晦，俗传为如来入东土返西天之所，故构波罗寺，供如来像于其中。”寺内原有石洞卧佛、摩崖石佛、如来足迹等。石佛刻在大山石上，高 4 米、膀宽 1.5 米。远观胸臂分明，五官清晰。

芦河中上游的响铃塔建于元泰定年间（1324—1328 年），

初装风铃，风吹铃响，声传甚远，故名。塔为密檐式八角形11层砖石结构建筑，高约30米，底围24米，顶围4米。塔身中空，内有壁画，建筑坚固，工艺精湛。塔下是红门寺。庙为石窟，明清扩建。石窟坐东北、面西南，计有10窟。窟内造像皆是石胎泥塑外用彩绘，有坐有立，逼真传神，栩栩如生。甚至连人体的肋骨、血管都塑得惟妙惟肖。隋唐时这里设宁朔县，红门寺、响铃塔是其余风流韵。

位于横山南14公里的芦河东岸的龙凤山，从墩梁山蜿蜒而来，突兀地屹立在芦河川中，犹如盘龙。山势雄伟壮丽，周围风景优美。山坡西南有层层庙宇倚山而建直至山顶，共计三十余座，规模宏大，工艺精巧，由断碑可知为明万历年间复修。庙群距古水十九平塌4公里，可能与当年的城堡、关塞相匹配，作为道佛圣地，已有悠久的历史了。

法云寺俗称五龙山庙，位于横山区殿市镇五龙山村的五龙山支脉上，山体高70米，像一只巨大的龟体横卧在黑木头川中，呈南北走向。寺庙就建于山体上，东依银塔山，西眺黑木头川和韭殿四级公路，南北临沟，距横山区30公里。

据民国十八年（1929年）于右任题鉴的《陕西横山县志》记载：寺庙始建于唐代，明万历、崇祯，清康熙、乾隆、嘉庆年间对该寺进行扩建和维修。

五龙山法云寺为省级重点文物保护单位。

# 先有清凉寺，后有榆林城

明代宝瓶式砖喇嘛塔·清凉寺附属遗存。又称凌霄塔、林孝塔（见诸多种著述），后者当系凌霄塔谐音之讹传，位于横山区党岔镇胡新窑村北约一百米的下寺峁山上，南距清凉寺河约二百米。寺始建年代不详，当地有『先有清凉寺，后有榆林城』之说。现塔位于下寺峁山与上寺峁山的两山鞍部，据此推测，曾经的清凉寺规模较大，分为上寺和下寺。后世废为遗址，近年有所恢复。

——摘自《陕西古塔》

无定河流经横山境内80公里

# 目次

# 目次

**可怜无定河边骨**
**犹是春闺梦里人**

誓扫匈奴不顾身
五千貂锦丧胡尘
可怜无定河边骨
犹是春闺梦里人

《陇西行》

唐·陈陶

# 横山为什么重要

李零
北京大学教授，历史学家

2013年8月，也就是五年前，陕西临潼秦始皇帝陵博物院曾安排我和美国加州大学洛杉矶分校的罗泰教授到榆林地区考察。榆林文保所的乔建军所长陪同我们跑过很多地方（那次不巧，他把腿摔坏了，没能跟我们见面）。那次，我只吃过横山羊肉，未能到横山一游。横山是我最想去的地方。横山为什么重要？我在我的《陕北日记》（收入拙作《我们的中国》）中有所讨论。榆林地区是西汉的上郡，上郡的治所在肤施。肤施在什么地方，过去一直说不清。我从书上读到，肤施有五龙山仙人祠、黄帝祠、天神祠、帝原水祠，即

2018 年 4 月 12 日，李零在李自成出生地——横山石窑沟常峁墕村

著名的肤施四祠。肤施四祠是汉宣帝所立，在西汉祠畤中有很高的地位。五龙山在横山殿市镇五龙山村（我在《陕北日记》中把“殿市镇”写成了“城殿镇”，抱歉），山上有法云寺，山下有黑木头川。我们找到五龙山，就找到了肤施。2018 年开春，北京早春文化安排我到横山，看到五龙山，我很兴奋。我怀疑，肤施四祠就在五龙山附近，帝原水可能

就是黑木头川。黄帝祠可能与阳周桥山黄帝冢（在子长市高柏山）有关，是汉武帝祭的黄帝冢。可惜的是，我还没去过高柏山。另外，西汉鸿门县有天封苑火井祠（与燃气井有关），也应在横山境，可能在五龙山北，鱼河堡（汉圁阴县）以西，是个值得进一步探索的地点。这是我的初步印象。当然，李自成的传说，高岗故居和怀英阁也给我留下深刻印象。横山区的读音太有意思，听上去很有气势，就像那里的天，天高云淡，就像那里的地，沟壑纵横，还有横山歌手的表演，令人荡气回肠。

## 横山为什么重要？（外一篇）

肤施疑在横山西北与榆林东南交界处，秦长城和无定河的夹角里。班固注：“有五龙山、帝原水、黄帝祠四所。”

肤施是上郡首县，为上郡治所。上郡二十三县，此县最重要，但谁也说不清它到底在哪里，令人遗憾。旧说肤施在榆林鱼河堡，主要是因为把帝原水当成榆溪河，以为肤施故城一定在榆溪河与无定河的夹角里。但现在大家都已知道，榆溪河与无定河的交汇处是汉圁阴县，肤施还在它的西面，肯定不在这一带。吴镇烽怀疑，肤施在靖边杨桥畔的龙眼城，虽他把肤施放在西边，比起旧说把它放在东边好，但这个位置又太偏西南，远离无定河，也不符合古人的描述。寻找肤施，班固说的

肤施四祠是重要线索。《汉书·郊祀志》说，汉宣帝“立五龙山仙人祠及黄帝、天神、帝原水，凡四祠于肤施”。对比可知，班注遗天神祠。五龙山仙人祠，山在横山殿市镇五龙山村，高出地面70米，山上有庙（前身是唐代的法云寺），是肤施境内的第一名山。黄帝祠与黄帝陵有关。黄帝陵在阳周桥山。我们从考古发现看，龙眼城才是阳周。祠、庙如果比邻，则黄帝祠可能在横山西南。帝原水，东南流，注无定河，是肤施境内的第一名川。上文已说，此水可能是海流兔河以东的某条河。我怀疑，可能即喇嘛塔以东的那条河。这一山一水一庙，可以卡定肤施县的大致范围。我看，今横山、榆林间，只有一个地方最符合这一条件，就是秦长城和无定河的夹角。今横山区的西部，县城在芦河上，秦长城和两道明长城夹河而上，包着它的西北两面，五龙山在其东，我想，这一块就是肤施县的南部，而肤施县的北部，一定是榆林市的西南角。郦道元说，肤施城在帝原水和奢延水交汇处以东，奢延水是从肤施县南流过，可见城在北岸。上郡别名增山，郦道元引司马彪说：“增山者，上郡之别名也。”增有积高累重之义。增山者，犹言层峦叠嶂。今横山区南有横山山脉，平均海拔1400米，县名虽晚出（1914年），但以山名县，正合古义，可以反映肤施的地形地貌。它的位置，估计应在秦长城和无定河的交叉点。长城线上，北有龟兹，南有阳周，它是中心。无定河上，西有白于、奢延，东有圆阴、圆阳，它也是中心。上文提到无定河上有“肤施五县”。我把它们从西到东排了个顺序：肤施第一，鸿门第二，圆阴第三，平周第四，圆阳第五。这五县，肤施属上郡，鸿门、圆阴、平周、圆阳属西河，两郡界线在肤施、鸿门之间，可见没法把肤施放在鸿门以东。

盛开在横山塔湾镇狄青塬上的花棒（细枝岩黄耆）

# 横山：陕北文化的『标型器』

杨蕤
北方民族大学民族学学院院长、教授、博导

庚子夏天，北京早春文化编撰《大家看横山》准备出版修订本，嘱我写一篇。作为一名土生土长的横山人，要梳理反思自己家乡在更大空间范围内的文化坐标，还真有一种“不识庐山真面目，只缘身在此山中”的感觉，尤其对区域文化特质的考察，旁观者更能从理性的角度进行分析判断。人类学上最著名的例子就是美国哥伦比亚大学教授本尼迪克特从未踏上日本的土地，但其所撰写的《菊与刀》却能触摸到日本人群体性格的“七寸”之处，因此成为人类学的经典著作。当然，这是极其个别的特例，对一个区域的了解最好

杨蕤（前右一）在横山考察“牛碾子”

还是亲自走一走、看一看，获得的现场感有助于认识上的提升。早春邀请全国名人贤达亲赴横山考察，通过“他者的视野”来解读区域文化，是认识横山区域文化的良好契机。笔者是喝着甘甜的芦河水长大的孩子，虽不敢说熟稔横山各地的沟沟川川、峁峁梁梁，但多少了解一些家乡的历史掌故、风土人情，加之在日常的教学与研究中对陕北历史文化略有涉足，因此仅从个人体验和历史地理维度谈一点儿对家乡区域文化的看法。

横山区的得名直接与白于山有关，不过这个名称屡有变迁。白于山要比横山出现的更早一些，至少在魏晋时期就有此名，较硬棒的证据就是《水经注》卷16载洛水出洛源县北白于山。若依《山海经》的说法就更久远了：西二百五十里，曰白于之山，上多松柏，下多栎檀，其兽多牛、羬羊，其鸟多鸮。洛水出于其阳，而东流注于渭；夹水出于其阴，东流注于生水。当然，奇书《山海经》里头所讲的白于山是否就是今天陕北地区的白于山脉，尚可讨论，但白于山的出现的确有些年头了。唐人继续沿用这种称呼，《元和郡县图志》里讲到洛水出于白于山，白于山又名女郎山，在洛源县北三十里。不过白于山在唐代文献中出现的频次并不高，反而在今天安塞区境内的芦子关却有着极高的“出镜率”，杜甫还专门写下《塞芦子》一诗传世。宋代以降，白于山山脉成为宋人歼灭西夏、实现一统江山过程中难以逾越的地理屏障，即便是宋军翻越了横山山脉，即为强弩之末，不堪一击。元丰时期的五路伐夏就是极好的明证。诸多历史事实表明，这座东西走向的山脉犹如一道北国长城横亘在宋军面前，使其无法实现对西北唐朝旧地的收复和控制。横者，障碍也。这大概是宋人把这座横亘在面前的山脉改为横山的缘由吧。对于宋朝来说，横山不仅仅是地理意义上一座“横”着的山，也是战略意义上的一座“横”着的山，更是“横”在宋人心里的一座山，就像西夏政权一样“麻缠”。因此，历史上横山一词基本上为宋人的专利，宋人对横山的认识也最为精深。不仅知道这一带老百姓能打仗：惟横山一带蕃部，东至麟、府，西至原、渭，二千余里，人马精劲，惯习战斗之事，与汉界相附，每大举入寇，必为前锋。而且认识到横山地区能养活人：夏国赖以为生者，河南膏腴之地，东则横山，西则天都、马衔山一带，其余多不堪耕牧。宋人还把环庆路一处新筑城寨命名为“横山寨”。20世纪60年代，日本学者前田正名先生就宋夏围绕横山山脉的争夺和经营专门写了一本书，名曰《陕西横山历史地理学研究——10-11世纪鄂尔多斯南缘白于山区的历史地理学研究》，其中指出北宋时期广义上的横山范围从鄂尔多斯南缘的麟州开始，一直到六盘山山麓一带的广阔山地，狭义上的横山范围仅仅指以白于山主峰（今靖边县南）为中心的东部山地地区。要认识横山区的文化禀赋，这是一个十分重要的历史背景。

此后的元明清时期基本弃“横山”不用，横山基本上失去了战略屏障的作用，白于山一词再次进入官方文献的视野。雍正九年（1731年），清朝政府把设置于明代的怀远堡升格为怀远县，不少土地是从相邻的米脂县等县划拨而来，其中就包括李自成的出生地和成长地，横山人终于有了自己的郡县归属。记得小时候我的奶奶经常提到怀远，年幼的我一脸懵懂，不知道怀远为何地，长大后才知道怀远就是横山。陕北榆林地区的一些县名具有十分明显的边地风格，如绥德、定边、靖边、怀远等，具有十分明显的历史印迹。明清时期，虽然陕北一带沦落为蛮荒远鄙之地，但朝廷派来的一些地方官员尚有一定文化素养，即便在晚清时期，竟然还有一些顶着进士帽子的贵州、广西、云南等外乡人来到怀远县做地方官，尤其是修撰的几部《怀远县志》成为今人了解这块土地历史的必读物，不少陕北地名概出于这批文人之手。

历史就是这样，总是在来来回回中行进，活着的死去，死去的又活过来。1914 年，也就是民国三年，横山一词再次进入了官方的视野：为别于安徽省怀远县，北洋政府将怀远县更名为横山县，依据则是横山山脉主峰横亘其南，横山山脉终于派上了用场。据说当时存在一百多个重名县的情况，甚至有四县、五县、六县同名的现象。北洋政府内务部确定更名的原则是“凡两县同名，存其先置，新名从旧，仍还故称”，也就是比历史长短，历史长者胜出。由于安徽省的怀远县始于宋代的怀远军，陕北怀远县始于明代的怀远堡，对比结果自然是前者保留、后者更名。现在的横山父老乡亲们或许已经忘却了从怀远到横山更名的大事，但事实上，怀远要比横山有着更为深远的影响和印迹，因为其在陕北大地上毕竟存在了 500 多年的光阴（1458 年明朝建立怀远堡），要说有什么负面影响的话，一是这次更名割断了历史记忆，二是从修辞音律的角度看，怀远比横山表现得更好一些，尤其陕北话经常把横山读成“混三”，听上去并不十分顺耳。2016 年横山撤县设区，是纠正这一历史误会的绝佳机会，因为市辖区与县名还是有区别的，不存在重名的弊端，这样就可以巧妙避开民国以来县不重名的规定，没有人再会混淆榆林市怀远区与安徽省怀远县。既然失去机会，只能等待下一次机会的到来。

一路坎坷走来大横山的文化密码就隐藏在这不起眼的山川沟壑、河涧溪流之中，若用几句话来概括其地理特点，即“一河弯流过，八水绕横山；农牧一业兴，蕃汉居其间。”

“一河弯流过，八水绕横山”针对的是横山的自然地理。这里的一河是指无定河。围绕无定河确有太多的历史内涵，挖掘梳理横山历史文化脉络一时也离不开无定河。无定河就是榆林的母亲河，她用甘甜的乳汁喂养了一代又一代陕北人民，哗哗河水里流淌的是金戈铁马、战马嘶鸣的壮阔历史。众所周知，黄河“几”字形的流向在全世界万千条河流中是绝无仅有的现象，成为世界流域史上的一道亮丽风景。巧合的是，无定河的流向与黄河极为相似：先是由南及北，然后由北及南转了一大弯，犹如一只弯曲的母亲手臂，而横山这块土地则是母亲臂膀里一个正在哺乳的婴儿，无定河将她温柔地搂在怀里。无定河似乎特别眷顾这块土地，特意在这里拐了一个大弯，继而奔流南下，投入黄河怀抱。正是由于无定河这一特殊的流向，造就不少横山境内东、南、北三个流向的支流。较大的北向支流有黑河则、芦河和黑木头川，其中芦河流经横山区，黑木头川是出于横山的心脏地带。东向的河流除横山境内的无定河段外，由北到南依次排列的马湖峪沟、小理河和大理河。高岗故里就处于马湖峪沟的北侧，当年高岗就是沿着这条沟走出大山，进入无定河大川，北上榆林，东赴北京。大理河曾名平水，宋代以后被称为大理河，沿用至今，两岸地势开阔，尽为膏腴之地。加上南流的海流兔河和榆溪河，形成了横山境内多种流向的河流格局。除了发源于毛乌素沙地的南向河流外，其余河流基本上发源于横山山麓，涓涓溪涧就像横山山脉的一个个孩子，四流而去，奔流不息，形成群水绕高山的自然景观。

陕北地区的河流中，除无定河等极少数河流可用滔滔河水来形容其水量的大小，其余河流则可用汩汩涓流来形容，只有到了八九月份雨季来临的时候，这些河流一改平日平缓温顺的性格，就像一条条巨龙，席卷着滚滚泥沙一路狂吼着奔涌向前，一阵暴风骤雨之后便恢复往日平静，陕北百姓俗称为“发山水”。但对于地处黄土高原北缘的横山地区，十年九旱所带来的压力恐怕远远高于山洪所带来的恐惧。虽然这些河流不能形成水量巨大的滔滔江河，但成为滋养两岸百姓的生命之河，由此衍生出各式内涵丰富的“水文化”：毛驴驮水、民众抢水、日常省水、苦苦盼水，最明显的例子就是在横山地区几乎每个自然村都有一个主管降雨用水的“龙王庙”。自古以来，生活在横山这块土地上的先民就是喝着这样的高山流水，骨子里流淌也是这样的高山流水！

大致到了民国以后，白于山与横山出现了地理概念上的分野：白于山专指今定边靖边的南部山脉，而横山则指今横山区南部的山地，这一点也成为当地百姓习惯性的认识。至今横山境内的老乡不会把自己所处的山山峁峁与白于山联系起来，这一现象甚至印制在官方出版的地图上：定边靖边南部山地标注为白于山，横山区南部山地则为横山。这倒也没有什么不妥，因为横山南部的山地的确是一个小的地理单元，大致以大理河北岸的大墩梁为核心，周边群峰逶迤、层峦叠嶂，由此发源的诸水环绕，虽谈不上风光旖旎，但也确有一股说不出的气势。

道光二十五年（1845年），横山知县何炳勋先生登上横山主峰大墩梁，一览塞北风光，感慨无限，一口气写下一组《大墩梁山歌》，这位南方士人也无疑受到横山巍峨群峰的感染，禁不住吐发心中的豪迈之气：“大涧小涧绕城流，南汇大理趋绥州。滔滔不尽今犹昔，无定河边去路悠。”“舆图未载意云何，我为兹山感慨多。塞上昂然镇千古，名不名兮总不磨。”我很佩服这位有文化的知县能够用诗文描绘出横山的磅礴大气、河溪的蜿蜒涓涓，“塞上昂然镇千古，名不名兮总不磨”两句尤为传神。

横山的山是土山，缺乏层崖峭壁之险峻，但能长出稷粟百谷，养育黎民；横山的水是泉水，虽无江河波涛之汹涌，但其甘洌醇厚，滋润百姓。横山人的性格就藏在这样的山水里。

“农牧一业兴、蕃汉居其间”是横山人文地理特征的总概括。这里的农牧不是农业和牧业两个业态，应该是一个业态，也并不是农业和牧业简单的相加，而是“羊肥地—地肥羊”的深度循环。只有在横山这样边缘的地理地带才能真正实现农业与牧业的深度融合，进而合二为一。横山人对牧业尤其是养羊有一种天然的偏爱，今天居于农村的老人，不管年龄有多大，只要还能行动，就喜欢养上几只羊，看着羊儿吃草、拉屎、撒欢，心里就有一种说不出的高兴，这也是陕北老人们的一种特有的养生之道。在横山地区，羊既是老乡的重要收入来源，又是各种仪式文化中的重要载体：久旱之际，老乡会拉上一只羊到村头的龙王面前“领牲”，祈求神灵普降甘霖；贵客来访，横山人会宰杀一只羊，再用黄糯米做一些油糕，这无疑是招待客人的最高礼节。当年毛主席在转战陕北时，曾在横山魏家楼乡的肖崖村驻留，好客的房东梁锦兰就是用横山羊肉和小米饭来招待毛主席，主席吃完对横山羊肉赞不绝口：“横山的羊肉真好吃呀！”今天，主席的这句话派上了大用场，业已成为横山羊肉最硬实的广告宣传语。在横山的红白喜事上，羊肉自然是不可缺少的主角，当然现在生活条件好了，老百姓可以放松裤腰带铆劲吃，不像过去吃顿羊肉就是国宴般的享受。横山人善畜牧、尤喜养羊的现象不仅是因为横山山地甚广，地利使然，更成为横山民众血脉里流淌的一种文化情结，这也是解析认识横山区域文化的一把钥匙。

横山地处毛乌素沙地的南缘，横亘着三条明显的人文地理分界线：横山山脉、无定河和长城。“沙与土”“蕃与汉”等地理因素不仅决定了横山农牧业的生计状况，而且赋予横山民众颇有特点的群体性格。

一是沙与土的相会。

横山地跨毛乌素沙地南缘和黄土高原，北部属沙，南边归土，沙有沙的牲业，土有土的田亩，二者交汇于横山这块土地，并且得到完美的结合。笔者曾经在一篇小文中提到，从自然地理的角度看，无定河是一条陕北高原沙土区和黄土沟壑区的天然分界线，同时也造就了文化面貌的分野。北接大漠，可达西方之远极，令人遐想无限；南通中原，可受华夏之熏染，人文独特灿然。北部为牧者所居，南部为耕者所栖；牧者好动，耕者好静；牧者尚武，耕者崇儒；牧者喜舞，耕者善歌；时而和好，时而争斗。他们来来往往，融为一体。一部陕北史就是牧者与耕者的交往史、互动史、融合史。牧马长城边、守疆无定河便成为一部陕北史的基本基调，无定河就是这一历史棋盘上的楚河，长城就是棋盘上的汉界。

直到今天，横山地区仍然是这一历史遗痕的最佳观察点。沿着北部无定河及芦河两岸的民众与南部黄土峁梁地区的民众表现出略微差异的群体性格特征：北部地区的民众平静温顺、随遇而安；南部地区的老乡则敢于挑战、勇于抗争，尤其在黑木头川和大理河、小理河流域两个地理单元表现得十分明显。有人将横山称为帝王之乡，这里也的确走出了一些赫赫有名的大人物，但历史上横山地区的英雄好汉多出于横山南部的黄土峁梁地区，北部的风沙河滩区就略显寂寥，可谓“高山出俊杰”。这一历史传统一沿至今，若以高考为衡量标准，近三十年来横山南部山区成才率明显高于北部的风沙河滩区。有人将之归咎为生活质量的落差，南部山区的生活条件相对差一点儿，穷人的孩子早当家；当然也有人从环境地理学进行解释，横山北部芦河等河流向北逆流而上不利于英雄人物的产生。德国地理学家李特尔有句名言：土地影响着人类，人类亦影响着土地。土地与人类之间的复杂关系确是一门玄妙的学问，曾记得一位日本学者讲过在中国历史上农牧交错边缘地带容易产生英雄人物。明代浙江名士王士性在《广志绎》讲："杭、嘉、湖平原水乡，是为泽国之民；金、衢、严、处丘陵险阻，是为山谷之民；宁、绍、台、温连山大海，是为海滨之民。三民各自为俗：泽国之民，舟楫为居，百货所聚，闾阎易于富贵，俗尚奢侈，缙绅气势大而众庶小；山谷之民，石气所钟，猛烈鸷愎，轻犯刑法，喜习俭素，然豪民颇负气，聚党与而傲缙绅；海滨之民，餐风宿水，百死一生，以有海利为生不甚穷，以不通商贩不甚富，闾阎与缙绅相安，官民得贵贱之中，俗尚居奢俭之半。"可见聪明的古人早就知道山人有山人的性格，渔民有渔民的秉性，发现了人与地之间存在着某种十分微妙的关系。横山人的特征就是在沙与土中得以成长和光大。

二是蕃与汉的交融。

横山区域面积虽小，但长城横穿而过。长城的出现意味着这里曾经为边塞，是古代的战略前线，跨过长城就是胡人的地盘，有危险，但也有机遇。汉人要北上贸易，胡人也会南下侵扰，南来北往便成为一家人，再往后，就变成今天的横山人。

长城是重要的边塞文化符号，不同时期无定河、横山山脉也成为边塞文化的重要表征。秦汉时期，在今天横山党岔境内的无定河边建立了上郡，将横山地区划为王化之地。秦朝之所以选择这个地点，是因为这是匈奴人南下的重要通道，沿着榆溪河顺流而下，饮马无定河，或循黑木头川进入横山腹地，还可以继续南下。唐代疆土辽阔，虽然北缘的固定防线已经推进到今内蒙古土默特平原一带，唐朝在这里修城筑塞，派兵驻守，但唐人还是发出“可怜无定河边骨，犹是春闺梦里人”的吟叹。无定河俨然成为一条生命的警戒线，过了无定河就要面对真枪真炮、钢刀铁剑的考验了。宋代以降，党项成为这块土地的主人，特别注重对无定河流域的经营，蕃汉边界南推到横山山脉一线，当然这一时期横山两边蕃汉分布并非是泾渭分明的状态，横山山脉一带已是蕃汉杂居的状态，不光有党项族，不少吐蕃人也居其中，党项吐蕃风俗相近，以致当地民众无法辨识。这里需要多说两句的是，虽然历史时期几乎每一个北方民族都曾光顾过横山这块土地，但党项民族是对这一区域文化影响最大的民族，因为这个民族在此驻足时间最长、情感最深，以此为家。今天横山境内的黑木头川一带依然能够找到党项人的影子。

事实上，在明代以前，横山是一个地地道道蕃汉杂居的地区，虽然缺乏古代人口统计的翔实数据，但可以推测在某些历史时期汉族反而是这一区域中的“少数民族”，如宋代的《太平寰宇记》中记载这一代的蕃人（少数民族）数量远远高于汉人。明代时期修城筑墙，蒙汉分治，彻底改变了蕃汉杂居的状况，横山乃至陕北地区基本上演变成较为纯粹的汉人社会，形成了今天聚落分布的格局。虽有长城阻隔，但民族之间的交往、交流自然不会停歇，尤其是北部地区长城地带的民众源源不断地进入“草地”（横山人对蒙古人居地的称呼），或开荒种地，或经商贸易，甚至互为婚姻，这种状况延续至今。今天横山北部与南部、陕北北部与南部的风土人情、民众的性格禀赋略有差异，原因就在于此。

不管出于有意或无意，人类是一个最善于遗忘的群体。今天的横山人或陕北人很少会把自己的前世今生与少数民族联系起来。明代以来五六百年的时间覆盖了横山几千年的蕃汉杂居、蕃汉交融的印痕，但忘却了的记忆抹不去骨子里流淌的少数民族血脉。正因为遗忘太多，我们无法勾勒出横山先民们走过的串串足迹，面对历史残存的遗迹，我们恍如外星人一样无所适从，感觉到横山是一块非常神秘的土地。

的确，在陕北大地上，横山确有不少令人难解的文化现象。在考古学上，将具有断代和鉴定意义的标准器物定义为“标型器”，成为判断其他相类似器物相对年代的重要参考。今天，要了解陕北文化，横山应该是一个必须去的地方，它不仅是观察陕北文化的一个窗口，更是理解陕北文化的一个“标型器”，这一理解基于如下三点：

英雄好汉多出于此。

无论是陕北本地人还是关注陕北的文人学者都曾注意到横山一带多豪杰。1944 年，毛主席在给李鼎铭先生的一封信中讲道：“吾国自秦以来二千余年推动社会向前进步者主要的是农民战争，大顺帝李自成将军所领导的伟大的农民战争，就是二千年来几十次这类战争中的极著名的一次。这个运动起自陕北，实为陕人的光荣，尤为先生及作者健侯先生们的光荣。”李自成出生时的土窑洞在今榆林市横山区殿市镇李继迁寨村，20 世纪 70 年代在打淤地坝时被掩埋。置身于今天被鸡鸣狗叫声环绕的平静小山村，让人很难想象在如此偏僻贫困环境中怎么会诞生一位在历史上留下一笔重墨的人物；更令人不解的是，在距离李自成出生地不到 100 公里的范围内，同样诞生了隋朝梁师都、北宋李继迁、南宋韩世忠等这些被写入历史教科书的英雄人物，明末农民领袖张献忠也出生在距离此地不远的定边县一带。近代以来，陕北地区又涌现出刘志丹、谢子长、高岗等一批无产阶级革命家。无论是历史时期的反抗起义，还是近代以来的革命传统，英雄人物的共同点就是“不服输、不言败、不怕硬”。

文物史迹多盛于此。

在以横山为中心的区域，同样有一些能够写进历史教科书的重要史迹，如横穿而过的秦长城、秦直道，党岔镇附近的上郡遗址、统万城址等，而且文物史迹数量众多。横山地区的寺庙遗存数量巨大，初步统计全区（县）有近 1200 座寺庙，一些不成气候的村头“龙王庙”“马王庙”之属，多数未列入文物普查的范畴。这些庙宇当中，相当一部分的始建年代不可确考，一些明清时期的碑刻记载其建于唐宋时期。寺庙分布如此密集，无非说明两个问题：一是在一定的历史时期这一区域尚有稳定的人口规模；二是这一区域形成了较为成熟的民间信仰体系，具有一定的文化厚重感。20 世纪 90 年代，陕北地区兴起了盗墓的热潮，横山一带成为重灾区，至今有不少文物流失民间。在横山区可以找到从史前到民国不同历史时期的史迹遗存，甚至有考古学界很少发现的元代壁画墓葬，横山区域历史发展之延续可见一斑。

民俗文化多源于此。

民俗文化是民间民众风俗生活文化的统称，是经过千百年时间沉淀的活态文化，横山地区至今流传着一些颇具神秘色彩的民俗文化。最典型的例子就是流行于黑木头川一带的蛮婆，实则是一群不事稼穑，处于流浪状态的人群。神奇的是蛮婆会给村民算命、相面、禳解、拨疗（看病）、算卦甚至施展巫术，直到 20 世纪 60 年代尚有蛮婆活动。这些人从何而来？有人认为是太平天国的难民，也有党项后裔、张献忠余部等解释。直至现在仍然说不清楚。又如在今横山区党岔乡马坊村一带流行一种叫牛王会的民俗，有人认为牛王是一个掌管五谷粮草的神灵，因此选择在正月举行活动，敬奉牛王，祈求风调雨顺。当然，也有学者认为牛王会实则是古时超度亡灵水陆法会的延续，等等。更有一些民俗活动起源于横山一带，如安塞腰鼓，横山的说书、道情、民歌也颇具特色，并有中国曲艺之乡的美誉。学人对此多有论述，兹不赘言。

以上提及的民俗文化均为底层民众所创造，学术界亦有民俗文化之称呼。包括明清方志在描述横山这块土地时，多有“地瘠民贫、文教不兴”之类的表述，实则是一种不客观的表述。不可否认，横山乃至陕北地区在科举考试、学术传授、仕宦名贤等方面确实有落后的一面，但这一方百姓确能创造出极其丰厚的民俗民间文化，虽然这些民俗难以登上官方的大雅之堂，但在横山大地上却能生根发芽。时代发展到今天，我们应该摒弃古人的偏见，更不应该忽视留在民间的无字之书。

说有易，说无难；有形的文化易梳理，无形的文化难探索。作为一名地道的横山人，除了关注、弘扬横山区域文化亮点外，笔者主张应该从文化自觉的视角来审视这一方水土、这一方人，尤其在人际交往愈加重要与复杂的现代社会，一个区域的群体性格特征无疑影响着这一区域的社会发展走向。因此，在梳理、反思横山区域文化过程中更要凸显对“人”的关注。横山的山山水水到底孕育了什么样的群体性格，笔者曾经总结出五个特点：粗犷不拘小节，勤劳不善商业，耿直不喜隐忍，聪慧不好合作，尚义不乏抗争。这样的群体性格特征是在农牧一体、民族交融、金戈铁马的历史中淬炼成型，既是历史的积淀，又是活态现实的写照。对横山民众群体性格的考察也是观察陕北人、认识陕北人的一个重要窗口，这样的性格特征亦可成为总结凝练陕北人群体性格的一个重要参考，例如豪爽仗义、敢于抗争是外界对于陕北人的普遍印象，而这一特征在横山人身上表现得尤为突出。因此，无论从有形的维度，还是无形的视角，横山就是陕北文化的一个“标型器”。

为了完成早春文化布置的作业，暑假里只要有空闲笔者就“端详”横山及陕北地图，忽然间发现横山地图就像一把火炬，但愿熊熊燃烧的烈火能够照亮光明的前景。

# 高原边城

## ——从文化看边城与从边城看文化

聂震宁
全国政协委员、中国出版集团原总裁、人民文学出版社原社长，现中国韬奋基金会理事长，作家

著名作家沈从文最著名的小说《边城》，为什么把湘西一个叫作茶峒的地方称为“边城”？我们揣测作家的意思，或许是因为茶峒地处湘川黔三省交界，是湘省的边地；或许是因为茶峒那个地方是汉族与苗族交集的地方，汉人到此即为边地，再往前去就是苗人居住的大山；或许只是因为这是一座边远的小城。边远的小城茶峒，那里是青的山绿的水，一切都是那样纯净自然，是一个诗意的自然环境与人类社会，“这里是山水，是小县，是商业，是风俗，是历史而又是背景。在这真诚的地方，请问，能有一个坏人吗？在这

光明的性格，能留一丝阴影吗？”这是著名文学评论家李健吾的评论。沈从文的《边城》显然是在建构一个充满自然人性与牧歌情调的世外桃源。这后一种诠释，或许比较接近作品自身的意义。对于绝大多数身处闹市的读者，我们在作品中读到的是一座边城的美丽文化。

然而，边远的小城，难道只能是一种叫作“美丽”的文化吗？答案当然是否定的。

中华大地，东西南北中，有如许边城，单从地域风貌看，就各有特色，有的郁郁葱葱，有的钟灵毓秀，有的白雪皑皑，有的雄浑辽阔，有的则是苍莽强劲。地域风貌不同，风情自然各异，继而我们朝大处总览，向细处体察，地域文化自然各具个性。

在两度造访考察陕北的横山之后，我逐步意识到，横山的地域风貌独特，风情独异，无论从大处看还是细处体会，完全称得上是一座独具文化特色的边城。

呈现在我们眼前的横山，位于黄土高原和毛乌素沙漠交界处，是黄土高原与内蒙古高原的过渡区，处在鄂尔多斯沙漠南缘，有着百余公里的明代长城。这里地形群峰耸立，险峻峥嵘，层峦叠嶂，山地绵延起伏，河流平缓蜿蜒，风光苍莽而强劲，朴实而雄伟。

地域文化性格往往跟地域风貌相为表里。于是，我曾试图用“苍莽强劲，诚朴雄伟”来概括横山的地域文化性格。

可是，如果一定要用“美丽”“灵秀”“厚重”“刚毅”等古人品诗品文的语词来表达，那么，我打算用“雄健”来称道横山的地域文化性格。

横山老腰鼓是雄健的。横山老腰鼓是最能体现这座边城文化性格的民间艺术。一个“老”字，显示了横山腰鼓厚重的历史感。横山至今还保留着各具特色的三种腰鼓样式，即战阵腰鼓、牧人腰鼓、祀神腰鼓。其中战阵、牧人腰鼓大都分布在长城沿线和无定河流经的村寨，祀神腰鼓则活跃于县境中南部。有专家认为，横山老腰鼓与宋辽西夏时期河套一带流传的军中“讶鼓”有关。横山在古代曾经是兵家必争之地，于是我们能从战阵腰鼓中感受到战争的紧张气氛，在牧人腰鼓里体会到游牧民的潇洒风格，在祀神腰鼓里能读出这里的人们对命运的抗争和祈祷。

横山说书是雄健的。横山说书有悠久的历史。使其声名大振的是中共中央在延安时，横山著名说书人韩起祥曾经应邀前往杨家岭给毛泽东同志说书，得到领袖的热情夸赞。我们只要看看横山说书的传统曲目，我们就能感觉得到这门民间艺术崇尚的是雄健的历史感。横山说书的传统曲目多是由古典传奇小说改编而来，如《大八义》《小八义》《五女新唐传》《双环记》《连环记》《三国演义》《水浒传》等，这些古典文学作品大都属于侠义和战争题材，无不具有雄健的气质。有些曲目如《走西山》《五哥放羊》《小寡妇

2019年10月，聂震宁在横山武镇高岗出生地

上坟》《三女婿拜丈人》《小俩口抬水》等，虽然风格或抒情或幽默，具有强烈的平民意识，却也不离横山文化雄健性格的基调。在横山我有过一次享受听书的经历，总觉得说书人的一副铿锵有力的说书腔调，与一般横山男子汉说话的口音语气并无二致，甚至那颇具表演性的抑扬顿挫的语调，既夸张有趣，又提振精神，忽然发觉很多横山人天生就是说书人的材料。

横山民歌是雄健的。一个地方的民歌最能显示出一个地方的文化性格。我国东南地区许多地方的民歌细腻柔情如小河淌水，北方大地的民歌雄浑辽阔如一望无际的大漠草原，横山民歌的特点则一如黄土高原的风貌，群峰耸立，沟壑纵横，那起伏很大的旋律、高亢嘹亮的歌声震撼人心，尤其是其中的《信天游》最见雄健风格。横山民歌的雄健之风，我们在歌词内容上就能直接感受得到。例如《一年辛苦谁知道》《走草地》《走南梁》《走太原》《当红军》《横山里下来些游击队》《跟上哥哥闹革命》等，我们通过歌名就能体会得到陕北男子汉的雄健性格。又例如《等你站烂大门口》《马后捎个干妹妹》《对对毛眼瞅哥哥》《跟上情人浪几天》等，即便是如此浪漫的情歌，也是一副敢爱敢恨的样子，横山女子的雄健性格何曾输过男子！

我们还可以从横山其他一些民间艺术以及丰富的历史文化、文物古迹、革命文化来深入体会横山这座边城雄健的文化性格，然而，这篇随笔短章是无法容纳如此厚重深邃的内容的。即便这篇随笔里已经提到的那种种事物，也只不过是点到为止，并没有深入挖掘、爬梳剔抉、条分缕析，同时这也不是我的专业和学力所能承担的重任。然而，我还是要把自己在考察横山文化时一个最强烈的印象告诉读者。那就是，横山这座边城曾经产生过若干重要的历史人物，在这些历史人物身上我强烈地意识到了横山的文化性格，还是两个字：雄健。人乃万物之灵长。一个地域的人物总体气质，最能表明地域文化的性格。横山地域文化雄健，这里的许多著名人物也就以雄健著称于世。

横山前前后后诞生过郝连氏、李继迁、李元昊、李自成等各种皇帝共七位，对于一座小小的边城，已经是足够多了。试想，倘若这里没有雄健之风，难以想象这些人物能够凭借相对贫瘠的自然资源和社会资源成就自己的一番事业。至今横山还有在殿寺与韩岔交界的李继迁村，有传为西夏国开创者李继迁练兵寨的“城塌”、藏兵洞遗址，有奉李继迁为不祧之祖的闯王李自成传说中的出生地——龙窑。

尽管一直以来横山人都以有过这些历史人物津津乐道，可我们还是更看重横山人在中国现代革命历史上的表现。中国共产党历史上的著名人物高岗也是横山人氏。据《中国共产党陕西省横山县组织史资料》记载，1925 年 3 月，还是横山县立第一高级小学学生的高岗等人，受绥德、榆林等地共产党员活动的影响，积极组织起来，开展罢课斗争，反对奴化教育，并组织建立学生自治会，高岗担任过学生会主席。“一高”学潮在当时的陕北高原震动很大，被称为“横山革命的先声”。高岗在“一高”学潮中发挥了作用，得到了锻炼，并因此进入了著名的榆林中学读书，结识了刘志丹，加入了中国共产党。

而尤其令我们感动的是，中共横山第一高等小学支部是 1927 年 5 月成立的，组建之初只有曹亚华、李彝民等 7 名党员。中共横山一高支部成立的时间，我以为具有特别的意义，那正是国民党蒋介石进行“四一二”反革命大屠杀之后，西北军阀冯玉祥也追随蒋介石对共产党人大开杀戒之时。就在白色恐怖之下，横山的革命志士们毅然决然地加入中国共产党，成立党支部，体现了何等坚定的革命信念和雄健的性格！

在横山，在阅读研究当地性格的相关书刊之后，我是受到强烈震撼的。许多专家指认横山人除了具有黄土高原文化带来的勤劳质朴、敦厚固执外，还有来自毛乌素沙漠和鄂尔多斯草原游牧文化的豪爽仗义、宁折不弯的性格。横山人大多能吃苦有毅力，忍辱负重，尤其是受不得气，遇有挑衅，不善言辞的他们往往选择用拳头说话。闯王李自成驿站下岗又遭县衙拷逼，不但敢于抗辩，甚至敢干敢成大事，从而直接摧垮了明王朝的统治。高岗在榆林中学上学时，为抱打不平而当众打了有陕北王之称的井岳秀的公子，被人扭送到陕北王井岳秀跟前时，竟毫无畏惧而且慷慨陈词，小小年纪就有了如此雄健的个性。

横山男人如此，女性也不遑多让。人们称赞横山妇女勤劳能干、健康豁达，既做家务带孩子，又犁地抓粪放牛牧羊，据说甚至在酒场上也敢替自家男人代酒拼杯，一派巾帼不让须眉的气概，何等雄健的民风！

写到这里，我忽然想到本文开头提及沈从文笔下的《边城》，那里的人和那里的故事，一径是那么平和恬淡，无论是摆渡死不肯收钱的爷爷，还是小说中最有钱的顺顺，更不必说翠翠和大傩二傩，无不像青山绿水一般安静。作家笔下的茶峒，实在是一座与世无争的边远小城。

而我们眼前的横山，也是一座边城。可是这里地处陕北之北，地域极为特殊。前面已经说过，在漫长的历史上要这里的人们与世无争是不可能的。这里南部丘陵沟壑区、中部河谷带、北部风沙草滩区，形成了以农为主、农牧交错的经济结构。毕竟资源有限，互相争夺有限资源实在是没有办法的事情。早在先秦，这里就已经形成农耕文明与游牧文明冲突相争的边塞形势。农耕民与游牧民的生活在农耕地区和游牧地区相接不断产生交集，一方面带来沿沙漠边缘地区的交通发达、市镇繁荣和贸易兴盛，同时也带来了接连不断的对资源的争夺。而且这里是北宋政权和西夏王朝的接壤地带，是汉民族与北方少数民族生死纷争刀剑相向的战略要地。明代以后，这里又成为汉民族防御北方少数民族进犯的第一线。这里的人们怎么能够平和恬淡，又怎么能够像湘西茶峒那个地方的摆渡爷爷和翠翠姑娘一般地与世无争？

理解种种各不相同的地域文化，其实也就是对种种地域的理解与致敬。可是，倘若要问我喜欢的究竟是哪一种地域和她的文化，究竟是喜欢湘西茶峒那座美丽的边城还是陕北横山这座雄健的边城，那么，我要说，都喜欢！茶峒边城的美丽让我们为中华民族的肌肤颜值而愉悦，横山边城的雄健让我们为中华民族的骨骼脊梁而自豪，他们都值得我们喜欢和珍惜。我们只有知来处方能明去处，方能喜欢和珍惜我们中华民族的每一种性格的地域文化，喜欢和珍惜由众多地域文化融汇而成的中华民族文化，更加热爱中华民族大家园的每一寸土地。

高岗

李自成

李元昊

梁师都

赫连勃勃

# 一个英雄辈出的地方

李继迁

张献忠

# 横山周边为什么出了中国最多的领袖人物

王青
《经济日报》原评论员，高级记者，历史学者

## “大横山”的概念

陕北是指地理和行政上的合称，即陕西榆林地区和延安地区。

陕西省榆林市横山区这个地处陕西北部毛乌素沙漠边缘的小县，在外地人的印象中，可能仅限于那首革命歌曲：“对面（价）沟里流河水，横山里下来些游击队。一面面（的个）红旗硷畔上插，你把咱们的游击队引回咱家。”事实远非如此，经过多年对横山的研究，我的理解是：横山是唯一能够较全面代表陕北综合特点的县。陕北地貌特征横山基本上占全了——黄土高原、丘陵

沟壑、风沙草滩、河谷川地无一不有。“白于山—横山山脉”连绵起伏，雄奇万丈。长城、秦直道、无定河一览无余。长河落日，大漠孤烟；“可怜无定河边骨，犹是春闺梦里人。”这一切让置身横山的你仿佛回到古代。

再说文化，而今名闻天下的三种陕北文化遗产：民歌、腰鼓、说书，其后两项根源大都传承自横山。安塞腰鼓因其本地人口百分之七十都是当年老一辈从横山逃荒落户到安塞而留传下来。在延安给毛主席说书走红的横山盲艺人韩起祥，1949 年后曾荣任中国曲协副主席，后来成为陕北说书宗师的张俊功也是横山人。近年来演唱陕北民歌走红，上过央视综艺频道、星光大道的横山人多达数十人。

在经济建设主导一切的年代，陕北之所以号称“中国的科威特”，就在于以能源暴富为世人注目。横山又是陕北唯一一个拥有煤、油、盐、天然气的县，自然资源不是最多，但是最全。

笔者早年毕业于北大历史系，研究过出伟人的地方有一个共同的现象就是：伟人一般扎堆冒，很少孤零零地单个产生。如湖南韶山附近出的红色领袖毛泽东、刘少奇、彭德怀，基本上都是方圆几十里的紧邻。以邓小平为首的四川领袖人物朱德、聂荣臻、陈毅也基本上没出“川北广元”这个地理范围。

再来说横山，历史上曾划为米脂的李自成，祖籍现为

王青（左一）在横山

横山韩岔常峁墕。横山李继迁寨周边几十里相继出了赫连勃勃、梁师都、李继迁、李元昊、李自成、张献忠六位皇帝。

我们说的“大横山”，不仅指行政区划意义上的“横山区”，而是指地理意义上的横山山脉周边地区，应该包括今天的子长、子洲、米脂、绥德、横山、靖边、定边一带。曹颖僧著、民国年间出版的《延绥揽胜》一书载："（横山）为六盘山迤北古碛，横断蜿蜒陕北千五百里"，而且认为"其山与宁条梁之草梁山相连，直接宁夏诸山"。可见，在旧时的学者看来，"大横山"本来就是指六盘山以东、黄河以西，横贯陕北的这条山脉。

1944年，子洲县就是从横山、米脂、绥德、清涧各划出一部分而成立的。陕北人喜欢给"最复杂、最强势、最难缠"的榆林子洲人、延安子长人编段子。其实这两县的"具体人"（陕北当地的土话，把比较复杂、与人难以打交道的人统称"具体人"），也大部分生活在与横山石湾镇、高镇、武镇、魏家楼镇交集的几个相邻地方。这些地方的人性格淳朴、生猛、彪悍、豪气，因其民风民俗、生活习性相近使然。这大概与这片土地所处农耕文明和草原游牧文明交融地带，人种传自匈奴、鲜卑、党项等十几个异族有关。

## 天下英雄一县多

英雄辈出，群星灿烂，陕西省榆林市横山区（横山于2016年撤县设区）称得上是一个奇迹。

华夏数千年，加到一起不过七八十个王朝。中国三千多个县市，例如沛县刘邦、亳州曹操、涿郡赵匡胤、凤阳朱元璋，开国雄主一州一府也不见得摊上一位。然而横山及其周边地区，竟然有赫连勃勃、梁师都、李继迁、李元昊、李自成、张献忠六位称孤道寡。他们舍生忘死，前仆后继。

“天下英雄一县多！”一个仅有 6.1 万人口（1949 年数字）的小县，加上周边，一口气出这么多“游击队”，除了让人赞羡，也让人吃惊。

巍巍大横山，山是英雄山；汤汤无定水，水是豪杰水！

赫连勃勃是匈奴人，406 年称帝，国号“大夏”，定都“统万城”。大夏“南阻秦岭，东戍蒲津，西收秦陇，北薄于河”，赫连神武天授，锐不可当，425 年病逝于统万城，在位 19 年。

梁师都 617 年起兵反隋，国号“梁”，年号“永隆”，都统万城。他与突厥结盟，自号“大度毗伽可汗”。628 年，唐太宗遣柴绍前往讨伐，梁师都兵败，为堂弟梁洛仁所害，在位 12 年。

李继迁是鲜卑人，“擅骑射，饶智数”，974 年出任宋定难军管内都知蕃落使，同时接受契丹封赠，自称“夏国王”，都灵武。1003 年宋真宗遣使议和，李继迁 1004 年因伤卒，在位 14 年。

李元昊是李继迁之孙，1038 年称帝，都银川，史称“西夏”。西夏幅员辽阔，与宋、辽长期鼎峙。李元昊武功盖世，但后来沉湎酒色，天怒人怨，1048 年为太子宁林格所弑，在位 16 年。

李自成本是一名驿卒，追随舅舅高迎祥起义。“迎闯王，不纳粮！”他廉政亲民，勇冠三军，其兴也勃，其亡也忽。1644 年攻陷北京，建国“大顺”，年号“永昌”，1645 年在湖北遇害，终年 39 岁。

张献忠自号“八大王”，百折不挠，所向披靡，陷凤阳，破襄阳，取武昌，克长沙。1644年在成都称帝，国号“大西”。1646年在四川凤凰山中箭坠马，被清兵割下头颅，终年40岁。

高岗能文能武，勇不可当，成为“西北王”，内战爆发，又成“东北王”，新中国成立后身兼国家副主席、军委副主席、计委主席和东北行政委员会主席。1954年自杀，终年49岁。

## 草原上的蘑菇

“离离原上草，一岁一枯荣。”初夏大雨之后，茫茫草原上会冒出许多蘑菇，它们喜欢抱团取暖。

与此极为相似，革故鼎新，中国大人物也在同一个地方聚生，蓬勃兴旺，形成“帝乡现象”。刘邦创业，萧和、韩信、张良、陈平生于苏北；刘秀中兴，邓禹、吴汉、冯异、岑彭出在南阳。

上下数千年，中国帝乡主要有两处：

——白山黑水。这是历史学家范文澜发现的。他把大兴安岭东麓称为“中国历史舞台的化妆室”，北魏、辽、金、元、清，少数民族龙兴之地就在这儿。

——淮海平原。这是文学家林语堂发现的。以徐州为枢纽，陇海线两侧，汶泗两岸是汉人皇帝原产地。他夸张地指出，中国人如果想当国丈，就应该到陇海线三等车厢寻找那些相貌端庄的后生，把女儿嫁给他。

白山黑水称为帝乡，当之无愧。那些茹毛饮血的可怜人，数十年血与火，往往河出伏流，一泻汪洋，跑到南边把“文明人”杀得血流漂杵，磕头如捣蒜。于是孔孟之徒死乞白赖请求归顺，进而将“鞑虏”奉为真龙天子。

淮海平原也好理解。“艰难困苦，玉汝与成。”陇海线东段以及汶泗两岸属于灾难深重的黄泛区，土地贫瘠，民众狂暴，是著名造反者陈胜、吴广、刘邦、项羽、张角、曹操、刘裕、黄巢、朱元璋、袁世凯的故乡。

## 从土匪渊薮到帝王摇篮

名列白山黑水、淮海平原之后，大横山可以称为第三帝乡。

为什么是大横山?

这应该和地理环境有关。横山山脉起自六盘山，掠宁夏、甘肃，迤东入陕，终于晋陕交界的黄河边，“延袤千里，多马宜稼”。它还可以看作蒙古高原和黄土高原的分水岭。中国北方山脉，例如贺兰山、六盘山、吕梁山、太行山均为南北走向。横山明显属于例外，由西向东，特别像是六盘山、吕梁山之间一座微微隆起的桥梁，故名“桥山”。古人以南北为纵，东西为横，又叫“横山”。

千里横山莽莽苍苍，最高峰叫西阳坬山，海拔 1535 米，但起自高逾 1100 米的陕北高原，远远望去并不险峻。更远处，北面是宽广无垠的毛乌素沙漠，黄沙扑面，有牧马人往来驰骋；南面是沟壑纵横的黄土高坡，满目疮痍，有种田人惨淡经营。这儿天灾频仍，人祸不断，两边后生饿急了就偷，穷急了就抢，于是成为土匪渊薮——进而成为帝王摇篮。“骑白马，挎洋枪，三哥哥吃的是八路的粮！”大横山家家都是吃粮兵户，遇上不平之事，一声呼啸，立马聚集起数百人，上千人。

美国历史学家裴宜理（E.J.Perry）认为这样的地方特别容易成为动乱渊薮，“我们认为边缘地区特别易于容忍农村动乱的传统。……陕北边区也是一个边缘地区——就像淮北一样有着恶劣而多变的自然环境，在那里产生了一代又一代的农民造反者。”

陕北一带是中国历史上造反者和土匪啸聚之所，它的各种条件，像大海中的一个避风港，似乎所有的西北方面的造反者，不管他们最初的目的如何，当他们处在逆境的时候，不是南走汉中秦岭巴山山脉，便是北走陕北。这主要是地理的形势使然。

当然，大横山并不总是荒凉疲惫，甚至称得上地肥水美。司马迁《史记》说：“天水、陇西、北地、上郡……畜牧为天下饶。”这个“上郡”就是横山。匈奴英雄赫连勃勃 419 年从长安回师陕北，马鞭一挥，发出由衷的赞叹，“美哉斯阜，临广泽而带清流，自马岭以北、大河以南未之有也。”并在此建起了帝都“统万城”。

“马岭”即六盘山，“大河”即黄河。赫连放言：“朕方统一天下，君临万邦，可以‘统万’为名。”由于南边长安同样是大夏首都，统万城又称为“北京”。这是第一座北京，也是匈奴英雄留下的唯一一座帝都遗址。

统万城距横山区 60 公里，位于无定河北岸，已为毛乌素沙漠围困，远远望去，白色城垣轮廓依然，当地人称之为“白城子”。白城子依地势而建，西北高而东南低，城墙用白粉土、沙子和熟石灰掺糯米汁夯筑而成，坚如磐石。统万城不大，相当于普通县城，但西城残墙最厚处达 30 米，不输给北京老城墙，西南隅残存城墙高 31.6 米，至少为北京西便门城墙两倍。

## 独留青冢向黄昏

其实横山历史非常悠久。中华儿女都知道黄帝生于山东曲阜，长于河南新郑，战于河北涿鹿，却不知道葬于陕西横山。

“一去紫台连朔漠，独留青冢向黄昏。”这位人文初祖的陵寝是汉武帝刘彻认定的。公元前 110 年，雄才大略的汉武帝封禅泰山，踌躇满志，“勒兵十八万骑，旌旗径千余里”，登上蒙古高原讨伐匈奴。结果天低吴楚，眼空无物，牧马人逃得无踪无影，他只好忙里偷闲，登桥山祭黄帝。他责问御用神汉公孙卿：“你不是说黄帝登仙了吗，此地怎么会有陵墓？”公孙卿何等乖巧，面不改色心不跳：“黄帝肯定上天了，这儿是群臣思慕，葬以衣冠冢。”武帝口服心服，感慨系之：“你说，朕上天后，群臣会把朕的衣冠葬进东陵吗？”

许多人说汉武帝祭黄陵的桥山在延安市黄陵县。这不对，班固《汉书》明确指出，武帝北出长城，“还，祠黄帝于桥山，乃归甘泉”。长城、甘泉是确认黄陵位置的最佳地标，黄陵应在长城之南，甘泉之北。此事发生在班师途中，他进长城先祭黄帝后到甘泉。那么横山桥山在长城之内，向南 200 公里即是甘泉，再向南 150 公里才是黄陵桥山。由北往南，大桥山、甘泉、小桥山、长安均匀分布在秦直道上，武帝北狩归来，“旌旗径千余里”，不可能先由大桥山南下 350 公里到小桥山祭扫黄帝，再北返 150 公里到甘泉，然后经小桥山再回长安，更不用说，小桥山距京师不到 200 公里，哪儿去找匈奴踪迹？

古人都这样看。黄陵自汉高祖刘邦公元前 202 年置县，先后叫翟道、狄道、渔县、中部、内部、升平……直至两千多年后的 1944 年才改称黄陵县。

此桥山非彼桥山。比班固稍晚，东汉学者应劭明确指出：“（桥山）在上郡，阳周县有黄帝冢。”北魏地理学家郦道元也说：“阳周故城南桥山，昔二世赐蒙恬死于此。王莽更名‘上陵峙’，山上有黄帝冢故也。帝崩，惟弓箭存焉，故世称黄帝仙矣。”而现代学者谭其骧主编的《中国历史地图集》标明，西汉上郡治所“肤施”在无定河与榆溪河交汇处，即与

位于横山区西南50公里，海拔1500米的狄青塬传为宋将狄青屯兵驻守地

横山区党岔镇一河之隔的榆阳区鱼河镇，而阳周县故城在横山区。这部权威图集标注桥山在大理河南岸，位于县城正南50公里，属石湾镇管辖，与子长市接壤。

## 设险人增一堵墙

“不到长城非好汉，屈指行程二万。”黄土高坡上的

万里长城，弹痕累累，记载着大横山人的光荣与梦想。

长城也是一道自然气候分界线。清人赵翼有诗云：“设险人增一堵墙，天公寒燠岂分疆？如何一样垂杨树，关内青青关外黄。”种田人向北望去，千里冰封，万里雪飘，“哥哥你走西口，小妹妹我实难留”，不死也要脱层皮；牧马人何尝不是如此，向南望去，蚊蝇滋生，瘴疠遍地，让人涕下沾襟。清王室规定，尚未出过天花的帝室贵胄，蒙满高官可以不进长城，就近到避暑山庄觐见皇上。

关键在于天地不仁，长城两侧总也吃不饱肚子，种田人只好叩石垦壤，愚公移山，“向荒山要粮，叫河水让路！”牧马人只好追逐水草，四处漂流，“此处不留爷，自有留爷处！”在南边人眼中，庄稼是神圣的，土地不容侵犯；而在北边人看来，放牧牲口是神明赐予的权利，土地属于全人类。

“好山好水好地方，条条大路都宽畅。朋友来了有好酒，若是那豺狼来了，迎接它的有猎枪！”这歌词很美，问题出在长城南北的人全这样想，他们一心一意要维持自家生产方式，一心一意将猎枪对准对面同样可怜无助的人们。

应该说，牧马人更惨一些。黄土高坡无霜期 150 天，刮风下雨就有好庄稼，而毛乌素沙漠好天气不到 100 天，刮风下雨就是奈何天。牧马人腾格尔将草原称为“我的天堂”，很有道理，但在种田人看来，称为“我的地狱”更贴切。由此，在两种情况下，牧马人将带着他们的牛羊，坚定地跨越长城，付出生命也在所不惜：一是遭遇“白灾”——西伯利亚寒流滚滚而来，连日漫天大雪深深掩埋草场，牲口和人全部陷入绝境；一是遭遇“黑灾”——突然之间瘟疫降临，牲口和人一个接着一个倒下，留下一具具尸体，大地一片焦黑。

“白灾”发生在隆冬，“黑灾”发生在盛夏，对于牧马人都是灭顶之灾，他们成群结伙，开始向南大逃亡。在牧马人细长迷离的双眼里，万里长城是一道阴阳界，冲不过去只有死，于是黄土高坡芸芸众生，种田人凶多吉少。

## 可怜无定河边骨

“可怜无定河边骨，犹是春闺梦里人！”裹挟着细粒黄沙的无定河，百折不回，承载着大横山人的苦难与无奈。

无定河是兵家必争之地，种田人和牧马人是命中注定的宿敌。这条著名的害河全长500公里，与横山相依相伴，滚滚东流。它最早叫奢延水、朔方水，唐代以后叫无定河。

这是一条浑浊的河流，也是一条英雄的河流。无定河发源于定边长春梁东麓，张献忠柳树涧附近，向东北方向流淌，在内蒙古巴图湾（英雄湾）平滑地折向正东，经赫连勃勃、梁师都靖边白城子，李元昊、李自成横山李继迁寨，高岗高家沟，在貂蝉米脂家乡折向东南，经吕布、韩世忠绥德故居，最后在毛泽东写《沁园春·雪》的清涧袁家沟注入黄河，竟然像一道彩虹。

中国河流数以百计，流向如此完美，英雄如此密集，绝无仅有。当然，这并非好事，蘑菇长虫，越鲜艳越有毒，雄狮猛虎，越美丽越凶残。西有六盘山，东有黄河水，牧马人要想南下关中，只有横渡无定河，这条河流于是成为人类的屠场，而两岸成为华夏子孙的公共墓地。关键是它喜怒无常，无定河1954年最大洪峰流量每秒1020立方米，1984年最小仅0.13立方米，它增加了少数民族入侵的突然性；更要命的是冬天封冻，“天堑变通途”，牧马人跃马扬鞭，十天便可直捣长安。

那么公元前3世纪，风云突变，北边崛起了一个强大民族——匈奴，南边出现了一位伟大君王——秦始皇，于是兵戎相见，无定河畔发生了规模空前的民族对抗。

这是一场不对称的战争。一方“到处是庄稼”，一方“遍地是牛羊”。牧马人渡河南下烧杀抢掠，无恶不作，种田人“跑得了和尚跑不了庙”；而种田人渡河北上，长着腿的“庙”跟着长着腿的“和尚”跑掉了，烧不着，杀不着，抢不着，掠不着，气得呼哧呼哧的。

无可奈何，秦始皇只好东起辽东，西到临洮，征发百万军民大修长城。长城全长6700公里，在横山与秦直道相交，负责修筑的大将蒙恬陵墓，以及太子扶苏陵墓，就矗立在绥德城郊。始皇帝修长城利在千秋，但带来了帝国覆灭。西汉名将季布说：“秦以事胡，陈胜等起。”唐代诗人杜牧说：“戍卒叫，函谷举，楚人一炬，可怜焦土！”

接下来楚汉相争，白刀子进去，红刀子出来。北边出现了一位强大君主——冒顿，恰遇韩王信背叛汉王刘邦，投降匈奴，汉王穷追不舍，被困于白登山。刘邦七天七夜方才脱险，是通过贿赂冒顿左右逃生的。他死后，冒顿给吕后捎去一封信，说：“吕后呀，你老公死了，就嫁给我吧，免得活守寡。”这是天大的侮辱，但吕后忍了下来，回信说：“我老婆子一个，牙齿都快掉光了，配不上您单于大人，还是算了吧。”

半个世纪后，强弱易位，种田人好不容易盼来了汉武帝横空出世。可惜，吃亏的还是种田人。武帝御驾亲征，旌旗千里，一无所获，归来在横山祭了黄陵。好在他有两个穷亲戚，小舅子卫青，以及外甥霍去病，皆有万夫不当之勇，一次次关山飞渡，耀武扬威。这叫“犁庭扫穴”。牧马人逐水草而居，既无庭院又无洞穴，两位将军到哪儿去犁，到哪儿去扫？大将军霍去病22岁横渡无定河，一气儿打到贝加尔湖，封狼居胥山，带回7万颗人脑袋。这是种田人赢得的最大胜利，但是不是真的打了胜仗，天才晓得。小霍渡河时有战马14万匹，南归时不到3万匹。换言之，这7万颗牧马人脑袋是用11万颗马脑袋，以及数量不详的人脑袋换来的，只不过小霍叫皇帝姨父，大家嘴上不说什么罢了。

## 况复秦兵耐苦战

像白山黑水、淮海平原一样，聚众造反，大横山得天独厚。如果仔细观察，我们不难发现大横山人与大兴安岭人十分相似。

没错，从产业形态划分，中华文明可以分为三支：以汉族为代表的种田人，以匈奴、蒙古为代表的牧马人，以及以鲜卑、契丹、女真、满人为代表的种田牧马人。他们以万里长城为南北界，大兴安岭为东西界。

这绝非小事。种田人牧马人产业不同，优劣难分，于是互相蔑视。华夏神胄绝不学胡语，匈奴单于绝不学汉语。汉武帝扬威漠北，想的是驱除鞑虏，开垦荒原广种菽麦；成吉思汗逐鹿中原，想的是腾出土地放马牧羊。大兴安岭种田牧马人就不同了，他们自知种田不如南邻，牧马不如西邻，于是心怀谦卑，高山仰止。北魏孝文帝姓汉姓、讲汉语、着汉服、拜孔庙；清皇太极9位公主、康熙6位公主远嫁蒙古。乾隆更虔敬，一口气写下4万首汉诗，还拐着弯把小公主嫁给圣裔孔宪培。

大横山人既种田又牧马，或许可以称他们为“讲汉语的少数民族”。杜工部有诗云：“况复秦兵耐苦战，被驱不异犬与鸡。”大横山是“秦兵”原产地，民风剽悍，从不缺乏蝗虫一样的士兵。古代这儿流民大起义发生过十次，中央红军到达之前，刘志丹、高岗大仗打了十六仗，小仗打了二十多。千百年来，秦始皇、汉武帝、赫连勃勃、唐太宗、李元昊、李闯王、八大王、毛泽东麾下的“横山游击队”让人望而生畏。

秦兵和大兴安岭人一样，他们也是上帝的弃婴。白山黑水有两个宿敌，白灾和黑灾。大横山也有两个宿敌，旱灾和北部少数民族。由于随时有可能曝尸荒野，大横山人人都是“愤青”，一边饿着肚子，一边关注着全人类的命运。著名作家路遥说，有个陕北老汉气喘吁吁，跑几十里路去见他，说：“你知不知道，出大事了，一个叫里根的家伙当了美国总统。”路遥说：“里根当不当总统关你球事，赶紧回家种

图为贾大峁村民贾君宏

贾大峁现属横山区横山街道办事处，北距横山五公里。这里广泛分布着仰韶、龙山文化遗迹，大约四千年前，在贾大峁这座山头上就生活着古人类，他们刀耕火种，稼穑耕耘，是中华民族的起源地和发祥地之一。

庄稼去吧！”

作为讲汉语的少数民族，大横山人有一种莫名其妙的使命感，悲天悯人，准备随时像光荣的先辈那样，翻身上马，横行天下。清人陆次云在《圆圆传》中说，李自成不耐听昆曲，而命群姬唱西调。这个西调是秦腔，“夫昆曲雍和，为太平之象；秦声激越，多杀伐之声。”

## 米脂婆姨绥德汉

从土匪渊薮到帝王摇篮，大横山是一块不平静的土地。如果把精明干练的中原人称为“工蚁”，鲁莽灭裂的大横山人都可以称为“兵蚁”。他们把干活不叫干活，叫“受苦去”，把穷人不叫穷人，叫“受苦人”。他们忙时吃干，闲时吃稀，忙时种地，闲时抢劫，丰年良民，灾年盗贼，受苦人和匪徒其实没有太大区别。

“米脂婆姨绥德汉。”大横山人性格鲜明，让人惊叹不已。米脂婆姨身穿红裹肚，美丽、热烈，眼神中流露出女巫般的光芒，莫名其妙地自信，莫名其妙地热烈：

> 五谷里那个田苗子儿，数上高粱高，
>
> 一十三省的女儿哟，就数兰花花好。

谁穿红鞋崖畔上站，把我们年轻人的心扰乱？
我穿红鞋我好看，与你别人球相干？

这么大的锅来哟，下不了几颗颗米，
这么旺的火来哟，还烧不热个你！

手提上那个羊肉，怀里揣上糕，
拼上那个性命，往哥哥家里跑。

先有米脂美女貂蝉，后有绥德英雄吕布。他们“淳朴，凶悍，尚武”，大横山后生头顶英雄结，莫名其妙地刚烈，莫名其妙地狂暴。他们“胆大，脸厚，礼重”，勇猛顽强，百折不回；他们语言粗鲁，离开“球”不说话；他们迷信鬼神，讲良心，办厂不亏人；他们没有黑窑，没有讨债公司；他们赤膊上阵，愿赌服输。

## 平凡的世界

“无定河，塞上柳，信天游。看似风，风来风往，却像潮，潮起潮落！”大横山人是为杀戮有钱人来到人世间的。光绪皇帝的老师王端芬来这儿考察，上过一道奏折，称：“圣人布道，此处偏遗漏。”这是解读横山文化的一把金钥匙，大横山文化就是反叛文化——蔑视孔孟之道、不读“四书五经”是其核心竞争力。

“路见不平一声吼！”关键在于缺乏耐心，大横山后生以为诉诸武力是正当的。他们“打天下，坐天下”，他们通过“走西口”，通过周期性漂泊在外当雇工或者当土匪，早晚会发现杀人放火能够更快、更直观地改善自身处境。巍巍大横山，聚众造反是一条重要的生存之道，“要么楼上楼，要么猴摸球。”他们前仆后继，乐此不疲。

当然，大横山人大多光荣地失败了，赫连勃勃、梁师都、李继迁、李元昊、李自成、张献忠、刘志丹、谢子长、高岗、阎红彦，包括作家路遥，都是清一色的悲剧性人物——唯一值得称道的是，他们并非倒毙在走西口的乞讨路上，而是倒毙在征服世界的激越鼓点声中。

横山白界镇北面是毛乌素沙漠，

南面是无定河，

对面是黄土高原，

这种地貌极其典型和罕见。

## 英雄要问出处

横山人的性格

◎陕北人从哪里来的，祖籍横山的山东学者郭峰认为：从商周起，先后有鬼方、猃狁、獯鬻、白狄、鲜虞、匈奴、林胡、楼烦、稽胡、卢水胡、鲜卑、氐、吐谷浑、突厥、党项、女真、蒙古等30多个民族以战胜者的雄姿，走上这块历史舞台，从而演出了一幕幕历史大剧。加上驻守边关的各地汉人，陕北成为汉族和少数民族融合与交流的『绳结区域』。

◎横山周边方圆几十里出了匈奴的赫连勃勃、党项的李继迁以及梁师都、李元昊、李自成、张献忠、高岗，前赴后继。用陕北名人王六的话说：『这个英雄辈出的地方的人，无论是领导干部还是放羊的老汉，骨子里普遍有一种与生俱来的英雄主义情结和时代担当，蹲在黄土高坡望着中南海，天生有一种征服苦难的强烈冲动。』这里风沙大，黄土高原连绵起伏、干旱少雨、气候异常干燥；加上本地人多以牛羊驴肉、小米黑豆为食。血热、血稠。因此造就了这里人的性格刚烈、彪悍、狂放、敢爱敢恨、敢为天下先。历史上陕北这块孤悬塞外、苍凉壮美的地方，不像江南的『状元村』『进士村』层出不穷，知识分子、文人墨客凤毛麟角，少得可怜。远的不说，近当代数的出也就张季鸾、柳青、路遥、张维迎而已，横山就更少了。还是因为历史、气候、土壤的影响吧。文的不行，武的来，陕北人重义尚武、骁勇善战、敢为天下先的精气神到是传下来了。德国一位元帅有句名言『重要的是进攻。』『立马就走』『干了再说』的行事方式，在改革开放后的横山人身上体现得最是突出。这些人大多文化程度不高，甚至没上过学，厨子、司机、修鞋、补锅、供销社售货员可能是他们最初的营生。但英雄不问出处，第一个把绿豆出口到日本的，第一个图书批发商办大学到澳大利亚的，第一个没学历被特招到公安部的『黑客专家』，第一个到吉尔吉斯斯坦开金矿的，第一个开小额贷款公司的，第一个把陕北说书通过抖音视频将粉丝流量做到一百万的……姚广龙、王荣、王飞、董佳羽、樊世荣、贰强等一干横山好汉，不断续写着敢为天下先的进攻意识，传递着横山人的英雄烟火，生命张力。

◎陕西的关中人普遍对陕北人的评价是『张狂有余，谋略不足』，这倒也未必，号称陕北犹太人的米脂人、子长人、洛川人就集中了精明狡黠的智慧，当然这是个小概率。大面上来说陕北人的主要性格还是『刚义』二字为主，横山人尤甚。反面来说，横山人缺乏耐心、细心、容忍心。秉性喜好单打独斗，唯我独尊，缺乏团队意识，缺乏可持续性。处乱世易，处盛世不易。李自成如此，高岗如此。狼烟过后，迅速消遁在历史的长河里，成为传说。这也许就是大部分陕北人的另一面吧。

——春语

# 西北的大围墙

蒋子龙
中国作家协会原副主席，『改革开放四十周年改革先锋』称号获得者

到横山须先看古堡，并非因横山多古堡，而是横山的历史文化多半留在一个个式样各异的古堡里。

我们午后到横山，未在县城停留便直奔响水堡。既名“响水”，一定跟水有关，古堡建在无定河一个臂弯的山峰上，北、东两面临河傍水，城堡依山顺势而建，层层递进，步步升高，是方圆数十里内的制高点。我们登上古堡，居高临下，视野开阔，古边塞的莽莽铁岭、万里风烟，尽收眼底。结冰的无定河如一条白练，绕于堡下。东侧是龙泉大寺，寺前石阶陡峭，直抵山顶；隔河相望是盘龙寺。方志记载“横

江怪石，盘绕无定河边，远眺若踞水中，状如盘龙……”两座大庙祥云搭桥，瑞气交融，护佑着响水堡。

古堡建于明正统二年（1437 年），城墙依山势蜿蜒而建，周长约 1700 米，设有四座城门，内有瓮城，以青砖、石块包砌。城堡内有普通的民居窑洞，也有窑洞四合院，于明清两代不断得到修整。响水堡人曹子正，于乙酉（1885 年）科拔贡为官，曾写《盘龙诗》描摹家乡风貌：“桥水响流双浪开，寺龙盘塔绕河来。迢迢路远岸垂柳，樵唱晚舟鱼钓台。”当年的响水堡竟然有这样一种水乡的胜景，两岸垂柳，渔樵两利，富庶而宁静，令人称异。

我们依次又看了建于宋元时期的军事要冲波罗古堡、一向被视为“横山龙脉”的狄青塬、秦长城及秦直道、古银州故城、仰韶文化重镇贾大峁，等等。古堡看得越多我们就越好奇：横山为什么会留下这么多古堡？整个陕西省地图，极像秦陵出土的兵马俑，而榆林市就是兵马俑的头。在中国古代，兵马是为战争而存在的。横山的古堡，实际就是古城堡和古碉堡的结合。

在 1949 年之前的数千年里，横山一直是中华民族的西北国防重镇，历朝历代的兴亡史，都少不了横山浓墨重彩的一笔。横山古堡的城墙，也可以说是中国西北部的大围墙。可是，任何墙都不能真正挡住想进去的人。还有一句老话说得也不错，堡垒最容易从内部攻破。不信就让我们从头说说中国的这道大墙，特别是横山这一段……

横山响水城堡
2013.7

公元前212年，秦始皇派大将蒙恬修建秦直道，从秦都咸阳直通阴山下九原郡，全长近九百公里，沿途所经县境中唯横山里程最长，途经怀远堡、威武堡、清平堡……再加上五里一墩，十里一台，是中国第一条国防公路。直道是为了出兵快捷，秦长城是最大的墙，为了挡住来犯之敌。然而，从横山发家的赫连勃勃，于407年自立为大夏天王，率兵夺取长安，在灞上称帝，建都统万城（今靖边县红墩界镇白城子村统万城）。

秦直道或许还为战事提供了些许便利，秦长城却几乎被历史忽略，无人提及。倒是对赫连勃勃，至今人们还在谈论，说他为政虽残暴酷烈，但雄略过人。他创立的大夏国国都统万城，是匈奴族在人类历史上留下的唯一一座都城遗址，为研究十六国时期的文化及当地环境变迁，提供了重要的实物资料。

过了一百多年，隋末的鹰扬郎将梁师都，在横山西部的古夏州起兵，一会儿自称皇帝，立国号梁，一会儿又向突厥称臣，后被唐太宗派将剿杀。再过两百多年，党项族银州（横山党岔镇）人李继迁、李德明父子，拥兵自重，逐步建立起西夏国，到原本是拓跋氏后裔的李元昊手上，西夏已强大到与宋、辽、金鼎立，延续近210年，对促进西夏地区各部落进入封建社会，产生了重要影响。又是几百年后，横山石窑沟的李自成横空出世，自命“闯王”，竟“闯”翻了大明王朝，引来了清朝300年的统治……

此外还有许多文才武略、一代俊杰，从横山的古堡或窑洞里走向历史舞台，创造或改变了历史。如宇文恺、张浦、狄青、杨宗气、胡茂桢……甚至到了近代，还从横山武镇高家沟的窑洞里走出了高岗，正像曾传颂一时的民歌里所唱的：“对面（价）沟里流河水，横山里下来游击队”，“刘志丹是清官，他带上队伍上呀横山”……

先哲有言，一代代的勇将就像树根，从那里长出枝条生出勇敢的民众和彪悍的民风。可是，横山的古堡已经荒颓，人

2019年1月13日，蒋子龙（左一）和王克明（左二）在横山响水古堡

气稀疏，有些已变成空堡或半空堡。

往事悄悄，浮云匆匆，古堡昔日的辉煌不再，其雄浑苍郁的存在却讲述着最实际的智慧。历史，就是这样让人们能更多地了解自己和把握未来。历史中横躺着未来的秘密，对横山来说，这个秘密就是：在过去是“国防比富裕更重要”；而今天，古边塞将成为富裕和发达的象征。

# 横山汉子

刘统

上海交通大学历史系教授，军事科学院原大校、研究员，党史专家

到横山来的一个心愿，就是看看高岗故居。

在中国革命史上，高岗无疑是一个重要的人物。他的家乡就在横山区武镇高家沟。我们坐车从无定河边进横山，峰回路转，重重叠叠。遥想当年没有公路的时代，从山里走到榆林，是多不容易的事。高岗故居就在大路边，崭新的两孔窑洞。乡亲跟我解释：高家的老窑洞原来在上边，早已坍塌了，这是当地为了纪念他新修的。其实不用解释，看看周边荒山的环境，就知道这过去是个多苦的地方。

1905 年，这里生下个男娃，取名高崇德。从小没了

妈，像石头缝里长大的，养成刚强好胜的性格。他自幼好学，考上著名的榆林中学，走出大山。在学校里，疾恶如仇，打了当地军阀井岳秀的少爷，幸亏校长杜斌丞保护了他。1927 年初到西安军校学习，加入中国共产党，走上革命道路。结识刘志丹，成为战友，在横山里拉起游击队，开创了陕北红色根据地。王明左倾路线时期，北方局来的特派员命令刘志丹带队伍去打关中，遭受失败。刘志丹、高岗、习仲勋、张秀山等一起反抗“左倾”错误领导，招致嫉恨。借着红 25 军到陕北，“左倾”领导展开“肃反”，把刘志丹、高岗等人全部逮捕，刑讯、杀害，几乎要把陕北党搞完了。幸亏 1935 年 10 月毛泽东和中共中央率红一方面军长征到了陕北，果断制止肃反，把刘志丹等人挽救下来。高岗和习仲勋被从监禁中解放出来时，他们流着眼泪说了一句真心话：“不是陕北救了中央，是中央救了陕北。”

高岗感激毛泽东的救命之恩，从此对毛泽东忠贞不渝。毛泽东到陕北，需要当地干部的帮助，高岗以他的能力和实干，赢得了毛泽东的信任。1940 年，国民党停发了给八路军的军饷，陕北一下陷入经济困境。那么多机关干部和来陕北的知识青年靠什么养活，成了天大的问题。一天，毛泽东把林伯渠、高岗找来，说：“我们到陕北来是干什么的呢？是干革命的。现在日本帝国主义、国民党顽固派要困死、饿死我们，怎么办？我看有三个办法。第一是革命革不下去了，那就不革命了，大家解散回家。第二是不愿解散，又无办法，大家等着饿死。第三靠我们自己的两只手，自力更生，发展生产，大家共同克服困难。”

延安开始了大生产运动。但是搞生产得有资金、工具，种地也得半年后收获，原始积累从哪里来？天无绝人之路，一个商机出现了。边区的盐池产盐，为国统区百姓急需。高岗抓住机会，组织干部和农民运盐，到绥德、洛川等地销售，为陕甘宁边区挣了第一桶金。有了钱，买锄头、纺车，发动千万官兵群众，开始了轰轰烈烈的大生产运动。高岗首创了劳动英雄运动，选出在生产中成绩大的，交公粮多的农民四十多人，开大会，给他们戴大红花，号召全区人民向他们学习。这些普普通通的农民从来没享受过这么高的荣誉，笑得合不拢嘴，说："高司令把咱的手都抓握起来啦，给咱们送匾戴花哩！"

毛泽东对高岗极为赞赏，从此，高岗与毛泽东关系越来越密切，也得到毛的信任和重用。在延安整风中，毛泽东说："我到陕北已经五六年了，可是对于陕北的情况的了解，对于和陕北人民的联系，和高岗同志比较起来就差得多。""文革"中北京的中学生到延安插队，拿着当时的报纸上毛泽东与林彪的合影，问陕北老乡认识不认识林彪。老乡个个摇头，学生问："那会儿谁天天和毛主席在一起呢？"老乡们异口同声："高岗么。"

1945年延安中共七大，是中共历史上的一次团结的大会，胜利的大会。毛泽东为照顾党内团结，嘱咐井冈山的老部下让一让。结果林彪只当了中央委员，而高岗作为陕北党的代表，一跃而成政治局委员。

解放战争初期，高岗被派往东北。在东北，他和林彪、罗荣桓等人共同感觉到，当时的东北局领导单纯依靠苏联，只注重城市工作，忽视了建立巩固的东北农村根据地。他们向中央反映了自己的看法。后来的局势证明了他们是正确的。中央改组了东北局，形成了以林彪为核心的新班子。

从此，东北前方是林彪，后方是高岗，局面开始扭转。林彪指挥野战军在前方打仗，高岗在后方抓生产，抓建设，为前方提供军需、弹药、兵员，提供了强大的支撑。陈云说：“东北解放战争期间，林彪总是考虑到后方的负担，少要一点。而高岗总是考虑前方的需要，多给一点。”前后方能配合到这种程度，是很少见的。林彪打仗是深思熟虑，高岗指挥是大刀阔斧。后方干部说：“高岗当领导，从来不耍威风，端架子，而是思路清晰，指示明确，干脆利落。”从小事上也能看出他的作风，有一次机关干部和部队打篮球，战士们球技不如干部，输急了就打起群架来。高岗上去拉架，被战士一拳打倒。警卫吼道：“敢打首长，抓起来。”高岗说：“不要抓，他连我都敢打，上战场一定是好样的。”

解放战争，四野战功卓越。高岗不但把四野建设成最强大的军队，而且把东北解放区建设成实力最强的根据地，不仅支援了前线，而且初步建成新中国的工业体系。1949 年新中国成立，高岗成为最年轻的中央人民政府副主席。

新中国刚建立，又面临一场重大考验。朝鲜战争美军越过了三八线，平壤失守，金日成通过斯大林向中国请求出兵援朝。毛泽东是很难下决心的，新中国尚未稳定，要和世界头号强敌作战，有胜利的把握吗？当毛泽东下决心出兵，在第一次政治局会议上又被多数人反对，只好把拟好的出兵电报放回抽屉里。

2019年10月，刘统（右）、武镇副镇长谢蓉霞（中）、高家沟村支部书记高崇来（左）在横山武镇高岗出生地

毛泽东再次开会，把几个大区书记招来北京。西北的彭德怀和东北的高岗给予毛泽东强有力的支持。高岗说："如果美国侵略者占领了朝鲜，毫无疑问，一定会准备力量来进攻我们的东北与华北，进攻我们的祖国。那么我们究竟是让它打下朝鲜，让它准备力量，增长气焰，等它打到中国

来的时候再去消灭它好呢？还是现在争取主动，配合朝鲜人民军，在国土以外消灭敌人，保卫自己好呢？显然地，在国土以外消灭敌人是有利于我们。”在国外作战比在国内作战更符合国家利益，高岗这个观点不仅让毛泽东大为赞成，也说服了在座的同志。出兵决策终于定了下来。在空前激烈的抗美援朝作战中，高岗又做了志愿军的坚强后盾，承担了艰巨复杂的后勤工作。战争胜利后，彭德怀在接受朝鲜政府授给他的勋章时曾说：“这枚勋章授给我不合适，第一应该授给高麻子（高岗）。”

在一次次重大考验面前，高岗不仅对党忠诚，立场坚定，而且迎难而上，善于开拓，敢担当，有办法，成绩卓著。1953 年毛泽东做出重大决策，调五个大区书记进京，时称“五马进京，一马当先”。高岗以国家副主席身份兼任国家计划委员会主任。

这是一个有职有权的位子。国家计委不仅负责经济建设的总体规划，而且掌管着国家工业生产的八个部。国务院的权力明显削弱了。当时很多人都认为，高岗要当接班人了。不仅如此，很多人立刻上去拉关系，高岗豪爽好客，家里不是宴请就是舞会。北京出现了“中南海里门可罗雀，东交民巷车水马龙”。这时，高岗有点飘了，说话也不那么谨慎了。很快，他的一些出格的话被报告给毛泽东。

毛泽东觉得不正常，他问公安部部长罗瑞卿：“北京有什么情况？”罗瑞卿说没什么不正常。毛泽东严厉地说：“别人是蒙在鼓里，你是睡在鼓里。”毛泽东放出话来：“北京有两个司令部，一个是以我为首的司令部，就是刮阳风，烧阳火；一个是以别人为司令的司令部，就是刮阴风，烧阴火，一股地下水。”这个话使高岗极为震惊。他回顾和反思几个月以来发生的一切，给毛泽东写了一封信，表明认错态度，并希望能到杭州当面跟毛泽东检讨。

在战争年代，打江山的时候，需要高岗这样敢打敢冲的人。但是新中国成立后，最重要的是党内政治的平衡。高岗的咄咄逼人，已经引起多数人的不满。高岗从资历、理论水平、协调各方面关系等方面，还是比不上刘少奇。在决策的时候，政治家要从全局考虑，而不能从个人感情去决定大局。

毛泽东在杭州1954年1月22日致电刘少奇，表示："我认为全会开会在即，高岗同志不宜来此，他所要商量的问题，请你和恩来同志或再加小平同志和他商量就可以了。"2月在北京召开的七届四中全会，在毛泽东缺席的情况下，开成了对高岗的斗争会。高岗被扣上"野心家""分裂党"的帽子，高岗做了检讨，交代了自己破坏党内团结、拉小圈子的行为，承认了自己对刘少奇有错误看法，但是，高岗不承认自己"反党"。他怎么也想不通，为什么要置他于死地。

2月15日到25日，高岗问题座谈会召开。听了两天批斗后，高岗彻底明白了：座谈会的目的，就是把他在政治上彻底打倒。他感觉自己为党、为毛主席干了一辈子，到头来却背上"反党"的罪名，连毛主席也抛弃了自己。他感到绝望。对于高岗这样把政治名誉看得比生命还重的人来说，没有什么比被抛弃更令他难受的了。与其屈辱地活着，不如一死求得解脱。

1954年2月17日，高岗突然掏出手枪，指向头部。所幸秘书赵家梁及时把他扑倒在地，门外的警卫赶来夺下枪支，才捡回了高岗的一条命。

第一次自杀未遂，但是性质变了，成为“自绝于党”。以后他更加沉默，其实在积攒安眠药。8月17日，自杀未遂半年后，他吞下了暗中攒下的大量安眠药。这位干了一辈子革命的陕北汉子，在他49岁时以这种决绝的方式结束了自己的生命。

毛泽东得知高岗自杀的消息，震惊又懊恼。本想把他降职使用，磨炼一下，没想到他竟然这样受不了委屈。高岗进不了八宝山，埋在北京西郊的万安公墓，立了个无字碑。但是家属一直得到关照，没有降低待遇。一直到了1981年，中共中央在起草《关于建国以来党的历史问题决议》时，邓小平说话了：“高岗那一次，就不能算路线斗争了。”于是情况起了变化，万安公墓立了一座碑，上面只有两个大字：高岗。

这一次，终于来到了横山高岗的故居，窑洞不大，里面的展览也不是官方布置的，就是当地乡亲搜集的高岗的一些历史照片。院子里有一座高岗的半身雕像。从这朴实的气氛中我感受到横山人对高岗的感情：他们以高岗为荣，也为高岗惋惜。我也和同志们讨论：如果高岗当年忍辱负重，到“文革”时应该有再起的机会。作为那么一个高级干部，他怎么就没学得能屈能伸一些呢？到了横山才知道，这就是横山汉子的性格。耿直、豪爽、宁折不弯。古代的慷慨悲歌之士，就是重然诺，重信义，为了大义而不惜奉献生命的人。想想当代人，善于见风使舵、择木而栖的太多，忠厚诚信的越来越少。“疾风知劲草，板荡识忠臣。”人生在世，当坦坦荡荡，问心无愧。即使蒙冤，也终有得到公正评价的一天。而那些老于世故，善于整人保全自己的，虽身居高位，终究逃不过历史的眼睛。

# 横山，一个王朝的西北墙

狄马
作家，民俗专家

打开中国地图，你会看到黄河从青藏高原流出，一路向东，当它流到甘肃的省会兰州时，没有直行，而是突然转向，向北流去。经宁夏北流至内蒙古巴彦淖尔市东折，到包头市托克托县，再南折流往山西河曲、保德，直到陕西潼关县，始循旧向，往东入海。这个线路在地图上呈“几”字形大弯，形似布套，故称河套。

清人何丙勋在《河套图考》序中这样解释：“河以套名，主形胜也。河流自西而东，至灵州西界之横城，折而北，谓之出套。北折而东，东复折而南，至府谷之黄甫川入内地，迂回二千余里，环抱河以南之地，故名曰河套。”这段话清楚地表明了河套得名的原因。

从现在的地图上看，这一三面环河的地区，远处塞外，又与大漠相连，远不是什么风景秀丽、物华天宝之地。但在历史上，它的地位曾经十分重要，尤其是在以长安为中心的时代，任何一个王朝的统治者都不敢轻忽。可以说，河套安，则中国安；河套不安，则天下骚动，神州板荡。原因简单：它是中原王朝的北大门；而中原王朝的大患从来都在北方，而不在南方。

我们现在要说的是，在这个北大门的东南端，有一片沙漠叫毛乌素沙漠。毛乌素，在蒙语里是“坏水”的意思——可见，在这片沙漠里“甜水”是十分稀缺的资源。在毛乌素沙漠的南缘，有一条河叫无定河。古之州府皆建于水滨，“州”字一川加三点，正是人居水边的象形。州府如此，县、乡莫不如此。无定河的沿岸，自古以来就是许多州县衙门的所在地。它们像一颗颗明珠串联在无定河这条闪光的玉带上。

我们的故事就从这里说起。

## 一

无定河流域土质疏松，宜牧宜稼，自古以来就有人类在此刀耕火种，繁衍生息。1923 年，有一个叫桑志华的法国天主教神父兼地质学家、人类学家，在鄂尔多斯一带传教，结果在今天榆林市横山区的高镇油坊头村发现六件打制石器，后来在一次不经意的考察中，竟然在一片鸵鸟蛋和羚羊牙齿的化石中发现了一颗距今三万年的七八岁儿童的上门齿，专家们给他起名叫“河套人”。让我们记住这个法国人桑志华，他在中国生活了30年，直到62岁才返回法国。他是较早走进陕北进行科学考察的外国人。40年之后，中国著名的史前考古学家裴文中教授，沿着当年桑志华的考察路线，在无定河一带进行了小规模的考古发掘，结果在今天横山区城关镇吴家沟附近的石马坬村，发现了一个史前人类头盖骨。这个头盖骨骨质已经全部石化，但重量较大。经鉴定，可能是一个中老年男性的头盖骨，大致与“河套人”同期。按照国际通行的命名原则，这个头盖骨应当命名为“石马坬人”或“吴家沟人”。

后来这一带成为猃狁、犬戎、鬼方、白狄的天下，秦汉时又为匈奴人所盘踞。一直到唐贞观年间，无定河流域又迎来另一批客人，那就是党项人。党项人本来世居四川、青海、甘肃三省交界的地方。后来吐蕃渐渐强盛，部分党项族被迫内迁至陇东、陕北一带。唐朝末年，山东落第秀才黄巢起兵造反，政府的官军力量薄弱，朝廷征调各路兵马“勤王”，党项族的拓跋部落率子弟加入到镇压黄巢的队伍中。叛军覆灭后，朝廷嘉奖各路有功之臣。党项族的拓跋家族理所当然地受到了封赏。首先，拓跋家族被赐皇姓，由“拓跋”改为“李”姓。这以后，李继迁、李德明、李元昊才有了和汉人一样的姓。其次，封部落首领拓跋思恭为夏州节度使，领银、夏、绥、静、宥五州之地。从此，党项族正式登上历史舞台，成为这片土地的实际主人。

所谓“实际主人”，意思是随着唐末藩镇割据，五代相继更替，朝廷对无定河流域的实际控制力很低，大多数时候不过视它们为“羁縻州”而已。所谓“羁縻州”，就是在大一统的君主专制时代，朝廷为了节约统治成本，对少数民族采取的一种松散的管理模式。这种模式颇类现代政治中的“地方自治”。在一般情况下，只要他们不反叛，朝廷对他们不征收赋税徭役，也不干涉他们内部的管理，对他们的生产生活、风俗习惯采取一种放任自流的态度。

“羁縻”二字很有讲究。它本来是用在牲口上的。“羁”是给牛马套上笼头，防止它偷吃或乱跑；“縻”（mí）就是用绳子系住，但允许它有一定的自由。陕北话里至今都有“縻”这个词，且读音和语义一点没变。一般指主人没有专门的时间放牧牲口，就把马、牛、驴用一根长绳子拴在一片草地上。有时主人就在不远处干活。这样，这头牲口就有足够的草场，但绳子的长度又限制它跑不了多远。它和“拴”的区别是：“縻”的绳子很长，而且它脚下一定有足够的草地；“拴”的绳子很短，脚下未必有吃的。知道了这个字的本义，你就知道古人造词之妙。当

2020年7月，作家狄马（左三），石湾镇党委书记曹波（右二），石湾镇镇长贺鹏飞（右一）横山说书艺人范江（左二）在高柏山

位于今天子长市李家岔镇石家湾的高柏山越来越引起世人的重视和瞩目，这个地方历史上曾经属于横山区石湾镇的管辖。今天从石湾镇出发只要10分钟的车程，翻座山就到了。它之所以重要，是因为真正的黄帝陵就在此，而不在黄陵县，关于这一点《史记》和《汉书·地理志》均有记载，我们不在此做结论。

初给这种新的管理模式命名的文人官员，一定是煞费苦心。官员的轻蔑、无奈、自大和狡狯都在这两个字里边了。

就这样，这个质朴尚义、重诺轻死的种族在无定河畔开始了他们打马放牧、弯弓射雕的日子。一直过了大约三百多年，中原赵宋王朝建立，朝廷出于统一的需要，要求党项族首领李继迁交还土地。太平日子从此告吹，代之而起的是狼烟四起、旋降旋反的战斗岁月。

太平兴国七年（982 年），李继迁的族弟李继捧向宋朝献上五州之地。李继迁对他的谋士张浦说："吾祖宗服食兹土逾三百年，父兄子弟列居州郡，雄视一方。今诏宗族尽入京师，死生束缚之，李氏将不血食矣！奈何？"以此，当宋朝的使臣来到银州，准备接受五州之地时，李继迁以葬埋乳母为名，以棺材、丧车作掩护，里面藏满兵器，率领数十名子弟，逃亡地斤泽（在今内蒙古的乌审旗），开始了他的反叛生涯。

后来，李继迁上书宋朝欲讨回"夏州"故地时，动情地说："夏州荒土，羌户零星，在大宋为偏隅，于渺躬为世守。祖先灵爽，应恋首丘；明发私怀，敢忘宗土？"千载以下，从这些简短的文字中，你还可以读出一个热血男儿对生他养他的故土怀有的深情厚谊。后来李继迁及他的长子李德明在无定河畔与宋军展开大小数百场激战，直至1038 年，他的孙子李元昊在兴州（今宁夏银川市）称帝，党项族从银州起家，经过数代人的鏖战，算是正式与宋朝异爨分家，走上了与辽、宋分庭抗礼的鼎足之路。

## 二

西夏建国后，并没有放弃对“龙兴之地”无定河流域的控制与经营，而是充分利用无定河之南的十万大山做屏障，不停地向南推进。这时，一个从来没有过的地理名词“横山”，高频率地出现在宋代的典籍中。

宋代以前的文献，如《山海经》《水经注》以及唐人的《元和郡县图志》里都把毛乌素沙漠以南的这道山脉通称为“白于山”。只有到了宋代，这道大山才成为时人心中永远翻不过去的墙垣，成为横亘在宋朝文武官员心中的梁木与巨峦。

在宋代的文献中，横山有广义和狭义两种：广义的横山指的是毛乌素沙漠南缘，东起麟州、府州，向西直达六盘山北麓，全长千余公里的广阔山地。如《续资治通鉴长编》卷149，记载韩琦与范仲淹的对策：“元昊巢穴，实在河外。河外之兵，懦而罕战。惟横山一带蕃部，东至麟、府，西至原、渭，二千余里，人马精劲，惯习战斗之事。”这段话中的“横山”显然指的是广义的横山。它不仅包括陕北大部，而且将今天甘肃省的平凉市、宁夏的固原市也涵盖在里边了。韩琦与范仲淹又在同一份策对里说：“（横山）与汉界相附，每大举入寇，必为前锋。故西戎以山界蕃部为强兵，汉家以山界属户及弓箭手为善斗。以此观之，各以边人为强。”可见，在宋人的心目中，“山界”与“横山”是同义词。越过横山就是茫茫沙漠，就是西夏人的地盘了。

狭义的横山指的是白于山主峰以东，到无定河流域一带的狭长山地。白于山的主峰位于今天榆林市定边县的白湾子镇，最高点魏梁，海拔 1970 米。《宋史·种谔传》载：“谔言：横山延袤千里，多马宜稼，人物劲悍善战，且有盐铁之利，夏人恃以为生。其城垒皆控险，足以守御。今之兴功，当自银州始。其次迁宥州于乌延，又其次修夏州，三郡鼎峙，则横山之地已囊括其中。”银州故城在今天横山区的党岔镇，宥州在今天内蒙古鄂托克前旗的城川古城，夏州故地就是今天榆林市靖边县的统万城，三城恰好将横山包围。以此判断，种谔说的“横山”指的是狭义的横山。

横山南部的边界由于地势平坦，没有大的自然障碍物，故界限相对模糊。但在宋夏大规模的战争中，一般将其界定在大理河流域、清涧河上游的安定堡（今子长市安定镇）、周水河上游的保安军（今延安市志丹县）一线。

需要说明的是，文献里讲的，横山是西夏与宋王朝在西北的分界线，只是一个大致的说法。实际上，对于冷兵器时代的国家政权来说，疆域从来没有一条明确的界线。以横山为例，终宋一代，宋军都没有完全控制横山，将夏人逐出无定河以外。党项百年，即使野心勃勃如李元昊，也没有完全占领横山，将宋军赶到大理河以南。宋夏两国，交战百年，大致以无定河与芦河为界，互有攻伐。无定河以北、芦河以西属于夏人的地盘；无定河以南、芦河以东属于北宋的疆域。这里没有谁对谁错的问题，一切取决于当时的形势和武力的强弱。

## 三

西夏立国初期，李元昊频频出击，与宋朝在东起麟府、西尽秦陇，全长两千余里的国境线上不停骚扰。东边以窟野河为界，麟州、府州为宋朝占领，但窟野河以西，麟府以南的大片土地皆为西夏所有。因此，宋人的文献里说“麟府孤悬”。往西至无定河，下游的绥州为夏人控制。在冷兵器时代，河流冲积成的河谷往往就是军事进攻的通道，因而，控制了绥州就意味着控制了无定河的下游地区，且直接威胁着中上游的城堡安全。延州虽为宋军占领，但往北四十里即为西夏的境界。鄜延路的宋夏疆界大致在今天安塞区一线。延州西北的保安军与顺宁寨一直掌握在宋军手里，因此，这一地区的宋夏疆界是以白于山为界的，夏人一直没有进入周河流域。再往西，宋朝环庆路的控制范围大致就是今天的陇东地区。但打来打去，仅过了几年，西夏的经济实力就不能支撑了，宋朝也适时地关闭了榷场和互市，李元昊被迫低头，向宋朝献上称臣言和的表文。

可惜好景不长。1068 年，20 岁的少年天子宋神宗即位，一改前任皇帝息事宁人的边疆政策，施行“战狼式外交”“重拳出击”的强硬国策，导致太平 20 年的宋夏边境再起狼烟。神宗皇帝先是派重臣种谔攻取了无定河下游的绥州，继而溯游北上，企图再取无定河与明堂川（今榆溪河）的咽喉要冲啰兀城，却遭到夏人的顽强抵抗。最后两国被迫收兵，议定以“去绥州二十里为界”，界北属西夏所有，界南由宋军屯兵。

读历史教科书，我们常常对某些好大喜功、开疆拓土的皇帝大加赞扬，称他“雄才大略”。岂不知，遇上“雄才大略”的皇帝，对家天下的政权来说是好事；对当时的老百姓来说，则未必是福分。有时倒还不如遭逢一个“暗弱”之主，还能过太平日子呢！种谔把绥州拿下，给老百姓分粮吗？元昊把啰兀城占住，让西夏人免费观光吗？也就是说，普通老百姓并不会从开疆拓土中得到任何好处，相反却要付出生命的代价。对当时住在横山的老百姓来说，是给李元昊当臣民，还是给宋仁宗当臣民，这里面也没有本质的区别。难道赵家人来了就不要磕头纳粮吗？

你当然可以说，这土地自古以来都是中原人的，西夏人来了就是侵略，但事实上，战端一开就很难分出“正义”和“非正义”来，历史上发生过的战争多数是混合型的。也就是说，你很难在战争的两端分出谁是绝对的善，谁是绝对的恶。有的战争开始是纯粹的自卫，到后来却变为侵略；有的战争开始是赤裸裸的侵略，到后来却变成自卫。

当西夏国内发生大面积旱灾，接踵而来的是饥荒和瘟疫，宋朝却在这时关闭了榷场和互市，下令粮食禁运，不许一粒米“粜与西贼”时，李元昊发动的战争就是生存性的，目的不过是为了活命。当然，对于沿边一带被掳掠的老百姓来说，这无疑是侵略。元丰四年（1081 年），宋朝得到假情报，说夏国君主李秉常遇刺身亡（实际上是被其母囚禁），宋朝觉得直捣兴、灵，恢复王土的时机到了，于是不顾与夏人先前的盟约，派几十万大军，五路伐夏。这样的战争就绝不是生存性的，而是扩张性的。

五路大军开始势如破竹，种谔九月围攻米脂，十月拿下石州、夏州，宦官王中正也同时攻下宥州，北宋自立国以来就想控制整个横山，至此离梦想只有一步之遥，但谁料想永乐之战遭到惨败。有史料说，宋军 20 万人马“渴死者大半”，几乎全师丧尽。神宗夜半得到消息，绕床步行，捶胸顿足。至此，北宋收复横山梦碎。“元祐分疆”后，朝廷不得不面对现实，承认了西夏作为一个国家的合法性存在，不复再有“横山强兵、战马、山泽之利，尽归中国”的念想。

可惜的是，那些陷落在无定河泥沙里的人、渴死在永乐城里的人、被滚木礌石砸死在大理河河道的人、冻毙饿死在韦州瀚海里的人，再也活不过来了。

唐人陈陶有七绝《陇西行》传世：“誓扫匈奴不顾身，五千貂锦丧胡尘。可怜无定河边骨，犹是春闺梦里人。”写闺中妻子不知丈夫战死，依然在梦中期盼良人归回。岂不知，此时的丈夫已成无定河边的白骨。诗人以及他的其他作品都湮没无闻，唯有这一首的后两句流传千古。

宋人张舜民曾跟随环庆路主帅高遵裕掌机密文字，亲眼见过战争的残酷。他在《西征回途中二绝》中写道：“青铜峡里韦州路，十去从军九不回。白骨似沙沙似雪，将军休上望乡台。”写攻打灵州的战争，士兵的死亡率高达90%，累累的白骨铺在沙地上，太阳出来，照耀得如雪一样白。

后人在描述一些战略要地，尤其是在宣传自己的家乡时，总忘不了说一句“自古以来就是兵家必争之地”。岂不知，对当时生活在这些地方的人来说，这话不是美誉，倒是咒语。“兵家必争之地”就是血流成河之地，就是孤儿成堆、寡妇盈集之地。倒还不如“兵家不争”的好呢！

## 四

读历史，给我们的印象是，草原上的人个个都是雄兵。他们披头散发，来去如风，手拿弯刀，杀人如割韭。实际上，战争到了一定的程度，是很难分出善恶的。《续资治通鉴长编》就记载，五路伐夏时，宦官王中正帅部队“至宥州，城中居民五百余家，遂屠之。”以古代农民家庭一户五口人计，王中正共杀死 2500 人，五百个家庭被灭门。我们今天读历史，也不是要从这些触目惊心的记录中分出是非曲直，而是透过有关像横山这样的军事记录，探究两个民族，尤其是从生活方式到风俗习惯都截然不同的两个民族，在有限的生存空间里，如何学会理性地相处，而不是轻易诉诸武力。

我国著名的气象学家竺可桢先生，有一个惊人的论断：历史上北方游牧民族大举入侵中原的时间，与北方气候最冷的时间大致吻合。北方游牧民族完全靠草原养活自己，当气候变冷时，草场出产有限，牲畜得不到食物，就会发生大面积死亡，这时，他们就会向南方汉族政权发动攻击。而地处南方的中原此时气候也变冷，粮食等物资也会大幅减产，综合国力亦不免下降。因此，北方外族入侵的时候，实际上也是中原王朝抵抗力最差的时候。

气候变冷的一个直接后果是，草原上会发生大面积的“雪灾”，蒙古人谓之“白灾”。“白灾”降临，牲畜、人口都会大面积冻死、冻伤。死亡的牲畜多起来，来不及掩埋，就会发生次生灾害——瘟疫，蒙古人谓之“黑灾”。黑白二灾相继降临的时候，草原民族就不得不南下牧马，入寇中原。入寇的目的倒也简单，就是为掳掠财物。烧杀抢掠一过，一般他们会满载而归，并不想赖在中原不走。因为中原的风俗习惯、生活方式不合他们的胃口。诚如元昊本人所言：“衣皮毛，事畜牧，蕃性所便。”

上中学时，学历史课，看到宋朝与辽、夏打仗，明明仗打赢了，却还要签和约。签和约倒也罢了，有一条让人费解：宋朝岁输茶叶几千或上万斤。不由得好笑。这北方游牧民族，人人都说豪爽，实际上很小气啊！要银子可以花，要布匹可以穿，茶叶还要伸手吗？你不会自己拿银子买吗？实际上当中原王朝关闭了榷场和互市后，茶叶就成了违禁品。汉族文人又自命清高，视吃茶品茗为他们的专利。岂不知，茶叶对于汉人来说，是奢侈品；对草原上的人来说是必需品。游牧民族地处寒冷，饮食以肉类为主，没有茶叶帮助消化，人人都会肚腹肿胀，脂肪堆积，行动不便起来。也就是说，你不喝茶不会死，但他们不喝茶，真会死。

茶叶如此，布帛、铁矿亦如此。而在有关横山的军事记录中，不仅屡次提到横山有“盐铁之利”，而且有粟（小米）可食，有草可牧，有民可使，有关隘险固可守。

《宋会要辑稿》方域19，记载了元丰五年（1082年）鄜延路经略使沈括、副使种谔的奏对：“又山界既归于我，则所出之粟可以养精兵数万，得虏之牧地可以蕃息战马，盐池可以来四方之商旅，铁冶可以益兵器，置钱监以省山南之漕运。彼之所亡者如此，我之所得者如此。”甚至《范文正公集》中明确提到，在夏州弥陀洞东边70里的地方，有一个西夏主管冶炼铁矿的机构“铁冶务”，“即是贼界出铁制造兵器之处”。近年来在无定河流域，尤其是横山区一带的孤山旷野，发现数量不少的巨型石碾，当地百姓称之为“牛碾子”。“牛”在陕北话里，不仅指牲畜，有时还引申为“巨大”。“牛碾子”这个词，不仅指这种碾子只有牛才能拉得动，而且形容这种碾子的体形巨大，远远超出了普通百姓的碾米之用。经专家考证，“牛碾子”有可能是西夏人用于制作火药或加工铁矿石的工具。盐就更不用说了，直到现在，横山以西的定边、盐池一带都有采盐场。

横山既然有如此多的战略物资，那么，谁占领了横山，谁就有可能吞并对方。

沈括、种谔在元丰五年的奏章里，对有为之君宋神宗这样陈述横山的利害："臣等历观前世本路强敌与中国限隔者，利害全在沙幕。若彼率众度幕入寇，则彼先困；我度幕往攻，则我先困。然而先代常能为边患者，以幕南有山界之粟可食，有山界之民可使，有山界之水草险固可守。我师度幕而北，则须赢粮载水，野次穷幕，力疲粮窘，利于速战。不幸坚城未拔，大河未渡，食尽而退，必为所乘，此势之必然也。所以兴、灵之民常晏然高枕，而我缘边城寨未尝解严者，地利使然也。今若能使幕南无粟可食，无民可使，无水草险固可守，彼若赢粮疲师，绝幕而南，顿兵沙碛，仰攻山界之坚城，此自可以开关延敌，以逸待劳，去则勿追，击则惜力，治约之势在我，而委敌以空野坚城之不利。"

沈、种的对策是"尽据山界"，也就是完全占领横山。"若占据山界不尽，则边面之患犹在，沙幕尚为彼用；若占尽山界，则幕南更无点集之地，彼若入寇，须自幕北成军而来，非大军不可。如此，尚当先择险要之地，立坚城，宿重兵，以为永计。"

这份奏折把横山的重要性说得再清楚不过了，甚至千年以下，我们还能感到边臣沈、种的超迈目光。他们的意思是说，毛乌素沙漠自古以来就是西戎与汉家的天然屏障。因为有沙漠，所以谁也不敢率先深入不毛。但西戎之所以成为边患，全在于沙漠之南的横山有米可食，有民可使，有水草可牧牛马，有关隘险固可守卫军队。现在我大宋若将横山全部占领，又在山界北垠险要之地筑坚城高垒，则西戎若来，舍巢穴既远，又身处茫茫瀚海，我军居高临下，正好一举击溃。

但说说容易，真要全部占领横山，谈何容易！元祐末年，宋哲宗继位。朝廷采取“进筑堡寨，步步为营”的策略，向北推进，但也只是收复了一些麟府以南的州县，使得西夏的疆土与黄河隔离开来，麟府不再“孤悬”而已。大理河流域虽修筑了许多堡寨，但仍然没有到达芦河流域。事实上，直至北宋灭亡，宋军都没有渡过芦河，将夏人全部逐出横山。

## 五

芦河与无定河实际上是一道重要的分水岭。今天你站到横山城区，远望对面的芦河，你会惊异地发现，彼岸的风景与此岸的地貌是两道截然不同的景观：对岸风沙弥漫，此岸烟柳正绿；对岸百草枯萎，此岸秋色连天。气象学家说，对岸属风沙草滩区，此岸属黄土沟壑区。一河之隔，风景殊异，你会不由得赞叹造物主的神锤妙凿。

横山山脉实际上是一道重要的农牧业的分界线。从历史上看，宋军铆足了劲，有时也能翻过横山，“五路伐夏”时环庆路的一支甚至到达灵州地区。但每当越过这条线时，宋军就因为缺水和寒冷变得狼狈不堪起来。坚城久攻不下，撤离又遭追击，士卒苦于严寒，不得不烧掉旗杆、冠带，甚至有士兵将战友打死，就为剥掉他的衣裳。还有人去掉汉家的头饰，诈为番兵，抢夺公家的财物……不一而足。

历史证明，由大河、沙漠、巨岭、深海这些天然的障碍构成的农牧界线是很难突破的。中国历史上，汉人建立的即使是最强大的政权，其稳定的疆域也没有突破天然的农牧界线。即使勉强占领牧区的土地，也无法实行有效的管理，最终还是“羁縻”而已。相反，游牧民族却可以在农耕区建立强大而统一的政权，如元朝、清朝。道理很简单：牧区无法变成农区，农区却可以辟为牧区。农牧界线只能南移，不能北上。因此，当宋军“五路伐夏”，以死亡60万人为代价，仅取得少数城寨时，苏轼、司马光等人上书朝廷，反而建议放弃这些到手的山寨。苏轼认为，“存之则耗蠹中国，为祸日深；弃之则戎人不请，无缘强与。”

因此，对宋人来说，横山就是“恨山”，就是无数边臣、将士流血饮恨之地。一部横山史，就是一部伤心史。

今天我们可以说，不懂横山，就不懂陕北；不懂陕北，就不懂草原民族与中原王朝剪不断、理还乱的千年恩怨。横山应当成为研究游牧民族和农耕民族此消彼长、对立统一的样本，供后人探访凭吊、考古发掘。

“欲知塞上千秋事，唯有横山古银州。”在我们的历史学家中，将某一时段作为毕生的对象加以研究的很多，但将某一区域作为对象研究的委实不多。也就是说，“断代”的很多，“断地”的不多。如果能将“横山”作为一个课题研究，并成立“横山学”或“横山学会”这样的机构，集众多领域学者之所长，数十年之后，横山完全有可能成为一个研究王朝更替、治乱循环的基地，供世人赞叹。

# 英雄汉桃杏花能开几日，良善人松柏树冬夏常青。

## ——曹阳湾村老支书雷永诚家门口的对联

在横山，你随处可见怀揣最后一个匈奴英雄情结的普通农民，思维方式非同寻常。2014年桃花盛开的季节，最高人民检察院原常务副检察长、全国检察官文联主席张耕（左）在横山城关镇曹阳湾村偶遇老支书雷永诚（右），见到他家门上自撰的一副春联“英雄汉桃杏花能开几日，良善人松柏树冬夏常青。”对于一个没上过几天学的横山农民拥有的境界，他觉得横山这地方的人很不一般。

# 横山气质

王六
陕西省人大建设委员会主任，
陕西省档案馆原馆长

对面（价）沟里流河水，
横山里下来些游击队。

这首优美动听的信天游，借助红色文化的威力，更以其内在天籁般的音乐特质，不但风靡全国，也让“横山”广为人知，以致时下人们调侃横山人时，往往以“游击队员”称之。

其实此横山非彼横山，歌中的横山是指横山山脉，它西起六盘山，东抵黄河岸，大体沿长城横亘陕北。如果说无定河是陕北人文的精神家园的话，横山就是陕北人的精神脊梁。横山小概念是指白于山的东北支脉，芦河、大理河分水岭；

# 横山里下来些游击队

佚 名词曲

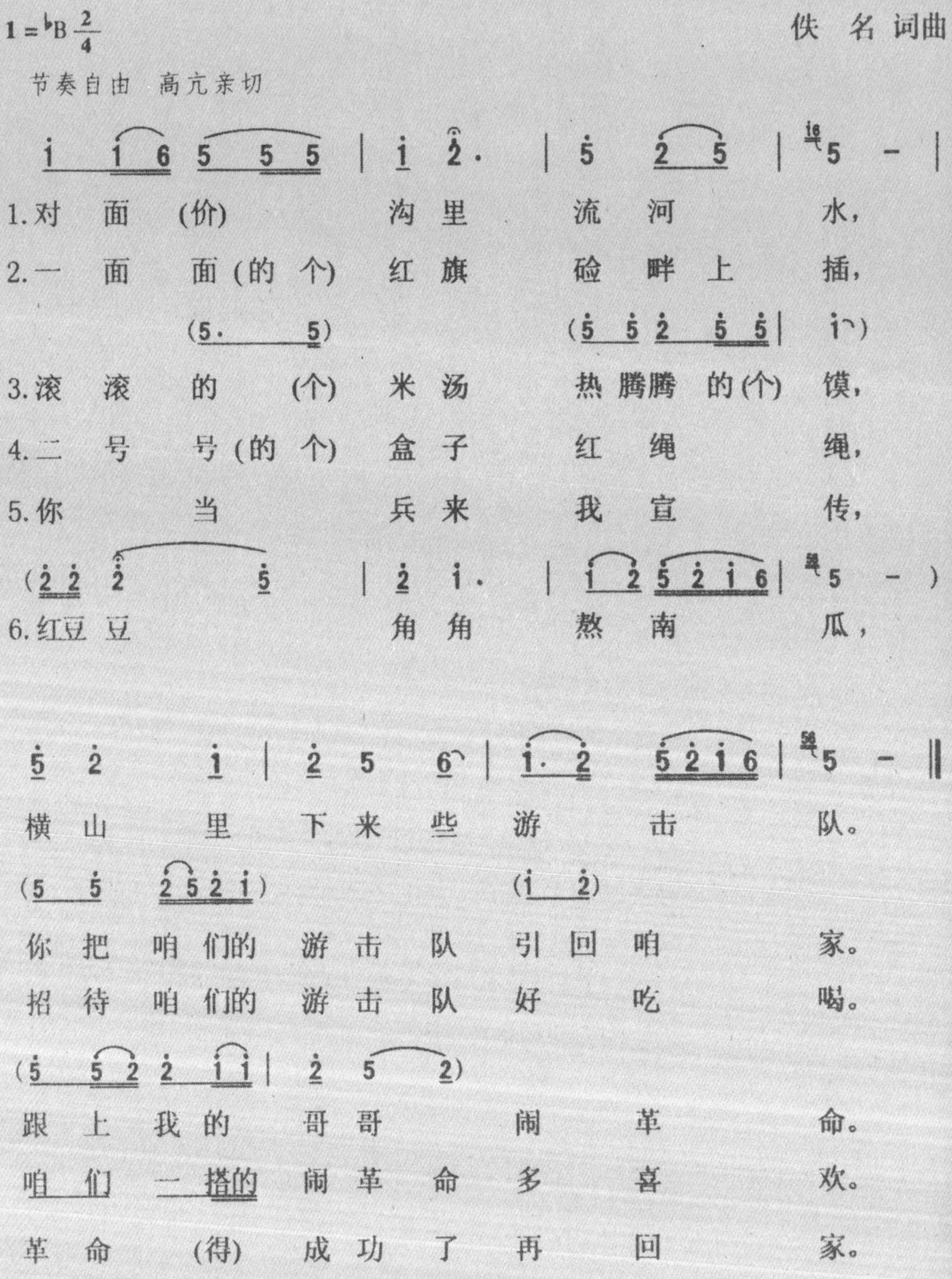

大概念就是秦汉时期有名的白于山，洛河、无定河分水岭；主要地域涵盖三边、横山、子洲、子长、安塞、志丹、吴起。横山区以山而名，不仅仅占有冠名先机，无定河与横山、黄土高原与大漠草滩在境内风云际会，其在陕北的典型性、代表性当不在话下。

说代表性，横山就是榆林、陕北的缩影，陕北有的，横山都有。地质地貌上，黄土高原的雄浑壮美，大漠草滩的广袤苍茫，各显神韵；从民俗文化上，这里承接南北、连接东西，游牧文化与农耕文明交融汇聚，尽展风采。曾经的银州属地，说富，煤油气盐皆具规模，羊子杂粮独具特色，国际知名；说穷，这里系秦巴山区、黄河沿岸土石山区、白于山区陕西三大贫困板块之一，也是叮当作响。

说典型性，横山下来个游击队，倒是颇具“光荣传统”。山大沟深，打游击具天然优势，中国历史上搅得周天寒彻的枭雄人物，匈奴的赫连勃勃、党项的李继迁、“隋末最后一位反王”梁师都，都出在横山。纵观历史，各领风骚数百年的西夏帝王李元昊、明末李自成，竟同为银州李继迁寨李氏。唐朝费九牛二虎之力，好不容易在贞观年间平定梁师都后，在其割据区域设立银州，因安置平定安史之乱有功的党项族部落在此，宋代又折腾出一个西夏国来，不但让范仲淹“将军白发征夫泪”，夜不能寐，也因宋夏百年战端，令横山留下“可怜无定河边骨，犹是春闺梦里人”的千古悲歌。而李

自成马踏幽燕、功败垂成的甲申祭，则长使英雄泪满襟！

我常常在想，一定是有一种精神力量，能让这方水土如此多娇，能让这方人气吞山河如虎！借古鉴今，这种精神，抑或可能为横山精神、陕北精神，从文化特质上讲就是天地人、家国情、真性情！

讲天地人，人们立马会想到中华民族天人合一的哲学观，这是共性。但陕北人讲精神，不是要给人一种高大上的派头，而是一种生活细节，是一种人性真实，是一种宗教般的虔诚，这一点横山人尤其是。对天地的尊崇、自然的亲近，动如闯旗猎猎，静若长城坚守，就成了文化上的极致。

陕北人把时间酿成酒，把苦乐唱成歌，把生活打理成艺术，生产生活充满了仪式感。生小孩添丁之喜，要在大门、家门居室外，土地、灶君等神祇前，贴上10厘米左右见方红色喜帖，这首先是一张喜报，人们看到一传十、十传百，贺喜的、送汤的，自不会失约。也是一张告示，主户有妇婴在家，邻居路人生产生活自会格外提防，严防对老小造成伤害。这更是一种披上神秘色彩的警示，凡非亲近男人不得入内，以防冲时运。其实这样设计，强制减少人员流动，防止了疾病传染，避免了哺乳尴尬，充满了大爱无疆的人文关怀。修建窑洞，亲朋好友要帮工，不但出力，还自带口粮，这种同舟共济的生存意识，是适应恶劣生态环境，逆势生存的集体自觉。工程告竣，要合龙口，祭天祭地，酬劳酬宾，为的是天地和谐，宾主同乐。天大旱，无助无奈的众乡民跪拜在龙王庙祈雨，那祈雨调一声声“救万民”的呐喊，足令山河变色、天地动容，活生生就是中华民族的招魂曲。这种重建生存秩序的自发，是几千年来社会治理的民间力量、民间良心。

讲家国情，生于斯、长于斯的人，骨子里有一种与生俱来的英雄主义情结和时代担当，这没办法，生不逢“地”使然。柳青、路遥的激扬文字，张季鸾的指点江山，杜聿明的勇赴国难，要的就是一个敢为天下先。就拿横山来说，建县时间不长，但以长城九边重镇延绥镇36堡之响水堡、波罗堡、怀远堡、威武堡、清平堡五堡辖区置县，古堡诉说的是历史沧桑，主人书写的却是人生辉煌。长城边民每天开门的第一件事，就是问：谁是我们的敌人，谁是我们的朋友？

没有不计名利的义，没有不计得失的“灰”（敢冒险、少心计），何以在此立身？长期的边塞生活、军旅生涯，沉淀为生命基因，成为这方人的忠孝追求和审美习惯。日常装扮也是羊肚子手巾英雄结、腰扎武装带，一副中华卫士打扮。一旦国难当头，总有人舍生取义，揭竿而起。明末闯王李自成从陕北出发、逐鹿中原、扭转乾坤，上演了一出感天动地的人间悲喜剧，绝非偶然。近代，刘志丹、谢子长、高岗，横山里拉起游击队，让陕北成为红军长征落脚点、八路军抗日出发点，成就了一段千秋红色传奇。

真诚、真实、真性情，就是张扬自信的天性、野性，就是苦中作乐的人性、灵性。环境苦、世事苦、命运苦、生活苦、相思苦，砥砺出无往不胜的生命张力，那豪放的信天游、狂野的腰鼓、悲天悯人的陕北说书、舞动天地的秧歌，成为横山的名片，成为陕北人的精气神。即使面对生命难以承受的生存绝境，也要有个做人的底线，高岗、阎红彦、马健翎……泰山压顶不苟且，结束的是生命，留住的是尊严。这极端的例子是悲剧，却愈显横山人高山仰止的气质，因为一个人是要有点儿精神的，一个社会是要有士的。

# 土厚才能藏宝

蒋子龙
中国作家协会原副主席，
“改革开放四十周年改革先锋”
称号获得者

说横山，道横山，“横山道情”须先讲横山之“大情”。情之大者，乃天地造化的成全，大自然日积月累的馈赠。榆林市横山区，得名于横山。横山绵延千里，脉络巍然，牵领着陕北大大小小八千余座山峦，成就并护持着横山区及整个榆林。

横山东界有无定河护卫，中部是700公里的明长城横贯东西。芦河以西、无定河以北为风沙草滩区，与毛乌素沙漠南缘接壤；芦河以东、无定河以南为黄土梁状沟壑区，峁塬宽广，土层深厚。土厚才好藏宝。横山沟壑纵横，梁涧交错，

2019年1月15日，蒋子龙（右）与田青（左）在横山党岔镇

历来被视为大漠边塞，除去被兵家看重其战略地位、连年征战之外，长期被现代商业社会忽视。

正因为被忽视，才好积蓄，才能深藏。野气笼罩，却蕴藉无穷。

当国人的资源意识突然觉醒，人们正为资源的浪费痛心疾首，为资源枯竭的忧虑日益深重，并开始计算经济发展的资源成本……包括横山在内的榆林，石破天惊地成为中国经济发展的“接续地”，被世界称为“中国的科威特”。

顾名思义，“接续地”就是为国家的继续发展提供动力，注入活力，使发展有强大的后劲，得以继续。榆林是中国的福地，有榆林是中华民族的福气。这是怎样的一种福气呢？类似一个急等用钱的人，意外地发现自家的地窖里竟埋藏着无数金银珠宝。拥有“世界七大煤田之一”的“神府煤田”，以现在最先进的开采技术，可供开采 200 年。而横山地下的岩盐储量，是煤储量的 22 倍。岩盐既可提炼最纯净的食用盐，又是化学工业的重要原料。还有，中国陆上最大的整装天然气田，横山正处于腹地之中，于是责无旁贷地成为亚洲最大的净化装置及火电、甲醇生产基地。

包括横山在内的榆林，土地面积 43578 平方公里，每平方公里下面有：世界少有的侏罗纪系的优质动力和化工用煤 622 万吨，石油 1.4 万吨，天然气 1.4 亿立方米，岩盐 1 亿吨。其资源组合配备之好，国内外罕见。

中国房地产大热已经有许多年了，买房子要以平方米计算，横山作为“榆林缩影”，每平方米下面有：煤 6 吨，石油 115 公斤，天然气 140 立方米，岩盐 40 吨……真可谓寸土寸金的宝地！

横山苍苍，地脉奇绝，千峰藏宝，万壑聚福。这么多能源、矿产富集一地，老天真是待我们这个民族不薄！历朝历代糟蹋了那么多资源，老的资源基地将要枯竭，新的更大的资源宝地又发现了。由于长期深藏不露，至今方横空出世，这叫后来居上。如今人们的资源观念跟从前的浑浑噩噩大不一样了，社会的文明程度毕竟在提高，有后劲，才是最大的优势。

前几年我曾去一个知名的老产煤区采访，煤区中心大城市通向四方的公路，被运煤车轧得坑坑洼洼、破破烂烂，空气严重污染，煤区地面塌陷……我写过一篇短文《黑色的温暖》，产煤区为国家输送了几十年乃至数百年的温暖，国家是不是也该给产煤老区以应有的温暖，甚至是应有的感恩之举。

近年来，国家有个耳熟能详的巨大规划——“西气东输、西煤东运、西电东送”。“西”的“重要组成部分”就是横山正在建设的国家能源化工基地；而“东”，就是“广东、上海、江苏、浙江、京津冀地区”——这不就是整个东部沿海发达地区吗？但愿同气连根的“东”与“西”，不会因发展的差异而产生人们司空见惯的傲慢和健忘。

最近，我们在横山走了很多路，登峁塬，穿沟壑，寻古堡，访大院……近一周的时间里，一直是天空清湛，白云悠闲，空气沁凉。当地人不无自豪地讲，横山每年有近三百天空气优良，偶尔才会有扬沙天气。我们无论疾驰于公路、土道，还是在峰峦沟壑中，都未见一块块如大山疮疤似的采煤窑，以及一个个煤堆，还有被遗落在路边的稀稀拉拉的煤渣、煤灰。横山的旷野莽原，草木静默，山霭苍苍，全无一点儿浩大的富矿区迹象。以往我见过的产煤区，路边相隔不远就会有一片煤堆，远处山坡上被挖得千疮百孔……

然而，在横山苍茫的山区诸多古堡和窑洞前的旷场上，都像过去的柴火垛一样码着一个煤垛，煤块竟都像长城砖一样有棱有角，呈长方形，垒砌得整整齐齐。真不知这些煤是从哪儿采的，又是怎样翻梁越沟地运过来的？有一天，气温零下 15 度，我们在武镇看横山老腰鼓的表演。打腰鼓的农民从四面八方的村子开着汽车来到镇前的广场上。他们的汽车都还不错，因为要经常爬坡过沟，须具备一定的越野功能，最显眼的是一辆“路虎”。真是地有宝藏，人长精神。

农民用很少的劈柴，在广场四周点燃了三个不大的煤堆，那煤块铮亮而纹路清晰，仿佛用根木棍一敲就碎。煤烟不多，火焰却很旺，距离一米多远就烤得皮肤有烧灼般的疼痛。我算真真切切地感知了横山“长焰煤”的厉害。一个多小时后，老腰鼓演出结束，那煤堆最底层的煤块还没有烧透。如果不是人为地用水浇灭，我估计那煤堆得烧上一整天。

## 黄土有情

人人都知道黄土高原，可知道黄土是怎样的一种土吗？横山的黄土，因干燥缺雨，昼夜温差大，土很洁净。洁净到什么地步？过去，婴儿及瘫痪在床的老人，都是用炒热的沙土代替现在的“尿不湿”。农村的大人孩子受了伤，顺手抓一把黄土捂在伤口上，消炎止痛，过一两天就好了。

六十多年前，河北也有这样的土，我下洼割草或帮着家里做些力所能及的农事，手脚割破了也是抓把土堵血。

想不到，横山的土竟然六十多年没有退化，没有毒化！

横山缺雨，不等于缺水。俗云，山有多高，水有多高，有山就有水，有水就流成河、积成湖。秋天，在横山区数万

横山芦河

亩稻田区的稻田沟里，螃蟹很多，有个水洼就能拣一兜半大不小的鲫鱼或小肉棍鱼……

谁能告诉我，如今还有哪里的稻田沟里会有螃蟹及小鱼小虾？人都快被毒死了，别说螃蟹小鱼了。食物不净毒害的不仅是人的身体，伤害最重的是良知。世界上最牢靠的先进，就是没有成为先进的牺牲品。是不是可以说，横山人的心地相对质朴敞亮得多？

“千年老根黄土里埋”——当下还有多少人把土地当作民族之本、生命之根？中华民族的传统智慧是先养地，养好地，地才养人。地是根，地是本，“重本务农，国之大纲”。即使是西方古典经济学的经典之作《谷物传》，也认为“土地是财富之母”。

横山的黄土高原，元气旺盛，天高地厚，万物变化精醇，深处藏金，浅表献粮，养育了历史，也养育过革命……今人着实应该思量，如何不辜负这片黄土高原腹地的深情厚谊。

## “无定”盛情

或许是唐宋边塞诗的盛名远播，或许是一般人的孤陋寡闻和想当然，总觉得西北边塞都是沙碛大漠，乱石狂风，荒僻苍凉，寸草不生。须知，早在西汉时，横山是“水草丰茂，羊群塞道”的宜居之地，而今，横山仍是“全国畜牧百强县”之一。

这还是得益于千里横山，它不仅牵领着古边塞的各大峁塬，还孕育出错综密布的大小115条河流，其中尤以千年古水无定河最大。它见证了横山的沧桑，被奉为“横山的母亲河”。

无定即“流量不定，方向不定，清浊不定”，这简直就是第二条黄河。

仅在横山境内，无定河近一百公里，一级河道宽1000至1500米，河谷最宽可达2200米，若加上漫滩，如雷龙湾至响水花虎滩一段，宽阔竟达55公里，再加上诸多支流及外沿，其流域面积为11480公顷。

可以想象，在雨季这是怎样的一条锵然大河。从长春岭东麓奔腾而下，浩浩荡荡，千折百回，确是“无定”，但

榆林地区最大的水库——横山王圪堵水库

最终以西北黄土高原上最大的支流身份注入黄河。

无定河流域以北，为低缓的黄土梁峁及冲积、洪积滩地，地表形态以各种沙丘、滩地、盆滩为主，沙丘之间自然就会有洼地出现，洼地长期积水就形成大大小小的湖泊，俗称“海子”。在北部沙漠草滩区，这样的“海子”不计其数，有名字的就有两百多个，最大的红碱淖湖，面积 67 平方公里，站在湖边，眼前绝对是一片汪洋。这些海子宛若镶嵌在沙地间的一颗颗琥珀，在阳光下，尤其是在月光下，晶莹透亮，闪烁夺目，尽显横山的无限魅力。

世界上叫“沙漠”的地方很多，竟然也是千差万别，并不都是滴水皆无，寸草不生。横山的沙漠草滩上，就有长芒草草原、冰草草原、百里香草原……还有芨芨草、沙芦、赖草、三刺、羊草和根本叫不出名字的数百种野草，以及苍耳、茵陈、甘草、枸杞子等三百余种药草，和一蓬蓬像沙地护卫一样的沙柳、拧条、油蒿、臭柏等灌木丛，真称得上是“山花杂古今”“风梳野草香”。此外，在草滩区外围还有一片郁郁葱葱的“国家沙漠森林公园”，里面且有不少珍奇古木。请见多识广的人告诉我，将沙漠和森林联系起来，是怎样的一种景观！

无定河湿地，在横山区境内有八十多公里长。湿地嘛，自然是鸟类的天堂，尤其是黄土高原上一片难能可贵的湿地，每年都有数十万只各种野生禽类在此栖息，其中不乏极珍贵的一级保护动物。湿地南缘就连接着横山著名的鱼米之乡，被誉为“赛江南”，有水库 19 座，宜渔的滩涂地 14 平方公里，宜渔的稻田 27 平方公里……“横山大米冠塞北”的牌子数十年不倒。“赛江南”，实至名归。

其实，塞北的沙漠地，只要有水，种什么都长得好，无论长出什么来，味道都出奇的纯正。我曾在榆林治沙功臣石

2020年5月，横山区区长王曼华（左一）和水利部门在无定河察看植物生长情况

横山区位于毛乌素沙漠和黄土高原的接壤处。历史上，横山曾“沃野千里、牛马衔尾、群羊塞道”，但因为遭受战火洗礼和人为垦殖破坏，横山部分地区演变为“四望黄沙、不产五谷”的不毛之地。为了拥有一个山更绿、水更清、天更蓝的美好家园，一代代横山儿女坚持防沙治沙、植树造林。横山在毛乌素沙漠和黄土高原接壤处构筑起了一道天然绿色屏障，也走出了一条林牧一体化协调发展的新路子。截至2020年，全区林地面积达到433.8万亩，森林覆盖率为34.3%，山绿水清的横山已然形成。

光银家里吃过两顿饭，他因卖掉全部家当买树苗，数十年在毛乌素沙漠成功植树造林三十多万亩，两次获得联合国粮农组织奖。在被树林封住的沙地上种粮食、土豆、各种蔬菜、药草，都长得格外好。他的妻子将自己种的土豆、茄子、辣子、豆角等一股脑放进铁锅里煮，熟了加点盐和油，哎呀，那个好吃啊！我后来回到城里还老想那一口，仍旧是那些东西，无论加多少油，放进多少所谓高档调料，都再也煮不出在石光银的沙漠森林里吃过的那种味道。

# 可怜无定河边骨

李文儒
国家文物局博物馆司原司长、故宫博物院原副院长

无定河是陕北的名片，是榆林的名片，更是横山的名片。

“可怜无定河边骨”——无定河最好的广告词。广告千年，于今尤甚。

行走在横山的无定河边，印象最深的三处景观，对我来说，堪称触目惊心的无定河“三绝”。

第一绝：无定河边毛头柳（当地人叫砍头柳）。毛头柳早已是陕北一绝，或沟涧，或塬畔，或村头，或路边，或独立，或成林，或春夏，或秋冬，不挑时，不择地，躯干如铁，枝条如发，见者无不惊叹。无定河边的毛头柳，其状愈

2020年7月26日，清华大学展示艺术研究所常务副所长吴诗中教授（左），李文儒（中），横山政协副主席曹楗翊（右）在横山吴家沟明秦长城交汇处。在不重视文物的年代里，勇敢的横山村民因地制宜，把浇地的引水管直接架在了长城遗址上

绝。尤当无定河冰封雪盖、荒草隐现之季，毛头柳凛然天地。独立者，傲冰披雪，怒发冲冠，如诗云“将军白发征夫泪”。更有树龄百千年者，或遭雷电击劈，或遇野火烧燎，主干早

已破裂，内里半焦半空，虽只能横躺斜卧，然老根扎地，粗皮连枝，无数枝条依然洋洋洒洒，如诗云“醉卧沙场君莫笑”。春来，无定河边的毛头柳最先发芽吐绿；夏至，郁郁葱葱，浓荫匝地。有诗曰：

出地入地复拔地，独撑大荫赖老皮。
不是旧身常分化，古柳岂可竞新枝！

第二绝：无定河边响水堡。光听这名字，就响响亮亮。确实是因堡下无定河上凿岩筑桥，水急声响而名。响水堡是陕北长城沿线、无定河边众多古堡之一，不一定最早最大，但一定是名称最响的。在我见过的几个古堡中，也是最为精致，保存较为完整的一个。响水堡建于明，盛于清，正好建在无定河拐弯处的南塬上，堡北、堡东两面临河，四门洞开，堡墙依地势蜿蜒。堡内有龙泉大寺，更有三多堂曹家大院，合盛公曹家大院，永盛当大院，丰盛公曹家老院等数十处。所有院落依塬势而建，石砌砖券，石雕砖雕，门楼院墙，窗花砖地，街道院墙，典型陕北高端窑院风格，虽然大多已成断墙残垣，但从整体的格局气象，局部的精致用心，足以想见为何会有“塞上小江南”之称。

第三绝：无定河边波罗城。波罗城的名字，不仅响亮，而且有招引人的神秘感。据记载，此地山石上有足形，一显一晦，传为如来入东土返西天所留，故建波罗寺——县志记的也是传说。山石下就是反复无常的无定河，梵文佛语中“波罗”含度到彼岸的智慧之意。传说与佛教影响固然大，更要紧的是它地处征战要冲，早从北魏时就被争夺不已。连康熙皇帝亲征噶尔丹，也要绕道到此礼佛，此后的乾隆帝、嘉庆帝均与此地有些干系。虽说它也是长城线上、无定河边古堡之一，但其动静、规模、功能便格外大了起来，寺庙道观楼阁，衙署守备府第，黄土筑墙，外包砖石，城门角楼耸立，俨然无定河边一巍然孤城的气势。

不过，响水堡也好，波罗城也罢，传说和记载的繁华早已逝去。遗留的堡墙城墙、堡门城门遗址，颓废的院落寺宇，虽说最能引发人们“可怜无定河边骨”的感慨，但还是足以使人由此想到当时的情形。响水堡紧靠无定河边有一处坍塌的北门断墙上，飘荡着“保护文物就是保护祖先智慧的结晶，留下历史就是留下民族传统的文化”的大幅标语，看起来仿佛是尖刻的讽刺。堡内唯见一大院清雅利落，一老妇人正收拾打理，告曰：“走了，他们都走了，我不走，一辈子在这里，安心，安生。”一壮实的中年指着一处砖窑的窗洞说：“我出生在这靠窗的炕上，有空就跑过来看看。”他在堡外的公路边经营响水豆腐。波罗城里有几处修护遗址的工地，已复原的部分城墙、街道、建筑与倒塌的窑洞院落、大片的荒草野花，组合得不伦不类。我站在城墙遗址没膝的荒草野花间，眼底依旧绿野阡陌，无定河依旧蜿蜒闪亮。

“可怜无定河边骨。”天长地久无定河，百年千年毛头柳，它们的见证是对今人发出的训示。无定河长流不息，起死回生的毛头柳尚可顽强地发出新枝，古老的历史，古老的容颜，如何融入现代的生存生活之中？曾经的美丽魅力如何复兴为更新的美丽魅力？水、电、气、路不是问题，物质条件已经具备，考验今人的是观念、职责、担当与智慧。

韩毓海
北京大学教授

# 波罗

## 一

谈论中国革命，不能离开我们脚下这块土地，不能离开中国人民的要求，不能离开中华文明的深刻底蕴。

而暴发户的缺点，往往就是没有“底蕴”，正如毛主席所说，近代以来，由于先天不足，加之后天软弱、动摇、妥协、投机的性格，使得资产阶级不能领导中国革命，又由于资产阶级的右翼对帝国主义的依附，使其成为外国势力的代理人——中国革命不是一场资产阶级革命，中国革命不是资产阶级领导的革命——这是为历史所证明了的结论。

中国革命是由无产阶级领导的。不过，历史又告诉我们：中国革命早期的领导者，那些最大无畏、最具牺牲精神的先驱者和先觉者，实则主要来自中国社会的精英阶层，他们具有深邃的历史视野，宽阔的世界眼光，家国天下的奋勇担当，敢于牺牲的革命斗争精神——他们大多家产殷实，往往是绅士和有产者中最具理想和抱负者，如果单纯从经济地位上说，像马克思、恩格斯一样，他们大都不是无产阶级出身。

如果把中国革命视为中华文明内部的革命，把中国革命视为中华文明一次伟大的凤凰涅槃和浴火重生，那么，中国的社会精英如何具备了革命和自我革命的思想，如何成为革命的先驱者和发动者，他们怎样在远离了立场犹疑、见风使舵、具有投机性的资产阶级的同时，又背弃了自己绅士和有产者的生活，与脚上有牛屎的农民结合在一起，通过自身和自己家族的残酷牺牲，在波澜壮阔的革命中，把中华民族和中华文明从灾难深重中解放出来，这是一个极为深刻动人的历史壮举。

中国革命是一场深广的人民大革命，但是，如果没有精英分子的参与、发动乃至领导，没有他们大无畏的牺牲奋斗精神，没有他们主动地与人民结合在一起，没有他们如此彻底地“放下”——“放下”自我和自我利益，中国革命的发生、发展与胜利都是不可想象的。毛泽东说过，看一个知识分子是否是革命的，主要看他是否愿意与人民大众相结合。而精英分子在中国革命中的作用，或者“革命精英”在中国历史发展中的作用，是一个值得深思的问题。

因为怀抱着这样的问题，我在暑假即将结束的时候，接受了友人盛意的邀请，从华北平原跨越太行和吕梁，飞向千里之外的陕北——中华文明的发源地。而20世纪30至40年代，陕北成为中国革命的故乡——东方红诞生的地方。

## 二

关于中华文明的起源，苏秉琦先生提出过著名的“一分为二”“合二为一”学说。所谓“一分为二”，大致是说，五千年前的中华文明，发源于六大文化区，其中有三个文化区面向海洋，还有三个文化区面向欧亚大陆；所谓“合二为一”，是说如“满天星斗”的六大文化区，在逐步交融的过程里向黄土高原集中，从“满天星斗”过渡到“月明星稀”，以黄土高原为中心，形成了中国意识，形成了“中国的世界”，而六大文化区向周边延伸，则联系起海洋文明和欧亚大陆文明，形成了“世界里的中国”。

苏秉琦先生所提出的，乃一个了不起的洞见，他从中华文明的起源处说起，阐释了我们文明的基本特点，他的研究说明：绵延与开放，中国意识与世界意识，在中华文明的发源地，是高度地结合和统一在一起的。

在三个面向欧亚大陆的文化区中，最有典型性的，就是陕西，更具体说，就是陕北。从汉中、关中到陕北，从龙山文化到石峁遗址，这里是“华族”的起源地，在远古时代，这里就是中华文明与欧亚大陆文明交融发展的核心。

此行的第一站，是榆林的横山。延安和榆林，一南一北，是陕北的柱石，榆林所辖诸县市里，向南直线方向，正对着延安的，就是横山。

横山并不是一座山，而是一条山脉，它从甘肃六盘山出发，穿宁夏、进陕北，一路绵延浩荡，奔向黄河岸边，而背靠毛乌素沙地，向南面对黄土高原的横山，简直就是这样赤条条、无牵挂地横站在农耕文明与游牧文明的分界线上。

陕西多山，而陕西省唯一以山命名的行政区划，便是横山。“横空出世”“横扫千军”，一往无前，横山，是一个极其霸气的名字。北岳恒山，南岳衡山，同声异字，恒与衡，显然比“横”要含蓄、内敛。湖南人以“霸得蛮”著称，但还不至于把“横”写在脸上。于是，在中国，以“横”为名的地方，你恐怕再也找不到第二个。

横山，古称银州，党项人李继迁和李元昊，就是从这个地方出发，打到银川去的，他们建立了西夏王朝——先有银州，后有银川，地名变迁，讲述的就是西夏王朝的来路。

明末，生于横山与米脂交界处的李自成，也就是从这里出发，打到了北京的紫禁城，而在伟大的中国革命中，横山人高崇德（高岗）就是在这里举起红旗，“二号号（的个）盒子红绳绳，跟上我的哥哥闹革命。你当兵来我宣传，咱们一搭闹革命多喜欢”——在横山的信天游里，陕北的中国革命多么浪漫，何等多情，慷慨而婉转曲折，一曲《横山里下来些游击队》，至今思之使人泪落。

而在当地方言里，横，其实读做“混”，“混”的意思，就是干，就是做，就是做事、干事，就是要干事、要成事，就是能干事，能成事。不顾一切地干，无所顾忌地干，这里的意思，如果用如今全国人民都耳熟能详的话翻译一下，大概就是：下定决心，不怕牺牲，排除万难，去争取胜利；就是不断奋斗，永久奋斗；就是“不干，就连一点儿马克思主义都没有”。

然而，李继迁、李元昊、李自成早已远去，岁月似乎剥蚀了历史的辉煌，枣湾、羊圈、干沟子，土洞、沙梁、柠条山——横山一路所及，扑面而来的，大都是这些土得掉渣的名字，对我而言，唯一例外的地名，其实只有一个，那就是波罗。波罗这个名字，仿佛是从历史中跳出来，让你不由得眼前一亮。

“波罗”，因佛寺而得名，横山此地大兴佛寺，时在北魏。建造了云冈石窟和龙门石窟的鲜卑人，在此建一片浮屠，把佛教文化由草原大举推向了中原大地。

鲜卑人崇佛、礼佛，一是因为：面对着中原发达的礼乐制度，游牧民族非将自身神圣化，便不能确立文化自信，佛教，就是鲜卑人将自己的组织形式、政治和文化神圣化的方式。二是因为，在挺进中原的过程中，鲜卑人深刻地认识到：只有最彻底地“放下”，只有“放下”自己粗犷简陋的风俗、治理方式，从而将自己融入中原的礼仪、文明、制度和治理体系，如此才能站稳脚跟，如此才能建立一个美好的新世界。

“波罗”这个名字当然是外来的，它取自“般若波罗蜜”。

般若是“智慧”，“蜜”的意思是“去”，而“波罗”是“光明、美好的世界”，般若波罗蜜，意思就是“引领你去光明、美好世界的智慧”。而般若波罗蜜，讲的就是：唯有“放下”自我，才能求得解放和解脱——这是个极为深刻、朴素的道理。

横山有大河，最著名的是无定河，就是古往今来，多少诗词名篇，都写到的那条令“深闺梦里人”魂牵梦绕的边河。无定河，划开了中原与草原，是两种文明和生产方式的纽带，无定河两岸，经历史长河冲刷出的台地草甸，

家住在波罗城堡下的陈伯瑞（左）义务讲解横山波罗起义二十多年了，2020 年 8 月 10 日，他对来访的北大教授韩毓海（右）讲，横山起义的胡景铎将军的儿子，曾任交通部副部长胡希捷，当年就出生在这个院子。

蒹葭苍苍，在我们的先人渔猎耕耘了五千多年的台地上，就耸立着一座庄严的古寺——接引寺。

“接引寺”，乃波罗的地标，接引的意思，其实也就是般若波罗蜜，即引导你去光明、美好的世界。

背靠草原，面向中原的接引寺上，有古城堡一座，名波罗堡。明代军、政两分，榆林镇（延绥镇）沿着明长城，有三十六营堡，横山境内有五堡，波罗堡即其一。

岁月如烟，多少英雄豪杰，就是从这里出发，高举战旗走进了历史，站在波罗堡上，面对无定河两岸蒹葭苍苍，顿生无限感慨，而同时却又感到心中茫然，些许感想与感动，无从说起——只是心里明白，自己不虚此行。

导引我进入此地历史的，是一个被临时抓差来讲解的当地老者，他固然极为博学，但是，却一句普通话也不会讲，因为口音的原因，我对他讲述的来龙去脉，起初听得很不周详，然而，我分明感到，在他看似平淡、慢条斯理的叙述中，却传递着历史沧桑，而在难解的方言叙述背后，则隐藏着极大的悬念与奥秘。

读书，总需与行路联系在一起，在路上，在行走中，往往因为一时一地的触动，你会于刹那间，顿悟书本深处隐藏着的历史的奥秘，这就是所谓际缘，所谓"际"，就是实际，因为接触了实际、实地，而触发了你对缘即隐藏在宇宙间无形的规律的理解，因此，所谓际缘，或许也就是毛泽东倡导的"实事求是"的要义。

我当然知道，当时在波罗堡上，有太多的东西我没能听懂、弄清，正如那位口音浓烈的老者，他自以为是"常识"的东西，实则大多却是人们闻所未闻的传奇，在讲述者和聆听者之间，总是有太多的盲点、空白与中断，这需要补充，需要学习者自己去感悟，也只有这样，才能把讲述者传递的模糊，化为自己心中的明白，这个过程是逐渐的，但它却使埋藏在历史深处的故事清晰起来，正是这个反思的过程，方才能够使久被埋藏的传奇，因为岁月的洗礼而熠熠发光，直到在讲述者声音之外，你开始听到另外的声音——那是来自自己内心的呼唤。

在一个遥远的地方，顿悟了什么是“放下”，什么叫祛除利益取舍，何谓祛除烦恼、恐惧，何谓引导人们去光明、美好世界的智慧与顿悟——什么是般若波罗蜜的要旨，这就是波罗这个地方给予我的，是我此行的收获。

## 三

“波罗”触发我的，起初是一个鲜为人知的故事。这个故事并不平淡，尽管在那个口音浓烈的老人看来，这似乎已经是一个尽人皆知的老生常谈。

这故事说的是：1946 年，在关于“两个中国”之命运的历史抉择焦点上，在人民解放战争拉开序幕的时刻，也就是在波罗这个地方，发生了被后来证明是扭转陕北战局，因此决定中国命运的事变——横山起义。

1946 年夏，国民党胡宗南部由南向北，驻守榆林的邓宝珊部由北向南，形成南北夹击进攻延安之态势，而当时的中共中央似乎只有一条退路——东渡黄河，去往山西——不得不全面放弃陕甘宁边区，这就是中国革命和中国共产党当时所面临的巨大危局。

欲取延安，必取榆林，欲固榆林，必重横山，因为横山向南，正对着延安。

而大危局的转变，往往具有壮烈的风格，1946 年 10 月 13 日凌晨，驻守横山的国民党22军一部和陕北保安部队大部5000余人，在时任国民党陕北保安指挥部副总指挥胡景铎，时任国民党晋陕绥司令部少将参议胡希仲等人率领下，于横山波罗堡通电全国，宣布起义，投向延安。横山起义爆发，使得陕北的大部分地区，一朝回到了共产党手中。

这是一个令人震惊的事变。蒋介石的一手好牌，因此被釜底抽薪。

那个时候，国民党有900万装备精良的军队，共产党的军队满打满算不过百万，当时的国民政府是“合法政府”，背后有美苏两强的承认与支持，共产党代表的则不过是“边区政府”，延安之外，中共在全国只有几个零散的根据地。这就是1946年夏天，国共两党一清二楚的实力对比情况——一旦考虑到这个现实，就会明白，横山的起义者选择的是怎样的道路，他们为这样的选择，又准备付出怎样的牺牲。

横山起义，对于解除延安北方重围，起到了关键作用，对于毛主席做出转战陕北的伟大战略决策，也起到了关键作用。实际上，如果没有延安北方局势的松动，毛主席就没有转战陕北的广阔战略空间。横山起义，是在局势万分危急，十分不利于共产党一方的情况下发生的，它与解放战争后期国民党军队的倒戈起义完全不同。

而率部起义的胡景铎、胡希仲叔侄二人，都是富平人。他们率领的起义部队，主要由富平抗日子弟兵构成。

富平在关中之东，而榆林在陕北之北，富平人带兵北上，这是因为国家危亡，民族危急。

晚清到民国，陕西富平，当地最有名望的家族，也是堪称传奇的大家族是胡家，这一家里，出现了叱咤风云的六兄弟。

长兄胡景翼，是辛亥革命元勋，更是关中大地上涌现出的著名的戎马书生。他博学善书，精于兵法，少年时代师从关中宿儒赵如笃，研习四书精要，又习武术，成为拳师鹞子高三的再传弟子，《胡景翼遗嘱》开头即自述其志曰：“予自束发受书，闻古今治乱之事，即慨然有志于澄清，乡曲老生，同学少年，或嗤为诞妄，予亦不求其知谅。”

1910 年，胡景翼参加同盟会，1911 年，未冠之年的胡景翼发动耀县起义，率领蒲（州）富（平）乡兵与清军血战于关中，袁世凯继任临时大总统后，胡景翼解甲东渡。1916 年，他自日本回国，举起陕西护国军旗帜，挥师出关。1918 年，联合曹世英等人组建陕西靖国军，并邀请于右任回陕出任总司令。1924 年，胡景翼联合冯玉祥、孙岳一起发动中央革命，推翻曹锟、吴佩孚北洋政府，组织国民军，任副司令兼第二军军长。同年 11 月，率国民军进驻中原，任河南督办。

在短暂的革命生涯中，胡景翼经历了多次起义、流亡与失败，在 1919 年的《登高楼歌》中，他这样吟唱道：“大风起兮雨滂沱，时不利兮身困网罗；身困网罗兮发悲歌，国步艰难兮愁奈何；呜呼！国将奈何兮民将奈何！”

胡景翼一生主张反抗帝国主义，倡导民主政治，践行孙中山“联俄联共扶助农工”三大政策，杨虎城、邓宝珊、高桂滋等，皆为胡景翼部将，李大钊曾经这样评价胡景翼说：“与我党合作之最可靠者，非此君莫属。”然而，非常不幸的是在 1925 年 4 月，胡景翼因毒疮发作，病逝于开封，去世时只有 34 岁。天不假年，英雄气短。把“以死报国”作为人生追求的胡景翼从未想到，自己的生命竟然会如此短暂。临终前，他慨然写道：“予今三十有四，报国心长，而事业未半，赍志以殁，诸将士但能遵此遗嘱，长报国家民族，以成予志，予将含笑九泉！双亲在堂，而遽至于此，实为不孝之尤，诸弟其善养双亲，报效国家，以补予罪。”忠孝节义，是富平胡家的门风。

胡家六兄弟中，年纪最小的是胡景铎，他与侄子，也就是大哥胡景翼的独子胡希仲，年龄相仿，胡景铎、胡希仲叔侄俩一起长大，一同进学，我们还知道：在小学、中学时代，胡家叔侄有一位同窗挚友，名叫习仲勋。

在讲到横山起义为数不多的历史文献中，研究重点，都放在习仲勋、师源等人与胡家叔侄之间的革命友谊之上。但是，我感到，如果离开了中华传统文明的底蕴，离开了陕西这块土地，离开了陕西、富平的家风门风，离开了厚植于这块土地上的乡党气节，仅讲革命友谊，恐怕还是难以解释他们之间那种特殊交往，难以阐明那种侠肝义胆的生死情义。

习仲勋是横山起义的策动者，是胡家叔侄走上革命道路的引领者，但与“引领者”比较，我深感“接引”似乎是一个更为准确传神的词，而接引的意思，就是“波罗”。

对于当时的中国人来说，革命的学说，其实也就是引导你走向光明、美好世界的智慧。

陕西和陕北，在20世纪的30至40年代，为什么会成为中国革命的故乡？中国革命思想中，怎样包纳着这块土地上所孕育出的漫长、深刻、朴素的智慧？

革命与传统的关系究竟是什么？同窗、同乡、乡党与同志之间的关系是什么？进而言之，革命理想与家国情怀，与礼乐之制的关系又是什么？

这是我思考的问题。

## 四

陕西，是周的故地，周礼，是中国制度的肇基。

礼，《说文解字》解释为盛豆的器皿，王国维则认为是盛玉的器皿，《礼记·礼运》说：“夫礼之初，始诸饮食。”礼，就起源于吃食的文明化，简而言之，最初是指给祖先上供吃食的仪式，而又发展为吃饭的仪式和规矩，后来，就把所有各种尊敬神和人的仪式，一概称为礼。

由人与神交往的仪式，发展为人与人交往的仪式，这个变化发生在西周，而从“敬神”走向“敬人”，在世界诸文明中，中华文明的“人文化进程”，开始得最早，进行得也最彻底。

“是故夫礼，必本于天，肴于地，列于鬼神，达于丧祭射御、冠昏朝聘。故圣人以礼示之，故天下国家可得而正也。”礼的内容，似乎无所不包，但是，敬天法祖、衣食住行、婚丧嫁娶、迎来送往这四者，乃礼的主干，是中国老百姓的日常行为规范，礼，就在中国人民的生活中，为中国人民日用而不觉。

而三礼（《周礼》《仪礼》《礼记》）之中，《仪礼》最古，其中《仪礼·士相见》，讲的是社会精英之间的交往准则和习俗。

简而言之“士与士相见”，并非我们今天所理解的那样，就是简单的直接见面。实际上，在见面之前，他们必须要通过“傧者”传达邀请，要通过书信和礼物“礼尚往来”，总之，必须事先通过“礼仪”以表达诚意——而这就决定了：书信、“傧者（捎信人）”和礼物，这三者，在中国社会精英的交往中所起到的关键性作用。

岁月沧桑，经过现代化和西化的洗礼吹打，绵延几千年的交往方式，交往规范，交往礼仪，早已经被电报、电话等现代信息技术的交流、沟通所替代，甚至已经被单刀直入地“谈事”所抹杀。士与士相见的“见面礼”即相见的规则、规矩，特别是相见礼仪的慎重、庄重乃至庄严，在精英阶层的“大传统”里逐步褪色远去，虽然它在民间的“小传统”中，似乎依然顽强地保留着。

于是，研究这段历史，最发人深省，也最吸引我的，是习仲勋与胡希仲之间、胡家叔侄与亲朋好友之间，大量的书信，及他们传递书信的方式，而无私的革命友谊，就建立在这种庄重的礼仪之上，是厚重的礼乐制度的现代升华。

这些书信古风盎然，充满诗情画意，既是精美的书法作品，有些甚至可以当作优美的散文来读，而书信中隐约着有一个共同的主题——天下家国，中国的前途，人类的命运，宇宙的运会，以及各自的理想抱负。

讲到恰同学少年，毛泽东曾经说：“我的朋友和我只愿意谈论大事——人的天性，人类社会，中国，世界，宇宙！”

“乡曲老生，同学少年”，这是胡景翼临终前所念念不忘者，而天下与国家，这恰恰也是胡家叔侄和习仲勋共同的话题，及至他们离别家乡，各奔东西，依旧还是通过书信，通过信使，通过互赠礼物，继续热烈地谈论着这些话题。于是，不绝的书信、信使和礼物，就成为联系这些伟大理想，传递这种高尚情义的方式和纽带。

天下兴亡，归根到底，是“乡曲父老，同学少年”这个礼乐共同体的兴亡，要保天下，归根到底，就在于这个礼乐共同体的凤凰涅槃、浴火重生。

耕与读，书与剑，家与国，这是陕西士子最为重视者，是他们安身立命之所系。

这种礼仪、这种高尚的交往方式，恰是当下只会打电话、发短信，通过微信“聊天”的人们，所格外陌生的。

这种交往方式，恰恰又是为擅长在电脑里查资料的历史研究者们所忽视的。

“自三代以上，礼乐达于天下。”礼，是中国人的交往方式，而就是通过这样的方式，出身于陕西贵胄之家的胡家叔侄，维系了与少年时代的同窗好友、共产党人习仲勋的情义，通过往来不断的书信、互相的馈赠，以及奔走于他们之间的信使，他们交流着彼此的理想，维系着个人情义，同时，更维系着千百年来，为中国人所推崇的高尚的操守。

正是通过这种“礼尚往来”，胡家叔侄，方才一步步地冲破艰难险阻，不顾一切地回到了人民的怀抱。

礼物馈赠，是这种“礼尚往来”的重要方式。

1939年，为了抗击日本侵略者，胡希仲在富平组织抗日义勇军，带领富平子弟兵离开渭北家乡，奔赴山西前线，被编入高桂滋八十四师。当时，正担任陕甘宁边区关中分区书记的习仲勋，捎书给胡希仲，并附上二百银圆，以壮军需，“烽火连三月，家书抵万金”—这抒发的是他们共同的情怀。

在八十四师担任营长的胡景铎统领下，胡希仲率富平子弟兵在中条山与日军展开激战，“胡营楞娃”，一战成名。那一年，胡景铎25岁，胡希仲只有22岁。

1940年夏，胡希仲因重病，被送回西安治疗，“渭北子弟多才俊，卷土重来未可知”——在给习仲勋的书信里，胡希仲如此表达了再招富平子弟，重上战场杀敌的雄心壮志。

书信、礼物之外，信使的选择是至关重要的。

1943年冬，习仲勋从绥德派侯金榜赴西安看望胡希仲，侯金榜在途中（耀县）被捕，这位信使叛变了，他“背信弃义”，交出了习仲勋给胡希仲的信，且供出了两人之间的关系，尽管习仲勋的信中叙述的皆是兄弟情义，陈说的都是家国大义，其中并无任何不利于国共合作的内容，但狭隘多疑的蒋介石，却据此认为胡希仲“通共”，盛怒之下，蒋亲自批示西安行营主任熊斌：“就地处置”胡希仲。

蒋介石的横霸，是典型的“无礼”“非礼”之举，不但触动了陕西“乡党”，更触动了“礼尚往来”的礼乐共同体，触动了中华文明的基础，当然也触动了国共合作，一致对外的基础。此事震动了国民党高层，在国民党元老高桂滋、于右任、冯玉祥、张群、邓宝珊等的强力斡旋下，胡希仲终得以免死，恢复了自由。

“本为斯民除暴政，谁知入水乃益深。”1944年春，胡景铎劝说胡景翼当年的部下高桂滋与共产党合作未果，而派人去找习仲勋，却一时又进不了边区，厌弃了官场争斗，看透了蒋介石消极抗日本质的胡景铎，怀一腔孤愤，“愤愤地离开了军队”，留下了一句“丈夫磊落掀天地”的感慨，而他的部下们也陆续以告假还乡等名义，从驻地固原返回富平，“另做他图”。1945年10月，高岗调东北工作，根据毛泽东提议，由习仲勋主持中共西北中央局工作。毛泽东当时说：“要选择一位年轻的同志担任西北局书记，就是习仲勋，他是从群众中走出来的群众领袖。”那一年，习仲勋 32 岁。

1945 年，胡景铎、胡希仲叔侄再次带领胡景铎旧部，以及新招纳的蒲富子弟兵共一千多人，分两批借道甘肃、宁夏和内蒙古，跋涉两千余里，开赴陕北横山的波罗镇。富平乡兵，举家北伐，而胡景铎的夫人，也随军远征。

这一次，胡景铎就任陕北保安指挥部副总指挥，胡希仲任晋陕绥边区总司令部参议，分驻在波罗和榆林。

实际上，对于胡景翼的作为，毛泽东在大革命时代就是熟悉的，而对于习仲勋与胡家叔侄之间的关系，毛泽东也是了解的。毛主席从来没有忘记过富平的胡家。

也就是从这个时期开始，胡希仲与习仲勋之间，终于又恢复了书信往来。

而且，从那时起，他们汲取了此前的教训，信使的选择变得极为慎重，史料记载：1945 年 11 月，陕甘宁边区延属分区专员曹力如赴榆林拜会军政各界期间，经中共地下党员邓宝珊将军之女邓友梅的秘密安排，曹力如与胡希仲在邓的官邸见面。曹力如带来了习仲勋的牵挂，胡希仲则表明了他和胡景铎“早已急不可耐”，希望走向光明的心迹。胡希仲提出，今后派信使，可用富平立诚中学校长朱茂青的名义，立诚中学为胡景翼所创办，胡家叔侄都是学校校董，朱茂青常来要经费，因此，用立诚中学代表的名义传信，最为稳妥。曹力如说可以照办，并留下大量法币和习仲勋赠送胡希仲的德国药品。

就是在这些由可靠信使传递的书信中，胡希仲敞开心扉，向习仲勋叙述了自己的苦闷、压力，乃至对于蒋介石统治的不满和厌恶，在信中，他们谈人生、谈哲学，也谈诗词，而习仲勋则讲述了这样的道理：只有彻底放下自我，才有无限光明——胡希仲后来说，正是习仲勋信中的这些坚定的语言，成为他当时最大的慰藉。

1946年春，习仲勋派师源作为信使，两次进入波罗堡与胡景铎见面，师源与胡景铎也是富平同乡、立诚中学同窗，而他此时的身份是中共绥德地委统战部副部长。

师源第二次进波罗堡，即向胡景铎宣布，经习仲勋介绍，中共中央批准胡景铎加入中国共产党。

此后不久，胡宗南授意时任西安绥靖公署军法处长，胡希仲的妹夫孙仁山，邀请胡希仲到西安居住修养，一方面是国民党的拉拢与监控，而另一方面，胡家叔侄则大义已决：抗战胜利后，胡家坚决要与蒋介石分道扬镳，走光明的路。9月中旬，习仲勋派出西北局统战部长范明，再赴波罗堡，这一次，范明带去的习仲勋亲笔信，是写在白绫之上——以白绫为信物，表心明志，此为“礼”之最高者——而接到白绫信物之后，范明和胡家叔侄商定了举行起义的准备工作。

范明返回延安后，向习仲勋报告了起义准备情况，习仲勋等人立即前往枣园，向毛泽东做出汇报。

最初起义的时间，原定在1946年10月10日，即双十节这一天，起义部队的番号，则定为西北民主联军骑兵第六师，其意都在于继承辛亥革命和北伐精神，上述时间、番号，包括起义后的通电、起义时的接应，都经由中共中央和毛主席亲自审定。

10月5日，习仲勋在延安主持召开中共中央西北局和陕甘宁晋绥联防军联席会议，因陕甘宁边区接应的部队从休整地陇东集结到横山一线需要时间，遂决定横山起义时间，推至10月13日。1946年10月12日夜，接胡景铎通知，胡希仲离开榆林，于次日拂晓进入波罗。13日凌晨，胡景铎率所部5000余人发动了横山起义，随即解放了无定河以南5000余平方公里的辽阔区域，这些地区的解放，为此后党中央、毛主席转战陕北赢得了宝贵的回旋余地，起义通电蒋介石卖国独裁，投降帝国主义，妄图发动内战，滥杀无辜，陷人民于水火之中。电文宣告：继续靖国军精神，为和平建国而奋斗。

起义发生后，习仲勋即代表中共西北局方面，宣布组建西北民主联军骑兵第六师，胡景铎任师长。10月20日，接习仲勋电召，胡希仲到达延安。《解放日报》专文报道："胡景翼将军之子胡希仲到达延安。"在延安，胡希仲与习仲勋久别重逢，胡希仲晚年的回忆文章说："我最喜欢的，是仲勋的性格，以及他那钢铁般的语言，对于处于危难中的我，这实在是最好的慰藉。"1946年12月24日，毛泽东等中央领导同志在延安接见胡景铎等起义部队主要干部，毛泽东握着胡景铎的手说："景铎同志，你能在敌强我弱的情况下，下邓宝珊的船，上习仲勋的船，你选择这个道路是很正确的，骑六师的起义，给西北的旧军队指出了一条光明大道。"

1996年，在为《横山起义》一书所作序言中，习仲勋这样写道："横山起义的胜利，是毛主席战略策略思想的胜利，是党的爱国民主统一战线政策的胜利，是正义和进步力量的胜利。横山起义再次证明了一个颠扑不破的真理：正义的事业是不可战胜的，支持正义反对邪恶，维护人民的根本利益，是我们党的根本宗旨和优良传统，以史为鉴，温故知新，继承和发扬党的优良传统，对于我们正在进行的建设有中国特色的社会主义伟大事业，依然是至关重要的。”

1958年9月7日，习仲勋回到家乡富平都村小学看望师生。

1922年春，年满8岁的习仲勋进入这所学校读书。1926年春，习仲勋以优异成绩考入富平立诚中学，立诚中学是胡景翼创办的，他为立诚中学亲笔题词：“阐发最新的学说，陶冶理想的人格，创造健全的社会。”立诚中学是渭北最早传播马克思主义的阵地之一。1926年5月，由宋文海、武之缜介绍，习仲勋在立诚中学加入中国共产主义青年团，时年13岁。

正是在都村小学和立诚中学，习仲勋与胡景铎、胡希仲叔侄同窗共读，结下一生的情谊，也正是在习仲勋的“接引”下，胡家叔侄日后坚定地走上了为人民求解放的革命道路。

1955年2月，从抗美援朝前线胜利归来的胡景铎结束了戎马生涯，从部队转业到地方工作，任陕西省交通厅副厅长，兼党组副书记。

1966年，是横山起义20周年。

那一年，胡景铎在榆林调研期间路过横山，他提出去波罗堡看看。晚上，他与随行的同志闲谈说：“我这一生有两件事做得坦然，一是起义，那是国民党发动全面内战之初，当时的局势，就是毛主席讲的敌强我弱，那个时候，我就是要革命，绝不是后来有些人说的：我在国民党那里混不下去了，到了兵临城下，才投向革命。二是参加革命工作后，工作安排上没讲过二话，党叫干啥就干啥，干工作的水平有高低，但就态度上说，我对得起共产党员四个字。”那一天，据说胡景铎独自一人，在波罗堡上站了很久、很久。

## 五

“从来都是鞋匠起义要当老爷，老爷起义要当鞋匠——是历史上的第一次，也许只有一次。”这是一位俄罗斯思想家的名言，这句话，表达了他对俄国十二月党人革命精神的由衷赞美和敬意。

正因为历史上从来就是“鞋匠起义要当老爷”，所以，人们就总是难以理解“老爷起义要当鞋匠”的壮举。

当然，更不是所有的社会精英都像胡家叔侄这样，能够彻底放下自我，走与人民相结合的路，走为人民求解放的路——即使这些人也鄙视“四大家族”那种资产阶级暴发户，即使他们也看清了民主是世界潮流，平等乃历史大势，但是，让他们与“脚上有牛屎”的老百姓站在一起，让他们去拥护和赞成人民的政权，作为精英阶级，他们依然还是心不甘情不愿，让这些精英接受“人民当家做主”，他们心里总是万般无奈，十分别扭。

1940 年，胡家叔侄血战中条山的时候，有一个人正在研究历史，他从历史和战略的角度，重新发现了陕甘宁这个地方与中华民族命运的深刻联系。这个人就是陈寅恪，当时，他写下的著作有两本：《隋唐制度渊源略论稿》《唐代政治史述论稿》，这两本书，至今蔚为文史经典。

与胡景铎、胡希仲一样，陈寅恪也出身于督抚之家。陈寅恪的祖父是清湖南巡抚陈宝箴，胡希仲的父亲是河南督办胡景翼，一个是前清督抚，一个是革命党的督军。

1940 年，当胡家叔侄与日寇血战终南山时，陈寅恪恰好正在西南联大写书。“笔杆子、枪杆子”，像胡家叔侄一样，陈寅恪胸中也有万丈不平，自然也有万丈韬略。

但是，他们的思考与选择毕竟是不同的。

面对数千年未有之大变局，胡家叔侄的回答是：放下自我，到脚上有牛屎的人民中去。而陈寅恪关怀的问题则是：如果没有了贵族，如果没有了世家，中国究竟该怎么办？这个问题，陈寅恪魂牵梦绕，一辈子都没能够放下。

陈寅恪有十分豪迈的诗句“读史早知今日事”，至今在读书人中广为流传。这句话，他讲得很自信，很豪迈，当然也很自傲，能够以史证今，善于“用学问讲政治”，能以历史上之“大变局”认识眼前之“大变局”，陈寅恪有这样的底气，有这样的本领，当然也有这样的雄心壮志。

实际上，对于中国之命运，陈寅恪心里的答案是清楚的，在他的著作里，他对自己心声的表达也是明确的：观历史之变迁，中华文明的根脉就在于文化学术，文化学术之根脉在于家族，家族之根脉，则在于地域。

因此，离开了贵族阶级，特别是贵族文化，离开了精英家族，中华文明就无以附丽，中华民族就没有出路——这就是陈寅恪的基本立场。

究竟什么是知识？毛泽东在延安曾经这样回答说：除了阶级斗争、生产斗争和科学实验三者之外，还有其他别的知识吗？答案是没有了。

其实，恩格斯早就说过：除了历史唯物主义和自然科学基本原理之外，根本就无所谓“哲学”，历史上的所谓哲学，都不过是统治阶级头脑里的幻想、幻觉，实际上，这种“哲学”连“科学”的水平都没达到。

而对于这些说法，陈寅恪像大多数旧中国的知识分子一样，一辈子都不相信，且从来也没有接受过，对这种观点，陈寅恪一辈子也没弄明白，或者根本也不屑去弄明白。

生在众生平等的世界，却有着贵族阶级的宏大抱负，陈寅恪一生的苦恼与苦闷，实不可谓不大。

于是，现实既然已一无可观，那就只能把全部的抱负投入了历史与学术中去了。

于是，1940 年，面对着近代以来“数千年未有之大变局”，陈寅恪思考的却是人类历史上的另一个重大变局：316 年，西晋灭亡，395 年，罗马帝国分裂，476 年，西罗马帝国被以日耳曼部落为主体的北方蛮族灭亡，西欧从此陷入“黑暗的中世纪”。

316 至 581 年，从西晋灭亡到隋朝建立，这是中国历史的一大变局，是人类历史的一大变局，中华文明，究竟依凭着何种力量，度过了长达近三百年天下大乱的艰难时光呢？

从西晋灭亡，到隋唐兴起，长达近 300 年的大变局，对于近代以来“数千年未有之变局”，又能够提供什么样的启示呢？

审视历史上近三百年的历史大变局，究竟能够得出什么样的经验与教训呢？

陈寅恪的结论是：要走出旷古未有之历史大变局，只能靠胡汉贵族的融合，以形成一个新的贵族领导阶级。

以历史上的“大变局”去说明现实的大变局，以历史烛照现实。我一向认为，陈寅恪的这两部著作，正如一切大家之作那样，是“用学术讲政治”的典范。

实现中原贵族文化与胡人贵族文化的高度融合与统一，形成一融合胡汉为一体的“新贵族文化”——这就是历史昭示的出路所在，这也就是历史告诉现实的答案所在。

由此出发，陈寅恪对于上述约三百年之历史，做出了令人叹服的剖析：纵观天下大势，无非是北魏西魏、江左、北周三足鼎立，其中南方的萧梁政权，固然完整地保存了中原贵族文化，但却因拒绝与胡族贵族文化相融合，注定是没有出路的；而占据中原和洛阳的北魏、西魏政权，则由于实行“全盘中原贵族化之过渡政策”，因而得罪了胡族，这条路其实也走不通；而只有偏居于关中之北，河西走廊之东的北周，因为天时地利的原因，能够比较自觉地认识到：只有在文化制度、政治制度和军事制度上，走胡汉融合的新路，如此才能顺天应命，成就伟业。

北周能为隋唐奠基之关键，就在于融合胡汉贵族，形成一新体制。

因为瞩目于北周之何以兴起，陈寅恪方才透过遥远而繁茂芜杂的历史，目光深邃地发现了那个时代的“关陇”，并创造了一个发人深省的历史范畴——“关陇制度”。陈寅恪概括说：北周的伟大，就在于立足关陇成一新制度，而“关陇制度”，便是隋唐制度的重要渊源，也是唐代政治兴衰转折的要害所在。

1940年，陈寅恪随北大、清华、南开流亡在昆明。而当时的中华大地，北方为日本帝国主义所侵占，蒋介石躲在峨眉山，汪精卫在南京另立伪政府，读陈寅恪，很少有人思考他写作时的背景与心态。

“读史早知今日事。”倘若以史证事，何谓江左、何谓西魏？尤为关键的是何谓“关陇”？

1940年，所谓“关陇”者，无他，就是共产党所领导的陕甘宁边区。

作为末代贵族，晚清遗民，陈寅恪自然没有多少赞成和拥护国民党政权的理由，但是，他也没有任何理由赞成共产党，如果说，1940年的陈寅恪，像那个时候的郭沫若一样，心中向往延安，那几乎就是荒谬的。

其实，说来道去，陈寅恪的两部书，讲的不过是十分简单的道理：历史告诉我们，如果不是由“真贵族”掌权，任何一个政权便不能长久，也不可能长久。

正是从这个立场出发，陈寅恪遂对于开创了隋唐大业的杨、李两个政治力量，均持藐视的态度，而理由就是：关陇集团并不是“真贵族”，而是贵族的“假冒牌”。

他说：关陇集团，包括李世民家族在内，都不过是托名了山东门阀士族，即他们本不配姓李，不配姓杨，他们不过是“李初古拔而已”。于胡族而言，他们其实也不属于鲜卑贵族的正宗。

关陇集团不是真贵族，并不代表真贵族，也并不真心代表贵族利益，即使他们于数千年未有之大变局中，创立了千秋伟业，但终究有一天，他们的子孙，还是会露出“泥腿子加蛮夷”的真马脚，反过来向贵族开刀，最终，他们就难逃又回到“泥腿子”的队伍里去的宿命。

在陈寅恪看来，从武则天起，唐朝之所以走衰，就是应验了他的话，武则天抛弃了“关陇贵族”的假面，从而走上了平民化的道路，于是乎，巍巍大唐，也就是这样从“泥腿子”政权出发，无可避免地又回到了“泥腿子”之中去了。

号称陈寅恪弟子的余英时污蔑郭沫若抄袭陈寅恪，余英时也以“贵族自况”。

陈寅恪当然不是郭沫若，陈寅恪写不出《甲申三百年祭》，他不会像郭沫若那样肯定武则天，他也不会像郭沫若那样，讴歌真正的遗民烈士夏完淳。是的，真正的“遗民”应该是夏完淳这样的烈士，夏完淳17岁就做了烈士，“避秦无计矢报仇”，烈士应该报仇，而不只是“避秦”。“余光留日月，遗恨满乾坤”——对于什么叫国恨家仇，陈寅恪这些人，并没有郭沫若理解得那样深刻。

对于郭沫若在甲骨文和金文方面的造诣，陈寅恪似乎没有什么话可说，但是，陈寅恪、余英时辈，与郭沫若立场截然不同。

郭沫若是历史学家，但他更是革命家，他选择放下自我，与“泥腿子”站在一起，终于成就一“大我”，他临终前遗嘱将骨灰撒在大寨，他说：“悠久便是你，悠久便是火，悠久便是他，悠久便是火。”以火传火，生生不息，火种是不会断的。

而在余英时辈眼里看来，郭沫若的这一举措，简直就是笑话，因为他们这些以贵族、遗民自况的人，永远不会明白“老爷起义要当鞋匠”这究竟是为了什么。

陈寅恪是贵族出身，这个出身，是他最为珍惜的。新中国成立之后，他一直要求人民政权的优厚待遇，人民政权也一直给予了他优厚的待遇——这是应该的。但是，在今天的“陈粉”和“陈门走狗”们看来，这绝不是人民给陈先生面子，而是陈先生给“泥腿子”政权面子。

同样是出身于督抚之家，胡家叔侄为人民政权南征北战，毁家革命，但他们从来没有向人民要过任何待遇。

胡家革命，究竟是为了什么？

1966年10月，胡景铎被错误批判，撤销党内外一切职务，次年下放到泾阳县五七干校劳动，但是，他始终坚持说："我是毛主席的兵，如果说我是叛徒，那我确实是国民党的叛徒，我是党代劳动人民收下的干儿子。"1975年，他给女儿写信，这样鼓励她说：只有彻底地放下自己，真正与人民群众站在一起，才能成为真正的共产党员，只有心里始终想着普通群众，才能成长为一个比较典型的革命儿女。这是我大半生经历得出的结论。

陈寅恪和胡家叔侄都出身于督抚之家，他们同样是经史传家，他们同样精于西学，擅长外文，也同样具有万丈韬略。但是，面对近代以来"数千年未有之大变局"，他们的觉悟、他们的发心，非但并不相同，而且差别不啻霄壤。

当年的"胡营楞娃"胡景铎总爱说这样一句话："我是毛主席的兵。"1937年，面对数千年未有之大变局，毛泽东主席曾经代表陕甘宁边区，撰写《祭黄帝文》，如下：

赫赫始祖，吾华肇造。胄衍祀绵，岳峨河浩。
聪明睿知，光被遐荒。建此伟业，雄立东方。
世变沧桑，中更蹉跌。越数千年，强邻蔑德。
琉台不守，三韩为墟。辽海燕冀，汉奸何多！
以地事敌，敌欲岂足。人执笞绳，我为奴辱。
懿维我祖，命世之英。涿鹿奋战，区宇以宁。
岂其苗裔，不武如斯。泱泱大国，让其沦胥。

东等不才，剑屦俱奋。万里崎岖，为国效命。

频年苦斗，备历险夷。匈奴未灭，何以家为？

各党各界，团结坚固。不论军民，不分贫富。

民族阵线，救国良方。四万万众，坚决抵抗。

民主共和，改革内政。亿兆一心，战则必胜。

还我河山，卫我国权。此物此志，永矢勿谖。

经武整军，昭告列祖。实鉴临之，皇天后土。

尚飨！

大风起兮陕甘宁。如果陈寅恪读过此祭文，我竟不知他会作何感想。

1977年7月6日，胡景铎同志病逝于他最后一个工作岗位——当时，他刚刚担任西安汽车站筹建领导小组组长不久。

去世前，他在一次讲话里说：

西安现有八九个车站，但没有一个像样的。解放都20多年了，我作为领导，对不起陕西父老。别忘了，我们是为人民服务的，把这个汽车站建好，就是为人民做了一件好事，那就是最痛快的事。大家看，我说的是不是。

1980年1月30日，中共陕西省委做出《关于为胡景铎同志平反的决定》，指出：胡景铎同志为中国人民的事业奋斗一生，是几十年如一日，为党努力工作的好党员，好干部。

什么叫作人的境界，什么叫作人的觉悟？什么才是真正的社会精英？

这是一个问题。思考这个问题，我以为从来没有过时，也不会过时——正如思考“老爷起义要当鞋匠”。

## 六

“正义的事业是不可战胜的，支持正义反对邪恶，维护人民的根本利益，是我们党的根本宗旨和优良传统。”放下自我，放下自我得失，而走向解脱与解放——带你到光明的世界去，从此走光明、欢喜的大路——这是般若波罗蜜的真谛，这一真谛，就这样在现实里发生了，而且，发生这一切的地方，竟然就叫波罗。

接引寺和波罗堡巍然屹立，今天，它们似乎是沉默着，而这种沉默，却使得传奇更加真实，这种沉默，也许是为了有一天，再次向有缘人讲述这宇宙间的真谛，讲述这人世间的际缘。

历史证明：近代中国，所遭逢的是数千年未有之变局，任何妥协、盘算、委曲求全的念头，都将为这种大变局所埋葬，唯有巨大的牺牲，唯有把我们的血肉铸成我们新的长城，才能使我们的民族、我们的文明，度过如此巨大的劫难与变局。

牺牲是残酷的，革命是残酷的，而这样残酷的牺牲，不仅摆在了最广大的劳苦大众面前，也摆在了旧时代的社会精英面前。

历史也已经证明，在伟大的中国革命中，传统中国社会精英的相当一部分，就像富平胡家一样，走上了一条与人民大众相结合的道路，走上了为中华民族求解放的道路。这条道路，看起来似乎不符合他们的阶级利益，但是，却符合中华文明自古就有的信念——大道之行也，天下为公。

今天看来，他们对于自己和自己阶级、阶层利益的“放下”，与中华民族的“解放”，其实是一个两位一体的过程，正是通过这样一个波澜壮阔的伟大历史进程，他们使得中国得以不依靠外部势力和本国软弱的资产阶级，通过波澜壮阔的革命，推动了、实现了、完成了中华文明的现代转化，实现了中华民族的伟大复兴。

中国革命是以文化和政治革命为先导的，这是中国革命的特殊性；正是中国革命极为特殊的历史过程，考验着中国的社会精英，并将其推到了命运抉择的风口浪尖。

“登高楼而四顾兮，南盼终南，北望嵯峨。西极毕原，东尽骊阿。俯首帝州，忧心如沸。”这就是胡景翼在《登高楼歌》所表达的情怀。

什么是社会精英？在中国，精英不仅是一个与经济和财富相联系的范畴，“社会精英”这一角色，首先意味着家国情怀、人类担当，以及与之相应的牺牲奋斗精神，当然，也意味着文化的底蕴、文明积淀和政治上的使命感。在中国，绝非有钱就可以成为社会精英，因此，也正因为上述特征之缺乏，资产阶级在很大程度上，往往不被人民群众视为领导中国社会的精英力量（至今似乎依旧如此）。也是从这个意义上说，中国革命的早期领导者们绝不是资产阶级——因为中国资产阶级身上，恰恰没有，或者欠缺那种大无畏的自我牺牲精神，缺乏世界视野，欠缺文化积淀和家国情怀、人类使命担当，于是，资产阶级那种“经济暴发户”的心态与形象，又正是为中国革命者所厌恶和弃绝的。

“自古先觉觉后觉，汤武周召苦追寻，一旦豁然贯通日，举动能为四海欣”——在追求救国救民的艰辛道路上，终于豁然贯通，一朝觉悟，而这就是深受中华传统文明的浸润和滋养，在关中大地上成长起来的富平胡家子弟，之所以厌弃和鄙视蒋宋孔陈四大家族那种资产阶级暴发户，并最终离他们远去的原因。

离开波罗堡上路的时候，友人在车里放了那首著名的信天游《横山里下来些游击队》：

对面（价）沟里流河水，
横山里下来些游击队。
一面面（的个）红旗硷畔上插，
你把咱们的游击队引回咱家。
滚滚的（个）米汤热腾腾的（个）馍，
招待咱们的游击队好吃喝。
你当兵来我宣传，
咱们一搭闹革命多喜欢。
红豆豆角角熬南瓜，
革命成功了再回家。

对这首歌，我突然有了一种新的理解和认识，正如对伟大的中国革命，有了一种新的理解和认识——放下自我，才能到光明、美好的世界去。

般若波罗蜜，“放下”与“解放”，虽是一念之间，但这一念背后，却是沧海桑田，天翻地覆慨而慷。

离开波罗重新上路的时候，我的心怅然若失，而又如释重负。

“匈奴未灭，何以家为？”

# 横山起义

1946年10月13日，横山起义也称榆横战役，是解放战争初期国民党发动内战达到顶点，对延安形成包围的形势下，由中国人民解放军陕甘宁晋绥联防军配合国民党陕北保安部副指挥胡景铎骑六师的反内战起义。这次起义是在中共中央毛主席的指示下，由西北局书记习仲勋亲自策划组织实施的。横山起义解放了榆林、横山的广大土地，为尔后中共中央转战陕北指挥全国解放战争，夺得了极为宝贵的回旋之地。横山起义给西北旧军队指出了一条光明大道，也是党的统一战线政策的伟大胜利，在中共党史和中国革命史上占有相当特殊的地位。

# 横山起义是当代横山的一大亮点

高永中
全国党建研究会副会长、中央党史研究室原副主任、研究员

横山有着深厚的历史文化底蕴，也有着光荣的红色文化传统。提起横山的红色文化，人们立即会想起《横山里下来些游击队》那首陕北民歌，那可是响当当的，简直就是横山的一张红色名片。其实，横山还发生过一件意义十分重大的大事，就是“横山起义”。

1946年10月13日，国民党陕北保安指挥部副指挥胡景铎将军率国民党军第二十二军第八十六师、新编第十一旅及保安第九团等部2000余人，分别从横山的波罗堡、石湾镇、海流兔庙、高镇、横山县城发动起义，起义成功后，又

乘胜扩大战果，组织或迫使临近地区的国民党守军相继起义，使起义部队扩大到5000余人，使起义获得圆满成功。起义部队有2100余官兵从此走上革命道路，被改编为西北民主联军骑兵第6师，编入中国人民解放军序列，这就是著名的“横山起义”。

横山起义是由毛主席、党中央做出明确战略部署，由中共中央西北局书记、陕甘宁晋绥联防军代理政治委员习仲勋同志具体策划、亲自指挥完成的。1946年，国民党蒋介石用于封锁包围陕甘宁边区的军队增加四十多万人，面对三面被围的态势，毛主席指示西北局：“集中精力组织北线战役，策动横山起义，解放榆横地区，使我们获得较大的回旋余地，以便对付胡宗南的进攻。”随后，西北局扩大会议传出了毛主席党中央的指示精神，周密细致地部署了争取胡景铎率部起义的工作。一方面习仲勋先派得力干部同胡景铎取得联系，建立相互信任，发展胡景铎等为中共党员，确定起义行动计划，后派人带一个加强连和一百余名干部提前进入波罗堡，协助胡景铎控制局势，发动起义；另一方面，1943年10月13日，解放军陕甘宁晋绥联防局发动了万余人参加榆横战役，分别向吴庄、镇川、横山、响水堡一线的国民党军发起进攻，在数日内拔出了国民党军在横山境内的所有据点，有力地配合了胡景铎部的横山起义。

横山起义战果辉煌。横山起义及其相关的榆横战役的胜利，使我军增加了5000多人的有生力量，消灭了在横山及其临近地区负隅顽抗的国民党守军和援军，横扫了国民党在横山及其临近地区的反动势力，解放无定河以南人口12余万，解放土地2万多平方公里，使陕甘宁边区的绥德分区与三边分区连成了一片，建立了榆横新区民主政权，开辟了横山人民当家做主的新天地。

2019年12月，高永中（右二）、中央组织部党建研究所李隆文（左二）在横山波罗无定河边

横山起义意义重大。横山起义规模不是很大，但是因其发生时间较早，发生地点离中国革命大本营，毛主席、党中央所在地延安较近，它的战略意义是十分重大的。

首先，打破了国民党蒋介石对我陕甘宁边区三面包围的态势和南北夹击的阴谋。横山起义后，拔掉了国民党“插进我边区的三把刀子”，在敌人的包围圈北线撕开了一条口子，使国民党22军收缩防线，退回榆林城内，不敢轻举妄动，向西还监视着国民党马鸿逵的部队，使其不敢渡河东进。这在很大程度上缓解了陕甘宁边区的北部压力。

第二，为后来毛主席、党中央成功转战陕北开辟了极为宝贵的回旋余地。从1947年3月18日中共中央主动撤离延安，至1948年3月23日东渡黄河离开陕北，毛主席、党中央在陕北成功转战1年零5天。在这个过程中，毛主席、周恩来、任弼时组成的中央前委仅带领800多人的队伍，拖住国民党胡宗南20多万大军在陕北的山沟沟、梁峁峁上来回绕圈子，指挥全国其他解放区战场打了一个又一个大胜仗，并指挥西北野战兵团以少胜多，取得了青化砭、羊马河、蟠龙、沙家店、瓦子街战役的胜利。这些胜利，固然得益于陕北的地形好，陕北人民群众的革命觉悟高，西北野战兵团战斗力强，但其中还有一条不可或缺的重要原因，就是毛主席、党中央在保卫战争开始前就已经有了战略上的前瞻性安排。横山起义正是这个战略布局中的重要一环，这个环节按照预定目标实现了。横山起义对毛主席、党中央胜利转战陕北的贡献，就是对中国革命的贡献。横山起义的最重大的意义就在这里。

第三，横山起义为我党统战工作积累了成功经验。习仲勋同志说过："横山起义是党的爱国民主统一战线政策的胜利。"横山起义大大震慑了榆林地区的国民党中下层军官，对西北地区国民党军队产生了一定影响，为后来的榆林和平解放打下了坚实基础。不仅

2017 年 11 月，横山旅游局长雷景冯（左二）陪同横山籍老领导、湖北省原纪委书记侯长安（右二）在横山无定河湿地保护区

如此，横山起义的意义还在于，为我们共产党于全国解放战争中在国民党军队中组织起义提供了成功经验。

横山铭刻下了横山起义的历史功绩。横山人忘不了横山这块热土上的一切红色记忆！

# 横山的山河

杨海蒂
《人民文学》副编审，文汇出版社『金散文』文丛主编，三毛散文奖审读委主任

第一次到陕北时，我瞬间被击中了：脚下是世界上最广最深的黄土，地球上最大的黄土高原，被鬼斧神工切割得千沟万壑，气势磅礴地伸向天空。中华民族母亲河黄河，狂怒咆哮一泻万丈，浩浩荡荡泥沙俱下……

而当我来到陕北偏北的榆林横山，目睹“龙隐之脉”横山山脉穿过黄土高原横亘天际，亲见无定河趟过塞北沙漠漫延横山全境，我对这片土地充满了敬畏。当得知在这片神奇辽阔的黄土地上，一代代帝王将相大展雄才伟略，一位位英雄豪杰泼洒热血，一曲曲历史交响激越

昂扬，一首首壮丽诗篇千古流传，我对“龙兴之地”横山高山仰止。

## 一

“欲知塞上千秋事，唯有横山古银州。”

陕北的深冬季节，让我感觉犹如置身于西伯利亚般寒冷，昔日沙漠与高原相接的横山，经过长期植树造林，早已被层层绿色覆盖，看不到我期待的塞外风光，但在寒冬腊月里，郊外峁塬上也还是衰草枯黄。刺骨寒风将我的脸抽打得生疼，我瑟缩在超厚的大棉袍里，循着时间的线索，探听古银州废墟下的历史回响。

古银州林茂粮丰、马壮羊肥，是漠北游牧民族活动的历史舞台，也是他们进犯关中的跳板。汉人、匈奴人、鲜卑人、突厥人、回纥人、契丹人、蒙古人，曾在这儿龙争虎斗，绝大部分又像天上的神鹰一样不知所踪。

银州城势扼中央总绾南北，分为“上城”“下城”两座城池。上城始置于南北朝周武帝三年（563 年），即古银州遗址所在地，为全国重点文物保护单位；秦朝增建的下城，为上郡肤施城，是秦始皇迷信“亡秦者胡也”而修筑的军事防御城堡。

民国十八年（1929 年）本《横山县志》特别提到了陕北鲜见的稻谷："横山地接沙漠，河北沟渠纵横，稻产尚矣。去壳，成米洁白如玉如珍，食之芳香，行销邻县甚广。其中有红白二种，县属波罗之二石磕、鲍家渠等村粒肥细腻，所产尤佳。"

隋朝战乱，银州城被废；隋末唐初，横山人梁师都建立梁国，大举重建。

举旗抗宋的党项族英雄李继迁，就是古银州人。但凡历史上的重要人物，总是奇人异相。《宋史·李继迁传》记载："继迁生于银州之无定河，生而有齿。"《辽史》说，李继迁本是北魏皇族拓跋氏的后裔。

文献资料记载："横山天堑，下临平夏，夏国存亡所系。""夏国素恃横山诸族帐劲强善战，用以抗衡中国。"北宋大将种谔、沈括联名上书皇帝，对横山有过一段高论，"横山延袤千里，多马宜稼，人物劲悍善战，且有盐铁之利，夏人恃以为生。其城垒皆控险，足以守御。今之兴功，当自银州始。其次迁宥州于乌延，又其次修夏州，三郡鼎峙，则横山之地已囊括其中。又其次修盐州，则横山强兵、战马、山泽之利，以据两池之利，尽归中国。其势居高俯视兴、灵，可以直覆夏巢。"

横山是党项人的根据地，银州是西夏政权的发祥地。

北宋国策崇文抑武，漠北游牧民族趁机坐大。战争是最有效的征服方式。李继迁招兵买马，银州南山寨是他的练兵场。当羽翼日丰，他拥兵自重封疆自立，建立起割据王朝——夏国。他练兵的山寨得名李继迁寨。李继迁长子李德明"为人深沉有气度，多权谋，幼晓佛书"，守着父亲遗下的小金銮殿韬光养晦，"深挖洞广积粮不称霸"。1004年，李继迁长孙李元昊，也在银州呱呱坠地，一亮相就不同凡响，“坠地啼声英异，两目奕奕有光，众人异之”。元昊果然非慈眉善目之辈，少时“喜兵书，甚英武”。成年后“性雄毅，多大略”，心雄万夫觊觎天下，八方劫掠四处扩张，34 岁时终于如愿称帝建国，史称西夏。他大兴文教，创建西夏文字，强令所有文书、佛经以之书写；他大举改革振衰起弱，发展农牧鼓励垦荒，促使国力十分雄厚，自有底气先后与宋、辽、金鼎立。

两军对垒，无论哪一方，“得横山之利以为资，恃横山之险以为固”。银州地势险峻、群山拱卫，更是易守难攻，成为宋兵北进的屏障。党项人当然知道银州的重要性，一直严防死守，双方激烈争夺，拉锯战中各有胜败。种谔谋划占据横山，无奈始终不得，有次终于得胜回朝，北宋满朝文武额手称庆，苏轼以诗咏之：“闻说官军取乞银，将军旗鼓捷如神，应知无定河边柳，得共江南雪絮春。”此时的苏氏之作，与“谪居于黄，杜门深居，驰骋翰墨，其文一变，如川之方至”后的东坡诗词，真不可同日而语。

无定河边柳，俗称“断头柳”，枝条昂扬向上，越是被砍越是长得粗壮，是陕北独有的特殊景观，其顽强坚韧的生命像极了陕北汉子。

于政治、军事、外交、科学、文学无所不能的全才沈括，因揭发文友苏轼“诗文愚弄朝廷”，成为“乌台诗案”的始作俑者。苏轼连遭贬谪——“问汝平生功业，黄州惠州儋州”，沈括则借此官运亨通。“君子难敌小人”，古今皆然。“回看秦塞低如马，渐见黄河直北流。天威卷地过黄河，万里羌人尽汉歌。莫堰横山倒流水，从教西去作恩波”，是“知延州，兼任鄜延路经略安抚使”沈括在横山写下的战歌，那时春风得意的他，何曾料到日后横山会成为自己的滑铁卢。西夏出兵20万侵宋，兵败如山倒的“永乐之战”，成为他跌落的悬崖，加上背叛旧主王安石，他令皇帝不齿，被弹劾遭贬谪，也是现世现报。他心灰意冷，专心治学，在著述《梦溪笔谈》中回忆道：“余尝过无定河，度活沙，人马履之，百步外皆动，澒澒然如人行幕上，其下足处虽甚坚，若遇其一陷，则人马驼车应时皆没，至有数百人平陷无孑遗者。”寥寥数语，生动描述出无定河的漂浮无定，可见北宋时期的无定河，已不复赫连勃勃所赞叹的“美哉斯阜，临广泽而带清流，吾行地多矣，未有若斯之美”。正是因为无定河甚美，赫连勃勃以横山为根据地建立大夏国，定都无定河畔统万城。

为除心头之患，大宋先后派狄青、夏竦、韩琦、范仲淹、韩世忠等重臣名将，在塞北重镇横山戍边，以抵御征讨西夏。狄青旗开得胜的峁塬“狄青塬”，在县城西南四十公里处，现入选“横山新八景”。当时民谣云：“军中有一韩，西贼闻之心寒；军中有一范，西贼闻之胆战。”说的就是韩琦、范仲淹令西夏人闻“名”丧胆。年过半百的范仲淹，于横山边境作“春思”“秋思”，“人不寐，将军白发征夫泪”一句，最是动人心弦。因大败西夏沙场建功，直言劝谏一再遭贬的范仲淹，终于得以回到京城。

古人尚武，文人大多是热血男儿，“宁为百夫长，胜作一书生”；反过来，很多武将也文采过人，岳飞的《满江红》横绝古今。颜真卿、高适、岑参、王昌龄、谢安、文天祥、范仲淹、辛弃疾、陆游、岳飞、王阳明，这一串在中国文化史上熠熠生辉的名字，这些“上马能杀贼，

2016年2月，张永和（著名建筑师，麻省理工建筑学院原院长、北京大学建筑学研究中心教授）在横山塔湾河口庙水库

下马能草檄”的才俊英杰，个个剑卷长虹笔挟风雷，人人刚直忠烈视死如归，是真正的国家栋梁、时代脊梁。

对西夏来说，虎患未除狼祸又起。横山防线被破，本已进退失据，漠北蒙古又正崛起，成吉思汗所向披靡。银州被屠城，龙兴寺、皇宫王陵被毁，党项被屠戮几百万人。要彻底灭亡一个民族，必灭其语言文字，“灭其国而并灭其史”。虎踞西北近二百年、对中国民族历史发展产生过深远影响的西夏王朝，湮没于元军铁骑飞扬的滚滚黄尘里；灿烂迷人的西夏文化，消失于历史的波谲云诡中。

国破山河在，城春草木深。古银州渐渐被人遗忘，直到李自成逃难而至绝地逢生，才刷了一次存在感。民国时期，本土进士邀请临时大总统徐世昌书写“古银州”三字，时任县长主持勒石的摩崖石刻，至今悬于无定河南岸，无言地诉说这片古老土地的昔日辉煌。

虽然遭到无休止的破坏，古银州也还是留下了可观的历史遗存，从石器时代以降，几乎每个历史时期的物器都有。党项人留下的历史遗迹更多：肃穆寂寞的王陵，党项贵族的墓志，琳琅满目的壁画，粗犷拙朴的石刻，形状各异的陶罐，精雕细琢的玉饰，制作精美的青铜器……这些珍贵的历史文物，曾零落于荒野蔓草间，经历过漫长的等待，尘封着西夏的荣光，而今就陈设在古银州城遗址上的几间民房里。

古银州民间博物馆，是我见过的最简陋的博物馆。

## 二

西夏亡国四百多年后，李自成出生于李继迁寨。

旧县志写道，李自成降生时，家里土窑“洞壁现蛟蛇奇纹，层剥不没”。我钻进过他家窑洞，没有看到“蛟蛇奇纹”，或许因为我俗人凡眼吧。土窑下方有一个被淤的隧洞，据说是李继迁的兵器库，民国时村民从洞中掘出过冷兵器。土窑前方地势平缓，是李继迁的练兵场，窑后梁峁相连的“蟠龙沟”，时而高挺时而平缓，犹如巨龙盘旋。登高四顾，千壑拱四周，万塬拜其下，的确风水宝地。

王侯将相宁有种乎？《明史列传》称，李继迁是李自成的远祖，李自成是李继迁的后裔。当年，有少数西夏王公贵族从元军的血洗中侥幸逃出隐匿民间，或游牧或农耕。穷人家的孩子李自成，7岁到常峁墕打童工。“天地一笼统，井上一窟窿。黑狗身上白，白狗身上肿。”这首别有趣味的《咏雪》诗，被认为是少年放羊娃李自成之作，可看出他从小就胸有丘壑。如此说来，李自成才是“打油诗”鼻祖。历史推进到公元20世纪，湖南人毛泽东万里长征来到陕北，尊崇李自成为“陕人的光荣”，也在壮丽的黄土高原上咏雪：“北国风光，千里冰封，万里雪飘。望长城内外，惟余莽莽；大河上下，顿失滔滔。山舞银蛇，原驰蜡象，欲与天公试比高……俱往矣，数风流人物，还看今朝。”其青云之志，其文韬武略，使“秦皇汉武，略输文采；唐宗宋祖，稍逊风骚”。

关于李自成，有很多民间传说、演义，最神乎其神的是说他乃天宫紫微星下凡，他在仙界佩戴过的九龙宝刀，随之同时降世，落于李继迁兵器库，直到1946年，横山游击队员还拿着它攻过波罗围过榆林，此后宝刀不知下落。常峁墕留有“坐龙墩”“坐朝峁”“旗杆”“饮马泉”等遗址，加上三代土龙碑的传说，还有“六月天冰冻黄河”的传奇，以及闯王台闯王显灵的传言，等等，都“神话”着这位土生土长的“真龙天子”。民间最为津津乐道的是：崇祯皇帝让人挖了李自成的祖坟以断其龙脉，李自成攻入北京逼得崇祯皇帝上吊自尽，正所谓“天道好轮回，苍天饶过谁”。还有康熙御驾巡幸陕北，明察波罗城堡，暗访闯王故里……

话说李自成率起义军从陕北出发，威号闯王，一路攻城略地，好不威风。“剑光闪闪亘长虹，百怪惊逃竞避锋。点缀江山无限景，吟身疑在画图中。”这是闯王自题，何等意气风发。李闯王定陕西，灭明朝，龙袍加身，登上大位，国号“大顺”，建元“永昌”。当时的形势，对李自成及其大顺政权来说一派大好，谁也没有想到很快就翻了盘，真是“其兴也勃焉，其亡也忽焉”。这一曲历史悲歌，引得多少人扼腕。底层的人一旦掌权，难免把握不住自己。智识的盲点、道德的弱点、文化的缺点，使闯王和他的执政团队迅速忘掉了“初心”，权争、骄奢、腐败、怠政四起，焉能不败。郭沫若在《甲申三百年祭》文中，将其剖析得淋漓尽致，新鼎初得的中国共产党，视其为前车之鉴。

大顺政权像一颗流星，在历史的天空划过，闪过一道短暂而耀眼的光芒，然而，它在世界农民战争史上留下了浓墨重彩的一笔，在中国历史长卷中写下了绚丽的篇章。“农民领袖”李自成仍不失其伟大，欧洲人称之为“十五世纪最伟大革命家”。在我看来，李自成是一个革命家，是一个统治者，不是一位杰出的政治领袖。

中国堪舆祖师、风水宗师杨益说“自古英雄多出西北”，盖因“西北多山，得天地严凝正气，其龙最垂久远，形胜完全，上钟三垣吉气，宜英雄出于其中”。雄伟的高原，巍峨的横山，奔腾的无定河，养育了无数横山儿女，塑造了他们独特的精神气质。简直不可思议，以李继迁寨为中心，区区方圆几十里，横山竟然出现过多位帝王。这些枭雄豪杰，在黄土高原上搅起历史风云，在刀光剑影中书写铁血人生。

遥想当年，少年高岗豪气干云，侠义痛打官绅公子，青年高岗在横山组织的“一高学潮”，被视作“横山革命的先声”。因堡内泉水鸣响得名的响水堡，始建于明正统二年（1437 年），古堡保存至今，建筑蔚为壮观。曾经，高岗与马明芳、曹亚华在响水堡“闹红”，成立通俗讲习所、横山农民运动讲习所。农民运动开展得轰轰烈烈，之后，数万名横山儿女跟着刘志丹、高岗上横山，组建游击队与敌人浴血奋战，游击战争风起云涌，横山开创出红色根据地，诞生了陕北第一个红色县级苏维埃政权，即赤源县苏维埃政府，为创建陕甘宁边区奠定了坚实的基础。

革命是陕北男人的本色。榆林地接甘、宁、蒙、晋，又是明清朝廷流放京官之所，历史上多民族的融合，赋予横山人强健的体魄，壮阔绝域对民众人格的潜移默化，使横山人拥有悍勇刚烈的性格。

在中国革命史上，横山游击队之壮举之盛名，可与“铁道游击队”“平原游击队”相媲美。“没有陕北闹红，就不会有中央红军来陕北”，横山人自豪地告诉我。中央红军爬雪山过草地抵达陕北后，作为陕北红色革命发源地的横山，成千上万的群众跟着队伍要求参军，加上兵强马壮的横山游击队员，使中央红军得以迅速发展壮大。《横山里下来些游击队》，就是那时候诞生于横山的一首陕北新民歌，真挚的感情、优美的旋律，使它从陕北风靡全国，被编入音乐课本，成为红色经典，至今传唱不衰。

## 三

横山武镇高家沟，是新中国开国元勋高岗的故乡，这个“山大沟深土层厚”的乡村，有着深厚的耕读文化传统，也有着悠久的尚武精神传承。

年少时从高家沟走出，革命后从西北到东北、从东北到中央的高岗，大起之后是大落，大荣之后是大辱，不幸正值英年却永远沉寂了。

但故乡人民没有忘记他，没有忘记黄土高原的骄子。修葺一新的“高岗同志故居”，巍然屹立的高岗全身铜像，真实全面的图文资料，父老乡亲的深切缅怀……都让我为之动容。

在“高岗同志故居”前，高家沟村民为我们演唱《横山里下来些游击队》。是天然的艺术，是灵魂的歌唱，朴实无华，含藏不尽，有黄土地的气息，征服我们的心灵。天辽阔，地苍茫，残阳似血，山峦如画，望着宇宙八荒，听着天籁之音，心底百转千回，顿生苍凉之感。“念天地之悠悠，独怆然而涕下”，是文人情调的感伤，陕北劳动人民有自己的情感宣泄方式：吼信天游。

当孤独的牧羊人，失意地踟蹰在拦羊的崖畔上；当辛勤的庄稼汉，孤寂劳作在空旷的圪梁梁上；当赶牲灵的脚夫，独自行走在荒凉的山道上；当窑前院落的婆姨，思想起离家远行的那个人……信天游就油然而生，脱口而出。高亢悠长的曲调，随天而游跌宕起伏；九曲回肠的歌声，唱尽了人生的况味。

贝多芬说过："音乐是比一切智慧、一切哲学更高的启示，谁能参透我音乐的意义，便能超脱寻常人无法自拔的苦难。"理论终究是灰色的，而信天游是活色生香的。

谨遵孔老夫子谆谆的教导，"非礼勿视，非礼勿听，非礼勿言，非礼勿动"，多少人失了本心本性，陕北人却普遍例外。"城头上跑马还嫌低，面对面睡下还想你。""对面山的那个圪梁梁上那是一个谁，那就是咱们那要命的二妹妹。""山挡不住云彩，树挡不住风，神仙挡不住人想人。""你若是我的哥哥哟，招一招的那个手；哎哟你若不是我那哥哥哟，走你的那个路。"……天真未凿，真挚热烈，大道至简，至纯至美。有时候听到它们，全身就像过了电，这样的歌曲，拥有震撼人心的力量。难怪王洛宾感慨："最美的旋律、最美的诗就在西部，就在自己的国土上。大西北的民歌，有欧美音乐无法比拟的韵味和魅力！"

面对这样的艺术，今天的音乐家们该做何感想。

不知为什么，陕北民歌总是让我感觉到苍凉，或许因为过美的事物，往往让人内心脆弱。旋律明快的管弦乐曲《春节序曲》，以陕北民歌、唢呐和秧歌音调为素材，用以表现人们喜气洋洋过佳节，然而在热闹欢腾的深处，我始终感受到一种隐隐的忧伤。"城头上跑马"的旋律，被马思聪演变

2018 年 4 月 13 日，郑欣淼（左二）、李文儒（左三）、李零（左四）、横山区委书记王效力（右一）、李钢（左一）等在横山波罗古堡

成闻名中外的《思乡曲》，更是直抵我内心最柔软处，从中丝丝缕缕抽出难言的怅惘。

腰鼓、说书、信天游，陕北这三大文化遗产，全都源自横山。横山盲艺人韩起祥，曾在延安给中共“五大书记”说过书，担任过中国曲艺协会副主席。

横山老腰鼓又称“文腰鼓”，是现存唯一的老腰鼓。根据庙宇石碑文字存证考据，它出现的年代可追溯到明代中期。古时戍守长城的士兵，身佩腰鼓作为报警工具，发现敌情即鸣鼓为号，一传十、十传百传递消息。在骑兵阵战冲锋中，也以腰鼓助威，激发将士斗志。鼓角是冲锋的命令，鸣锣是收兵的号令。打了胜仗，将士击鼓起舞狂欢；鼓手行走的队列，诸如“黑驴滚轴”“转九曲”“十二莲灯”，便是作战阵图。边民久居塞上，也习而为之，腰鼓逐渐应用于民间娱乐，演变成激昂刚劲、带有军旅色彩的腰鼓艺术。

而高家沟给我们展示的是“武腰鼓”，比老腰鼓还要威猛的武腰鼓，又一次带给我们绝大的惊喜。

苍天下，厚土上，一群强壮的农家汉子，带着憨厚的笑容，身着闯王起义服装，以黄土地为舞台，手中的鼓槌一飞扬，立刻龙腾虎跃，如万马奔腾，似狂飙突进。雄迈的鼓点，雄健的步伐，雄强的舞姿，雄壮的呐喊……令地动山摇，令目眩神迷。女子为数不多，在队伍中只是点缀，但牢牢抓着观者的眼睛。俏丽的花衣，动人的身姿，羞涩的神情，纯真的眼神，使她们清新妩媚得就像崖畔上的野山花，那种自带而不自知的风情，让我感叹有人煞费苦心装扮却只是徒劳。

这种反差强烈的混搭堪称极致。同行的各界大佬不住赞叹：“男是男，女是女，真好，真美！”我嚷嚷：“还以为本宫已如老僧入定，刀枪不入百毒不侵了，今天又乱了芳心！”

我情不自禁哼唱起《赶牲灵》。听到“白脖子的那个哈巴哟朝南的那个咬”时，音乐界大神田青老师没好气地打断我：“黄土高原上哪来的哈巴狗？原生态陕北民歌，怎么会出现这样的歌词？‘白脖脖的那个下巴哟朝南的那个窑！’注意没有，陕北的窑洞全都是朝南的。”我弱弱地为自己辩护：“我也一直纳闷，但看到歌本、影碟都这么写……”“都这么写，就一定正确吗？”他丝毫不留情面。田老师特立独行，极力挖掘推广原生态民歌。

早在延安时期，红色文艺家已致力于搜集、整理、传承、创新陕北民歌，使信天游老树发新枝，成为革命艺术中一枝奇异花朵。对延安艺术家来说，音乐不是殿堂艺术，不是沙龙风雅，而是信仰与奋斗的精神，是革命人格的象征。

“文字铭心，音乐刻骨。”朝代兴替，山河易主，一代人去了，一代人又来，陕北民歌生生不息，在天地间永远传唱。

## 四

横山古堡古寺很多，建筑艺术一脉相承。明代建成的响水堡龙泉大寺，是横山规模最大的寺庙，其名源于寺内的龙井。响水堡盘龙寺名闻遐迩，史志记载，盘龙山“横江怪石，盘绕无定河边，远望若踞河中，石如盘龙，故名”，盘龙寺因山得名。寺门外九龙壁背面的回文诗“桥水响流双浪开，寺龙盘塔绕河来。迢迢路远岸垂柳，樵唱晚舟鱼钓台”，系本土人士、清朝吏部官员曹子正所作。

然而，比起大名鼎鼎的波罗堡接引寺，龙泉大寺和盘龙寺弱爆了。

波罗，山环水抱，万壑朝宗，秦直道纵贯其境，无定河流贯其境，古长城横贯全境；波罗，北魏建城，明初建堡，城堡雄踞大漠边关，崛立于无定河畔，坐落于长城脚下。波罗的来头不得了，《怀远县志》记述：“波罗堡西山石峻起，上有足形，一显一晦，俗传为如来入东土返西天之所，故构波罗寺，供如来像于其中。”

“波罗”为佛经梵语，即“波罗蜜多”的简称，佛偈咒语“揭谛揭谛，波罗揭谛”，意为“去吧，去吧，快到彼岸去吧”。“死就是生”，是佛教教义真谛，眼前一座题刻“梦回天国”的巨大牌楼，让我恍兮惚兮不知天上人间。

黄云山上的波罗，弥漫着佛光紫气，乃“佛掌上的明珠”，“来自天国的地方”。

然而，波罗不只有香火，还有战火，不只有诵经，还有杀伐，所以，在凝紫、重光、凤翥、通顺这四座城门里，既建有玉帝楼、三官楼、魁星阁、城隍庙、老爷庙等佛道庙宇，也建有总兵关、中协署、参将府、守备署、炮台、箭楼、钟楼等军事设施。座座城门，气势恢宏；处处城楼，尽显峥嵘。

我非常喜欢波罗的建筑风格，不雕龙画凤，不金碧辉煌，

2019年1月，文化和旅游部张西龙副司长在横山波罗古堡

大气不失精致，简约而又典雅。整座城堡呈灰色基调，有佛门静穆之气，宜于安放心灵。

无论手持玉帛者，还是手持干戈者，无论是无神论者，还是虔诚的佛教徒，这些帝王都有波罗情结：李继迁驻军于此，李德明常来拜佛；李元昊奉佛教为国教，将接引寺定为国寺，将波罗作为粮仓“金窖”；继位的李谅祚遵父元昊嘱前来行礼还愿，西夏三世李仁孝依祖训为国寺赐龙虎旗；李自成侄儿、大顺制将军李过，奉闯王命在接引寺立“闯王碑”；康熙大帝御驾亲征噶尔丹时，专程绕道波罗驻跸礼佛，御笔亲题“接引寺”；乾隆皇帝为接引寺御书“慈悲千古”，并特赐匾额；嘉庆皇帝钦遣御用红绸，上书“奇佛一座，万古留传”……

波罗还有一处名胜，也与帝王有关——马鞍山上的一个险要关隘，俗称“斩贼关”，因将士连续三年在此击退进犯的蒙古骑兵，万历皇帝龙颜大悦，且认定三战三捷有赖于当地关公庙保佑，将此地赐名“三捷关”。

横山佛塔和石窟也不少，以波罗的凌霄塔和准提寺石窟最为著名。唐代，波罗城里还有一座大雷音寺。相传寺内有一口神奇的水井，井水能照出来者的前世今生和善恶果报，老百姓称之为“前世井”“来世井”“三世井”“劝世井”。可惜的是，因为它成了州官的照妖镜，被恼羞成怒的州官给填平了。

登上灵霄塔，远眺无定河，“可怜无定河边骨，犹是春闺梦里人”，这悲壮又凄美的诗句，立刻涌上心头。“无定河边暮笛声，赫连台畔旅人情。函关归路千余里，一夕秋风白发生。”同样令我“登高望远，心中生悲”。

几千年来，无定河日夜不息，流过匈奴人最后的都城，划分出游牧与农耕文明的界限，冲刷出黄土高原上的湿地绿洲。无定河，贯穿着横山的古往今来，记录着横山的沧海桑田。塞下、无定河，催生出多少流传后世的边塞诗。

从某种意义上来说，人类历史就是一部战争史，历史的车轮滚滚向前，有时是由鲜血来润滑的。“三国”之前，雄豪列强争夺天下，多在黄河流域开打，自夏、商、周始，从秦、汉、隋、唐到宋、元、明、清，无定河畔硝烟弥漫，连佛门净地波罗也不能幸免。战争舞台的背后，是佛家虚远的空门，对于饱经战乱者来说，倒不失为一种解脱之道——毕

横山毛乌素沙漠边缘

竟虚无里也有一点儿好的东西：超脱。

饱经战事的波罗，可谓一座铁血古城。宋朝，波罗是抗击西夏的前沿阵地；明朝，元军入侵波罗，闯王也打进过波罗。康熙年间，农民起义军攻占波罗城。同治七年（1868年），回乱打下波罗堡。清末民初，“哥老会”占领过波罗城。1946年，国民党大军围困延安，双方力量极为悬殊，形势异常严峻。危难关头，中共西北局书记习仲勋策划、组织了驻守波罗的国民党将领胡景铎，胡率五千多官兵举行横山起义（波罗起义），为中共中央转战陕北打开了通道，为建立新中国做出了卓越贡献。

横山起义驻军司令部，系明清民居建筑，是波罗的红色地标。明清时波罗最为繁盛，为陕北军事政治要地，得名“小北京”，也是陕北经济文化交流中心，别名“小扬州”。

独特的边塞文化，丰富的军事文化，神秘的宗教文化，厚重的红色文化，交织出波罗城堡与众不同的迷人气质。走在波罗古镇上，随处可触摸到历史：每一段断垣残壁，都是历史的痕迹；每一片灰砖青瓦，都落满历史的尘埃；每一座古寺佛塔，都散发历史的华光。

一个地方就像一个人，难免盛极而衰。波罗显赫过，衰落过，现又金身重塑。波罗通用航空机场在建，波罗发电厂是陕西电力的肱骨。波罗“千亿矿产”世人皆知，不知波罗还能给人带来多少惊奇。

横山，地底下埋藏着历史深层的奥秘，也埋藏着无比富饶的能源矿藏。而今的横山，是国家的一座宝库，是陕西能源走廊的核心地带，是“中国科威特”榆林的缩影，正创造着黄土高原上新的奇迹。

# 横山的文化

郑欣淼
文化部原副部长、故宫博物院原院长，
现中华诗词学会会长

2018年4月上旬，陕北大地春和景明，笔者在榆林市横山区就文化建设作了调查，考察了一些文物古迹、革命遗址，观看了民间艺术的展示和表演，听取了有关方面情况的介绍，对横山文化及其发展状况有了一定的认识，一首小诗抒写了我的这些感受：

银州吊古感苍茫，断戟残垣旧战场。
无定河清稻苗壮，波罗堡兀柳丝长。
枭雄事渺李元昊，耆者韵留韩起祥。
最是悠悠骋遐想，一声羌管对斜阳。

这当然只是浮光掠影式的点滴印象，还不能说真正懂得了横山文化。认识横山文化的特点，还要作进一步的思考，要了解横山的历史，了解陕北文化中的横山文化。陕北文化中的歌舞说唱等现在很有影响，说到横山文化，有人就认为这属于陕北文化，似乎都差不多。其实不然。陕北也是一个很大的概念。在陕北、陕南和关中“三秦”的地理分布中，陕北占到陕西总面积的40%。我过去在陕西工作时，陕北20多个县市都去过，还在一个县蹲点1年。正因为如此，我才感到，陕北文化有其共同点，但其中榆林与延安差异就很大，即如榆林诸县，又各有其鲜明特点。横山文化也是这样。

2018年4月13日，郑欣淼
在横山波罗观看老腰鼓表演

横山文化的个性和精神，是横山特有的历史条件、地理环境和政治经济发展诸因素下形成的。笔者认为，认识横山文化，需要抓住横山的山、水和人三个重点。

横山是陕西省唯一以山命名的区。横山山脉起自六盘山脉，掠宁夏，东迄入陕。在陕西，经长城附近，西起定边，东讫子洲，东西长 200 多公里。其北为靖边、横山诸县，南为吴旗、志丹、安塞、子长诸县市，南北宽约 10 公里到 30 公里不等。间隔南北，高峻险要。据 1993 年版《横山县志》，境内较大山头有 8000 余座，主峰在区西南 80 公里的大理河南岸之小南山，海拔 1534 米。横山山势雄伟，风光秀丽。北宋名将种谔曾上言："横山延袤千里，多马宜稼。"

横山山脉是关中的屏障，战略意义十分重要，其得失会对长安有很大的影响。因此一些王朝都在竭其所能，争夺横山山脉的控制权，来保障关中的安全。在宋金元明等时期，横山也是边防重地。

横山之名从宋代起才广泛应用，大概是由于横亘在陕北的缘故，才有了这样的名称。北宋时，以横山为界，西北部归西夏，南部为宋地。横山县境的银州成为宋与党项族反复争夺之地。北宋的有关记载也更多。宋熙宁四年（1071 年）正月，宋将种谔谋取横山，率师在啰兀城（无定河西岸，疑即今镇川附近）大败西夏军。元丰四年（1081 年）九月，种谔在米脂川（即无定河川，今党岔东南）又败西夏军，谔军进攻银、石、夏州，遂破石堡城（龙州，今大理河源头）。在此之前，北宋与西夏用兵屡遭败绩，不禁使人气短。而这次少有的米脂川大捷无疑使人倍受鼓舞，一些名人写诗祝贺。1993 年版《横山县志》收录了大诗人苏轼的一首诗，题为《闻种谔米脂川大捷》，诗曰：

闻说官军取乞訚，将军旗鼓捷如神。
故知无定河边柳，得共中原雪絮春。

我查了一下，苏轼这首诗的题目应是《闻捷》，诗有小序，说他如何得到种谔大捷的消息以及与友人“喜忭唱乐，各饮一巨觥”之情状。“乞银”即银州。相传银州以产良马而得名，马在蒙古语里叫乞银，银州因此而得名。《续资治通鉴长编》有“十月己巳，谔入银州”的记载。此诗脱口而出，感情充沛，为东坡的本色。而以《闻种谔米脂川大捷》为题的诗也确实有，作者也很有名，是北宋宰相、颇有名的王珪，诗曰：

神兵十万忽乘秋，西碛妖氛一夕收。
匹马不嘶榆塞外，长城乍起玉关头。
君王别绘凌烟阁，将帅今轻定远侯。
莫道无人能报国，红旗行去取凉州。

诗风畅快淋漓，气格昂扬，以诗而论，王的这首七律似更有影响，百度上就能查到。我在想，《横山县志》为什么不选王诗还要在题目上张冠李戴？待看了《宋史·王珪传》，感觉不像是他们的疏忽，似有意而为之。历史上有个用来讽刺庸碌低能大官的“三旨相公”（取圣旨、领圣旨、得圣旨）的典故，说的就是他。《宋史》对王的评价是“阴忌正人，以济其患失之谋”。他不仅阻止皇帝对苏轼的起用，还劝导神宗用兵西夏，效法唐太宗威震四夷，元丰五年（1082 年）宋与西夏在银州东南永乐城大战失败，追溯起来，就与他有关。这是个大是大非的问题，当然不好用王的诗了；但《闻种谔米脂川大捷》的题目较《闻捷》则更显豁，无妨通融一下。这完全是我的猜度。

横山地近河套，明代是抵御蒙古势力的边防前线、军事要冲。明代的疆域管理实行的是行政系统的州、县和军事系统的卫所两套体制。横山分属陕西省榆林卫和延安府米脂县。延绥镇（榆林镇）为明朝九边重镇之一，其循长城沿线布置的三十六座营堡，包括了今县境内的怀远、波罗、响水、清平、威武五堡。各堡分别委参将（正三品）、游击（从三品）、都指挥（正四品）、守备（正五品）等管理。明代余子俊巡抚延绥时所筑一千公里的长城，横山境内今存其中段的 107 公里，占十分之一，现仍有墩台 93 座。清雍正九年（1731 年），始置怀远县，治所怀远堡，辖上述五堡，隶榆林府。直到中华民国三年（1914 年），因与安徽怀远重名，遂以境内横山山脉主峰名之。这是横山得名之始。到现在，也不过百年多一点儿。2016 年，横山又撤县设区，有

了新的发展。

用了不少篇幅来谈横山，是说横山建县虽晚，但关于横山山脉的历史记载则够久远。横山因其战略地位从来就是一片战争的热土，金戈铁马，烽火连绵，谱写了中国历史上血与火交织的一页。县以山名，也决定了横山县（区）有着山一样的性格，横山文化有着山一样的特质。

再看横山的水。横山区境属黄河水系无定河流域。无定河发源于定边县白于山北麓，县内流程 95 公里，是穿越本县最大的河流，亦是黄河中游的主要支流之一。无定河原称奢延河或朔方水，历史上曾是水草丰美、风物宜人的好地方。十六国时期，赫连勃勃就在无定河北岸兴建了夏国的都城统

万城。宋以前的夏州城就设在这里。唐代始含沙量渐大，流水浑浊，溃沙急流，河床常迁，也是在唐代才有了无定河的名称。随着草原的破坏，唐代的统万城一带已沙漠连绵，宋时夏州已“深在沙漠”之中，宋太宗不得不下令废毁。横山地面河流现有115条，河流众多，水源充足，水能丰富，水质较好。但由于受地貌条件制约，沟谷切割较深，水土流失严重。通过近数十年来的植树造林、治理沙漠、水土保持，再造秀美山川，横山的自然环境与发展条件已有了根本改观。

无定河是包括横山在内的榆林的母亲河，长期滋养着这片苍茫神奇的土地，孕育出独特的农耕和游牧文化，并见证了数千年的沧桑历史。同时，由于横山成为兵家必争之地，作为翻越山区道路的无定河河谷就成为古代的重要战场。

唐代有不少与无定河有关的诗，其中两首影响很大， 一首是晚唐诗人陈陶的《陇西行》：

誓扫匈奴不顾身，五千貂锦丧胡尘。

可怜无定河边骨，犹是春闺梦里人。

另一首为唐代无名氏写的《杂诗》：

无定河边暮角声，赫连台畔旅人情。
函关归路千余里，一夕秋风白发生。

前一首是边塞诗，后一首是羁旅诗，都写了无定河，两首都是难得的佳作，产生了巨大的艺术感染力。无定河目睹了无数次战争，也见证了民族的融合。今天一提起无定河，人们就不由得想起这些不朽的诗句。它们穿越千年边塞烽火，其间渗透着的悲悯和凄美，仍能引起强烈共鸣，启人深思，这也使无定河在中国历史和文化中成为一个带有苍凉、厚重、悲壮意味的独特意象。

一方水土养育一方人。人是文化的创造者。横山文化是横山人民创造的。民国时期的《横山县志》说："横山地处塞上，明属边卫，土著居民多由晋、豫军籍防屯而来。"横山学者曹颖僧先生20世纪40年代辑著的《延绥揽胜》一书，又由晋、豫扩大到"晋、豫、鲁、燕各地"，现在横山有些家族族谱确有这方面的记载。但这很不全面。

横山应有土著居民，而且很早，早到在旧石器晚期到新石器时期，证据是在横山多地出土的"河套人"头顶骨，及尖底陶瓶、石杆、石刀、石斧等，说明那时这里就居住着人类，并且繁衍了下来。自秦汉以来，历经十六国、隋、唐、五代、宋、元、明、清各代，横山一直是汉族统治者与

20 世纪 70 年代横山唢呐手

匈奴、鲜卑、党项、契丹等少数民族贵族之间互相争夺，战乱不息的地区，因此，少数民族的渗入使横山居民人口组成颇为复杂。还有一个来源是移民。宋太宗淳化五年（994年），以防党项族“据城自雄”为由，下令毁夏州，迁民20余万于银、绥。高镇乡刘楼村于1970年农田基建时，在一座墓内发现石刻上记载着刘氏于明朝末年从山西“大槐树”迁来的史实。高镇乡的高氏就是原迁米脂，后来又来到高镇定居的。

这一人口发展变化过程说明了什么？说明了在横山，不同民族、不同地域、不同时期的文化在不断地交流着、碰撞着、融合着，因而也在发展着、进步着。也说明了一代代横山人创造、累积起来的文化，是连接着古老传统的文化，是多元开放的文化，也是有着创新活力的文化。

数千年的连绵烽火，使得战争文化、争斗精神在横山产生了深刻影响，出现过不少敢于犯上作乱、敢于揭竿而起、敢于割据一方的人，这也是横山历史上不乏枭雄之辈的原因，赫连勃勃、梁师都、李继迁、元昊以及李自成和他的战友等就是其中的代表。即如升斗小民，也不平则鸣，如清道光年间的《怀远县志》所称，他们“最易愤争”，“口角小故，亦多喊禀到官，必登时剖断，始释然而去”。很难简单说“愤争”好不好，但“愤争”而要“登时剖断，始释然而去”，说明他们不是混闹，凡事都要一个理，讲究是非分明。这无疑是难能可贵的。清道光二十六年（1846年），威武堡（今余塌村）绰号“背锅”的余万荣等十数人联名上诉地方官吏增税，遭县官严刑拷打。后他们分路向府、省、都督告状，均被关押。余“背锅”历尽艰辛转赴北京，拦御驾告状，终于胜诉，旨意铸于铁碑，“背锅”千里运回。官方纠正冤案，撤换了府县贪官。这个记载在1993

年版《横山县志》的故事，是横山人性格中的一个重要方面。

了解了横山的自然环境、人文历史，就知道横山的文化肯定有其特色。文化是个很大的概念，而最能体现一个地方风情与传统的是当地的民间艺术。这是那些没有受过正规艺术训练，但掌握了既定传统风格和技艺的普通老百姓所制作的艺术，是他们为满足自己的生活和审美需求而创造的艺术。每个地区都可能产生出一种典型的民间艺术。这是重要的非物质文化遗产。有比较才有区别。把横山与陕北的鼓乐、秧歌、说书等民间艺术加以比较，即看到陕北文化中的横山特色，这个认识就比较明晰而具体了。

在陕西传统鼓乐中，陕北的安塞腰鼓、洛川蹩鼓、宜川胸鼓等各负盛名，而横山也以老腰鼓别具特色。据《中国地域文化通览·陕西卷》（黄留珠、徐晔主编，中华书局2013年版）介绍，横山老腰鼓演出时以舞队的方式出现。其角色构成为“伞头”、鼓子手、“腊花”、战鼓手，表演时均由“伞头”统一指挥。表演程式为“舞——唱——舞”三段体。“鼓子手”动作幅度大、力度强、节奏快速多变，姿态强健有力，情绪亢奋，表演有时会达到情不自禁的程度，使腾空、缠腰、摆头、舞臂、跳转、走翻之类动作更富有艺术性。“腊花”动作扭捏、含羞、步履轻盈，是横山老腰鼓的典型代表。2008年横山老腰鼓成功申报为全国第二批非物质文化遗产保护项目名录。

横山秧歌本身就分东部、南部、西北部三个流派，在扭、摆、甩动作和唱腔中，各具不同风格和特色。横山秧歌对延安一带的秧歌有很大影响。早在清光绪年间，武镇元庄窠等地艺人，曾前往延安和安塞的真武洞、西河口传艺；民国十七年（1928 年）横山遭灾时，不少艺人逃荒到延安等地，将横山秧歌传播到了那里。1942 年延安新秧歌兴起，使横山秧歌从内容到形式进行了改造，在思想性和艺术性上都有很大提高，从此横山秧歌充满了时代精神和气质。2011 年，横山被中国舞蹈家协会命名为“中国秧歌之乡”。

在横山说书艺人中，老曲艺家、盲人韩起祥最负盛名，是陕北说书的代表人物。他批判地继承了陕北说书的艺术传统，对其曲牌、腔调、伴奏、说唱等进行了大胆的改革，并编了《我给毛主席说新书》《翻身记》《刘巧儿团圆》等四百多篇书稿，成为我国著名的曲艺创作家、演唱家，曾四次参加全国文艺工作者代表大会，并被选为全国曲艺协会副主席。他的徒弟张俊功，也是很受群众欢迎的说书艺人。张俊功的说书录音带在陕北各县流行颇广。我在陕北蹲点，就常听他的录音带。2006 年，陕北说书列入第一批国家级非物质文化遗产保护项目名录。

总而言之，包括文物古迹、革命文物在内的物质文化遗产与各种民间文化在内的非物质文化遗产，构成了横山丰厚的传统文化，它是横山文化建设的重要基础。

横山波罗镇二石磕村一瞥

文化遗产需要研究，深入挖掘遗产背后的历史文化，才能加深对遗产价值的认识，也才有利于遗产的保护。近年来，横山区政协在党项族及西夏史的研究就取得了不少成果。由于历史原因，西夏历史的构建和研究因史料缺略而被称为“绝学”，导致今天人们对西夏王朝和党项民族知之甚少。出身党项族的夏太祖李继迁，出生地为今横山李继迁寨。横山党项遗迹很多。2014 年 4 月，横山区政协在文史资料工作计划中提出：动员社会力量，开展党项文化研究。同年 10 月，召开党项文化研究座谈会，确定了研究任务和工作进程，同时决定出版横山籍学者曹颖僧先生的《西夏文史荟存》（该书 2017 年整理出版）。横山政协将党项史迹作为民族历史与地域文化研究的切入点，进而拓展到历史遗存的整理、地方文化资源的挖掘等方面，达到追溯民族发展的曲折历程、反思历史背后的盛衰荣辱以及地方人文的优秀传统的目的，是很有意义的。

非物质文化遗产类型比较复杂，随着认识的提高、视野的扩大，各地对自身的非遗项目会有所扩展。笔者注意到，除民歌、说书、腰鼓等人们比较重视的常见项目外，横山已提出对本地方言俗语的保护。这是很有见地的。语言是人类特有的用来表达意思、交流思想的工具。方言是一种语言中跟标准语有区别的只在一个地区使用的语言。横山方言是生活在横山这块土地上的人们表达交流的工具。横山对本地方言的流派、来源、特点、价值等作了研究分析。例如，在分析横山方言来源时，认为其中之一是战争。横山地处边陲，古来兵燹频仍，战争中形成的术语也融入百姓生活。如

“见阵”“护阵”“斗阵”“上刀挽阵”“点卯”“应卯”“旗手”“拉马扯伍”等。还有少数蒙语借词如“脑害（狗）”“忽拉”“咪咪（猫）”“耳子盖（驴）”“倒拉（拉话）”，以及现代语“摇载子”“臭九子”等也变成口头语了。这种研究是相当有意义的。方言具有探寻历史真实与集体记忆的重要价值。以方言为载体的民谚、民谣、民歌，乃至民俗、俗语理应成为重要的非物质文化遗产而受到保护。2012年，文化部将陕北审定为国家级“陕北文化生态保护实验区”，包括横山方言在内的陕北方言自然成为破解这个“文化生态保护实验区”文化基因、文化密码的钥匙。

横山民间艺术是以民俗生活的模式传播于横山民间社会的艺术样式。但它作为民间文化的物质载体，是在横山这一地域中生活的人们长期积累的社会实践的产物，是自己特定的生活方式和文化表现形式的反映，因此其内涵远远超过了艺术本身所具有的意义，具有承担族群历史、集体记忆和地域审美经验的文化特性，也是中华民族文化传统的重要组成部分。这些民间艺术是非物质文化遗产。保护这些非物质文化遗产，不只为拯救传统技艺、保护民俗，更重要的是文化价值的重建，即寻求自我认识。就是说，横山民间艺术不只是一种艺术，还有深刻的文化内涵。这关系到非物质文化遗产保护的指导思想问题，因此应有明确的认识。

横山文化富有个性也丰富多彩，横山文化建设成果累累又任重道远，横山加油！

# 横山地名谱

崔完生
延长油田股份有限公司工会副主席、文联主席

横山不是一座山，是一条山脉。这条山脉从甘肃一个叫六盘山的地方出发，穿过宁夏，进入陕北，一路向东，走到黄河岸边才收住脚步。山脉上山头众多，大的有近万座，小的不计其数，主峰在横山境内的大理河南岸的小南山（西阳坬山），海拔 1534.9 米。小南山峰尖奇高，远看一枝独秀，近观直上云端。与其比高的大墩梁、小原山、狄青塬海拔均在 1500 米以上。横山山脉的存在，让处在高原地带的横山既有高原之姿，也有高峰之态。

无论山的高低，横在横山的就有几段历史和传说。横山

之山，每座山都有一个属于自己的名字。有的高大，有的渺小；有的谦逊，有的孤傲；有的招摇，有的低调；有的寄托宏愿，有的私藏爱好；有的蕴含典故，有的标出地貌；有的是栩栩如生，有的宛若神造。高峰子、双峰子、三峰子、五龙山、九龙山、龙凤山、旗杆梁、奶头山、高山梁、卧牛山、大路峁、黑龙山、大王山、牛形山、黄城山等都是在横山有高度、有风度的知名大山。

横山的水也不少，名气也大，无定河、芦河、大理河、小理河、黑木头川，每一条河都有故事频出，成为历来史家笔下的墨迹和文艺作品的母水。这一条条河，横陈在横山，流淌的不仅仅是天地间的珠光、灵气、物源和圣水，更是历史、文化、艺术、风貌的涟漪、浪花、浅吟和长啸。

“横山”在本地不读 héng shān，读 hùn sān，横山在陕北也是一个多义的词，名词本意指地理上的横山行政区，动词意思是朝着目标不顾一切地勇往直前，形容词指的是带有蛮猛、果敢气势的性格倾向。横的 hùn 音，在陕北也有“混”的意思，混不是指瞎混、胡混，是指无所顾忌的努力、奋斗状态，常作为动补短语的动词来表示正在“干”“做”。所以，横在陕北的潜在意义就是行动和行动的状态。一方水土一方人。黄土农耕文化、草原游牧文化、边塞军事文化、红色革命文化在横山交融互通，李继迁、李元昊、李自成、高岗、吴满有都是地道的横山人。横山上下来的游击队，陕北第一个红色政权，陕北革命领导者高岗都是横山几辈人讲不完的红色故事。英雄主义永远引领着大众价值观念和审美取向，横山人以先人为傲，以前人为范，不卑不亢地在这块土地上生存着，自足自信地给所有人宣示“我是横山人”。一句“我是横山人”，走遍陕北无人敢小觑。

民歌在横山的山川河谷间飘出，横穿东西南北，一路余音缭绕，经久不散。横山民歌作为陕北民歌重要组成部分，《横山里下来些游击队》《翻身道情》《跟上哥哥闹革命》《古老的信天游》等一首首经典民歌，早已在全国传唱不息，成为陕北历史、陕北方言、陕北民间文化的重要标签和符号。

对面（价）沟里流河水，
横山里下来些游击队。
一面面（的个）红旗硷畔上插，
你把咱们的游击队引回咱家。
滚滚的（个）米汤热腾腾的（个）馍，
招待咱们的游击队好吃喝。
二号号的（个）盒子红绳绳，
跟上我的哥哥闹革命。
你当兵来我宣传，
咱们一搭闹革命多喜欢。

红豆豆角角熬南瓜，

革命成功了再回家。

这就是《横山里下来些游击队》的歌词。匈牙利诗人裴多菲在其名作《自由与爱情》中写道：

生命诚可贵，爱情价更高，若为自由故，两者皆可抛。

《横山里下来些游击队》与《自由与爱情》写的也是同一主题，两个作品都写舍生取情、舍生取义，但是裴多菲完全是直抒胸臆，而横山民歌用的是中国传承了两千多年的比兴手法，表达上更有生动性和鲜活性，具有情绪的流动感和形象的感染力，让一个严肃的抉择散发出迷人的艺术魅力。横山人是为了自由和爱情敢于抛弃一切羁绊，勇于选择“你当兵来我宣传，咱们一搭的闹革命多喜欢”，显然在写作技巧上略胜一筹。也就是说，无论在格调、情怀、技巧、感染力、亲和力方面，《横山里下来些游击队》无疑是非常优秀的！我不是说裴多菲的写得不好，而是说横山人唱得更好。随便唱首歌，便敢叫板世界经典，这歌是不是也很“横”？

民间艺术的底蕴一定是与广度、深度、高度相关联的。横山籍歌手赵大地、柳强强的好歌在网络随处可听。在陕西省举办的第三届十大陕北民歌手大赛上，横山就出了7名歌手。当下长期活跃在央视、省级卫视各大舞台的专业民歌手和在民间以民歌为业的歌者有数百人，即便在延安、西安，若遇到唱民歌的歌手，说不定就有一两位是横山的。横山也是民歌之山，横在陕北的中间，贯穿东西，声传南北。

历史厚重必然催生人文荟萃。横山境内人文遗迹、古堡塔寺众多，重点文物引人瞩目，非物质文化遗产也享誉四方，腰鼓、民歌、剪纸和说书等民间艺术在横山发展、传承声名鹊起。陕北人提起横山的韩起祥、张俊功的说书，几乎妇孺皆知，几代人都是听着他们的古今（指历史故事）来了解世界、明白事理，长大成人的。横山的“中国秧歌之乡”“中国曲艺之乡”“中国民间文化艺术之乡”“中国陕北民歌之乡”绝对不是空穴来风、徒有虚名。

横山横在横山境内，层峦叠嶂、群峰耸立，山脉南北大都是丘陵沟壑地貌，适宜种植养殖业。虽处边塞，因地上地下资源丰富，早就不是“衡阳雁去无留意”的不毛之地，已然是一块塞上江南风光旖旎的富庶之地。人们常说的人杰地灵，应该就是横山的样子。

走到横山，身体就横下不想走；离开横山，横山还横在心里头。

陕北横山本来不叫横山。夏朝时这里就是熏育氏族活动的范围，熏育应该是匈奴的别称或者同族中重要的一支。作为边陲重地，这里不仅是军事重镇，更是多民族交汇的聚集之所。虽然后来因各个朝代设置不同，先后隶属于东西南北的多个郡县，直到清雍正九年（1731 年），按照“怀柔边远”的意思，正式设置怀远县。民国三年（1914 年），为了和安徽省怀远县有所区别，因境内有横山山脉更名为横山。

横山有 5 个街道办 13 个镇 214 个行政村，面积 4333 平方公里。横山的地名充满自然与人文气息，既有空间特指的位置内涵，又有精神指向的崇尚归属，既有民族历史典故，也有时代发展印记。村名、山名、水名、沟名及其他具有地理意义的地名，全方位地反映了横山社会变迁、民族习性和地理特征。

突显地理标志的有：石峁、石湾、石渠、石井、石山、古水、响水、黑河、清河、土洞、塔湾、沙梁、沙界、沙沟、沙洞、深沟、底沟、高楼、高桥、高川、韩塔、鲍渠、拐峁、芦沟、柳沟、凉水井、大水沟、石窑则、胡石窑、碾子坬、火垫子、半坡山、草皮坬、硷梁山、沙圪塔、榆林位、黑山子、墙头山、大路焉、清水沟、海则湾、高山湾、旋水湾、水坝湾、赵石畔、蠡则焉、黄圪塄、红石峁、果树台、罗圪台、元圪塔、石籽峁、墙背后、高圪瘩、脑畔山、下烂泥湾、杨官海子、土地海子、张墩海子、雷家海子。

标识宗亲氏族属性的有：党岔、韩岔、魏家楼、郑寨、李继先、刘家河、闫家洼、吴兴窑、李四桐、胡家沟、王家河、毕家堡、范老庄、邓家焉、崔家湾、陈家沟、曹海子、郭石畔、赵石窑、孙家湾、王皮庄、郭家湾、屈家庙、赵石畔、冯家峁、鲁家山、师家畔、贺马畔、白家梁。

隐含宗教崇拜的有：殿市、波罗，祁寺、田寺、高庙、玉皇阁、龙凤山、永兴寺、双峰子、龙泉墩、白龙洼、三皇庙、香楼山、胜家庙。

昭示图腾崇拜的有：武镇、王台、旗丰、怀远、寺区、三星、月有山、黑龙山、五龙山、龙眼沟、雷龙湾、白龙塬、麒麟沟、火神咀、王圪堵。呈现历史遗迹的有：长城、双城、魏墙、砖梁、高场、大墩梁、狄青塬、斩贼关、边墙梁、旗杆梁、平邑堡、回回峁、黄城山 、双城村、营盘梁、太保庄、宁洲关。

明确地理方位的有：东山、东庄、东峁、东梁、东墕、东界、东街、东圪、东畔、东沟、东沟畔、东台山、西沟、西坪、西街、西峁、西墕、西庄、西山峁、西阳塬、西门滩、西庄畔、南塔、南峁、南沟、南湾、南梁、南山、南峁、南庄、南滩、南硷、南沙头、南圪塄、北庄、北山、前梁、前庄、后羊圈、高圪哒、上古城、下古城、上栾杰、下栾杰、上兴庄、下兴庄、上树峁、下树峁、上过峁、下过峁、上亲地沟、下亲地沟、前石畔、后石畔、前九沟、后九沟、前羊圈、后羊圈、前方界、后方界、前高墕、后高墕、前崖窑、后崖窑、前姜曹、后姜曹、前麻地沟、后麻地沟、前方家沟、后方家沟、马前村、马后村。

代有体表体征的有：牙坪、小咀、大咀、奶头山、猜得脑、脑海圪堵、奶头圪垯、奶妈窑子。

关联动物名词的有：羊圈、羊岔、鱼塔、鸡山、鸡梁、驼巷、驼燕沟、羊楼界、羊圈峁、羊路峁、老羊峁、野鹊渠、野鸡沟、鹰卧山、白狼城、狼卧沟、打雁峁、狗派良、牛圪捞、牛心山、牛肚塔、牛园子、马圈湾、马鞍山、羊路塌、哈兔湾、黄羊畔、花豹山、卧牛山、卧虎湾、狮子坬、老虎墕。

依据植物命名的有：枣湾、枣坪、柳树塔、柳树峁、柳家沟、榆树茆、槐树墕、犁树塌、梨树墕、杏条梁、椿树坬、椿树峁、椿树岗、柏树渠、白草峁、马兰地、黄蒿峁、桃梨塔、桃杏渠、芦草梁、麻地沟、麦地峁、蓬子坬、柠条山、臭柏咀、圪针梁、槐树圪塔、椿树圪捞、宁条圪墕、老柠条圪塔。

反映生产生活的有：瓷窑、缸房、果园、窑湾、酒坊沟、油房头、粉房沟、粉房台、纸房沟、乔面梁、碾盘山、小磨沟、张油房、棉蓬坬、棉线沟、瓦窑峁、碳窑沟、麦窑湾、麦地梁、麦地峁、碗家崖、碗子坬、钥匙塔、沐浴沟、送水沟、门汉墕、排洪湾、缠腰峁、干沟子、走马梁、马勺峁、马扎梁、白面宽、谷地峁、老麦地、捞饭盆、小豆湾、小豆峁、黑豆梁、韭菜沟、苦菜峁、牛肚塔、羊肚则湾。

饱含祈愿祝福的有：富源、康庄、康全、世昌、高产沟、聚财山。

指向矿产矿藏的有：火石山、黑石克、石碧则、王石火地。

反映发展变迁的有：创业、新开沟、兴旺山、白新窑、永丰山、铁路峁、常兴窑、新窑湾、新农村。

以数字开头的有：一步焉、二石磕、二庄科、二道峁、三石磕、三峰子、三丰则、四平、四源沟、四里坬、四合湾、四好峁、四好梁、四合圪塄、五七、五里墩、五星村、五龙山、五龙峁、七里庙、七圪塔、七层月、八岔、八奇峁、八圪塔、九沟、九台、九坬、九川府、九和梁、九道峁、九沟子、九地山、九龙山、廿克、万家畔。

从地名可以看出，横山的宗派氏族渊源比较深厚（如党岔原来叫银州，是党项族拓跋部落的势力范围），50%以上地名与姓氏有关。与自然地理地貌关联的也很多，像山、水、沟、梁、坪、湾、崖、峁、畔、洼、渠、墩、海则这些字眼随处可见。其中“海子”（海则）地名命名来自蒙语，受蒙古族影响较为明显。这些地名沿用至今，是横山多民族文化在地名上的一种文化印记。地名中带有墙、城、堡、寨、关的地名，基本都与古代军事防御体系的设置相关。地名中的“墙”即指长城，魏墙就是指魏国的长城。地名中含有“城、堡、寨”的地名，可以上溯到宋代。宋时为防御西夏，在沿边地带选择冲要之处建立一系列城、寨、营、堡组成防御体系。明初仍沿袭宋时的防御体系，后多次整修长城，并沿边修设城堡。如 1543—1548 年，长城改建，加固以后，沿线共设城堡 34 座。在横山的有怀远堡，波罗堡，响水堡，威武堡、清平堡等（据 1958 年版《中华人民共和国地图集》）都为明代设置。从这些流传至今的地名中可以了解古代军事防御体系的布局情况，也进一步佐证横山在历史上的政治、军事地位的重要性。

和动植物关联的也不少，主要是本地生存的狼、马、牛、驼、羊、狗、兔常见动物和柳树、榆树、梨树、杏树、柏树、椿树、黄蒿、圪针、马兰等。一大批生活化的地名使横山的人间烟火气息非常浓郁。

横山地名最多的是姓氏与地理地貌结合的地名，占了地名的绝大多数。由此，也可以看出来横山受族部落文化影响较深。

除了大量的简明扼要、通俗易懂的地名，还有少数令人倍感蹊跷、奇异，充满想象的地名。其中最雅的非“波罗”莫属，最俗的应该是“奶妈窑子”。雅俗两端，正是精神高地和现实洼地的深度揭示和生动呈现。

横山地名谱，就是一部横山民俗、民风、民情的小百科全书。

作家张承志说：山羊的攀爬能力不亚于猴子。如果它们会采药早已是富翁了。山羊比绵羊表情肃穆，有些儿童把山羊画成学究，它们看上去确实有些书卷气。但肯定不是酸腐文人。横山的山羊至少有农村会计的气质。山羊只吃草。《圣经》上说：生如草木，有血气的都是草木。横山的山羊吃长在陕北高原上的地椒草。一如横山汉子，血气方刚。科学认为山羊的视野在 320° 到 340° 之间。因为它们的瞳孔是长方形的水平状，区别于人类的圆形瞳孔。它们不用转头就能看到周围的一切。横山人胸怀天下的英雄情怀一如山羊的视野，看远方，走四方，不回头。

# 我说横山羊肉最好吃

◎中国产羊名闻天下的地区很多。

◎北方居多，如新疆麦盖提县的多浪羊、喀什的巴尔楚克羊、塔城地区的巴什拜羊、巴音布鲁克大草原上的黑头羊、内蒙古乌珠穆沁草原上的二十八根肋骨羊、宁夏盐池县麻黄山乡一带的滩羊、甘肃靖远羊羔、兰州附近的大尾羊、青海乌兰县的茶卡羊等。

◎南方有名的羊较少，典型的有海南万宁东山岭的东山羊，浙江嘉兴桐乡的湖羊。

◎中国人吃羊肉的历史很悠久，可以追溯到上古。羊肉的做法很多，无非是炖的、烤的、涮的、蒸的、炒的。产羊地区的人都说自己的羊好，无非是占有气候、土壤、水分、草质等优势而已。

◎中国当代作家里关于美食写得最好的，大家公推汪曾祺算一个。他认为羊肉最好吃的做法要属手把羊肉。维吾尔族、哈萨克族的手把羊肉都好吃，但比不上他吃过的内蒙古达茂旗的手把肉『羊贝子』，即白煮全羊。『文革』期间，汪先生被下放到靠锡盟的张家口农科所，待过很长一段时间。靠内蒙古近，吃内蒙古羊肉自然多，故有此一说。一直想请他老人家吃一顿横山的『铁锅炖羊肉』，料想他吃过后一定会专门写一篇美文夸夸横山羊肉。但汪先生早已于 1997 年 5 月去世了。

◎羊大为美，鱼羊为鲜。哪里的羊肉最好吃，个人口味不一，不好绝对化。但一般不爱吃羊肉的人主要是嫌羊肉腥膻或没吃过好羊肉，不爱吃羊肉的人叫好的羊肉，那才是好羊肉。因为他们以往吃羊肉的经验，使他们排斥吃羊肉。笔者在北京汪芝麻胡同甲 51 号四合院，招待过上海名演员奚美娟和导演田沁鑫等一行人。事先没告诉他们吃什么肉，请他们吃了一顿『横山清炖山羊肉』，一人一大碗，啧啧赞口，都说走遍天下都没吃过这么好的肉。对啦，差点儿忘了，香港大导演徐克在这个老式的传统院子里，至少吃过十几回横山羊肉，有一年还是正月十五上元节的晚上。

◎二十世纪八十年代，澳大利亚羊因为产量大繁殖快等特点，在中国牧区和农村大面积推广。在一次关于现代派和先锋派热潮影响中国当代文学创作研讨会上，路遥因为坚持倡导崇高现实主义的写作，立足本土创作，对此有一个精彩隐喻：『我不相信全世界都成了澳大利亚羊。』在路遥的家乡陕北农村人一贯只养育一种羊——山羊。陕北人基本上不吃绵羊。绵羊肥大，但膻；山羊嫩小，但香。

◎陕北人的固执、坚韧，一如他们对这片土地上的牲畜的偏爱，横山区几代人主要养育了一种白绒山羊。这里山大沟深，牧草大多生长在阳光照射较少的沟壑中，羊群寻找食物需要下沟上坡，运动量大。因此，横山羊肉脂肪含量较低、肌肉弹性好。

◎横山的羊肉好吃不膻，主要是因为羊群常年食用耐旱型草木，主要饲料有地椒、苜蓿、沙葱、香艾等多种富含微量元素的菊科、豆科、禾本科植物。其肉质细嫩、肥瘦相间、低脂无膻、香味浓郁。尤以境内双城、塔湾镇一带的羊驰名。当然离横山几十里外的安塞王家湾的山羊也不错。

——春语

# 从民歌看横山

田青
中央文史馆馆员，
音乐理论家，
非遗保护专家

我和很多中国人一样，是从一首歌知道并记住了这个地名：横山。

对面（价）沟里流河水，
横山里下来些游击队。

一面面的个红旗硷畔上插，
你把咱们的游击队引回咱家。

滚滚的（个）米汤热腾腾的（个）馍，
招待咱们的游击队好吃喝。

你当兵来我宣传，
咱们一搭闹革命多喜欢。

红豆豆角角熬南瓜，
革命成功了再回家。

河水流到哪里，横山的大名也传到哪里。

横山区在陕北，原名怀远县，紧依横山山脉之脊，现在是榆林市的一个区。从原来的名字“怀远”可以知道，这是一个需要以“怀柔”之策统治的“边远”之地，自古便是不同民族相互征战、交流、融合的热土，既有血与火的碰撞和激荡，又充满着剪不断、说不清的爱恨情仇。长时期农耕文化与游牧文化相邻共处的特殊环境，一代代不同民族的文明相互交流，让这里的人形成一种兼有汉族的仁义观，又有少数民族彪悍、尚武、崇侠义、轻生死的性格。

一曲名歌天下闻，我们通过“凤阳花鼓”知道了那个“十年倒有九年荒”的凤阳；通过湖南民歌《浏阳河》知道了湘潭。但和凤阳“出了个朱皇帝”、湘潭出了个“毛委员”不一样，横山出的不是一个人，而是出了一个迤逦不断、前赴后继、浩浩荡荡的“游击队”，出了一批传承着“游击精神”的大名鼎鼎的造反者：古有赫连勃勃、梁师都、李继迁、李元昊、李自成、张献忠，近有刘志丹、谢子长、高岗……

不能小看游击队，游击队逐渐变成了正规军，变成了“气吞万里如虎”的百万雄师，从陕北高原直下东南，奔腾咆哮，最终统一了中国大陆。

高镇油坊头村村民

1923年，法国地质学家、人类学家桑志华在横山区高镇油坊头村发现六件打制石器，随后在一片鸵鸟蛋和羚羊牙齿的化石中发现了一颗距今三万年的七八岁儿童的上门牙，专家们给他起名叫“河套人”。

必须承认司马迁不仅是伟大的历史学家，他还是同样伟大的预言家。他在《史记·六国年表》中说：

夫作事者必于东南，收功实者常于西北。故禹兴于西羌，汤起于亳，周之王也以丰、镐伐殷，秦之帝用雍州兴，汉兴自蜀汉。

太史公认为，“作事”（“作”读一声，不读四声，老百姓骂人“你作死”、小说《作女》的“作”）一定要在中国的东南，而真正成事并能收获，却常常在中国的西北。大禹兴于西羌（不仅指古羌人活动的中国西北地区，至今中国的羌族认为大禹是羌族）；商汤起于亳（亳州古称豫州，为“九州”之一，约在今河南北部）；周文王建丰京，周武王建镐京（在今西安市沣河两岸），西周据此伐殷；雍州亦是古九州之一，包括今陕西、宁夏全境及青海、甘肃、内蒙古、新疆的一部分，是秦始皇统一六国的根据地；所谓“蜀汉”，北到甘肃陇南的武都、陕西的汉中，基本上过了秦岭就是蜀汉之地了。太史公总结的是古代的中国史，近代的中国史又何尝不是如此？无论是孙中山、黄兴还是毛泽东、蒋介石，无论是黄花岗还是武汉、南昌、上海，也无论是起义、起事，还是北伐，总归还是出不了元代杨仲弘在诗中说的那句话：“多少鱼龙争变化，总归西北会风云。”

1921年，中国共产党在上海成立，那个时候，只有地处东南的上海，才可能“作事”。但是，可以“作事”，却不一定成事。即使百战成功，甚至还建立了苏维埃政府，却终究经历了反围剿失败，被迫转移，长征到了陕北。没想到，因祸得福，中国革命终于有了真正的根据地，才有了

“势”，才有了天时、地利、人和，才有了1949年的开国盛典。

司马迁的预言不断被历史证实，也被人们不断地解释和阐发。有人以中国的地理形势解读，《淮南子·天文》“昔者，共工与颛顼争为帝，怒而触不周之山”的故事是神话，但“天柱折，地维绝。天倾西北，故日月星辰移焉；地不满东南，故水潦尘埃归焉”的概括，却是中国地势西北高、东南低的真实描绘。水自高向低，打仗也是如此，兵家素以西北伐东南为顺势，反之则为逆势。从高向低，势不可挡，仰面强攻，难度极大，从祖逖到老蒋，所谓的“北伐”，都功亏一篑。有人更以易经八卦解释，认为东南为巽卦，主风，风动则可起势，大可“作事”。西北是乾卦，主天，象曰：“天行健，君子以自强不息。”卦辞的四个字，也都是好到头的字：元亨利贞。天下天下，自天而

20世纪70年代横山走村串户的盲人说书匠

下，岂有不收功实者之理？风有动有息，“大风起兮云飞扬”，息时则草木无声，偃旗息鼓。天则不同，唯天不灭。天道天道，天不异道，道不异天，天即是道，道即是天。用天人合一的观点看，司马迁的预言，其实是泄露了天地之间的规律。

当然，唯物主义者和成功了的革命者认为，中国革命的成功没有那么简单，中国人讲“三才”——天、地、人。只有天地形势不行，还要有“人”。中国革命的成功，真的是无数革命者的鲜血换来的。我们从横山的民歌里，找到了中国革命成功的原因。

请听这首民歌《刘志丹上横山》：

正月里来是新年，陕北就出了个刘志丹。
刘志丹来是清官，他带上队伍上横山，一心就闹共产。

三月里来三月三，而今的世界大改观，
男当红军女宣传，裤腿编在大腿弯，走路实好看。

六月里来割麦忙，男男女女上农场，
前方红军去打仗，后方的百姓送公粮，红军打胜仗。
腊月来了整一年，毛泽东来了有远见，
他给人民把路引，全国人民齐抗战，百姓都喜欢。

在全世界，民歌都在歌唱英雄，都在用歌声书写历史。在陕北，老乡们的民歌充满了自豪，因为在这片土地上，居然不断地“出了个”又“出了个”。三百多年前，民歌中唱“老鼠挖了个狐子洞，出了个闯王李自成，三反上河南攻打北京城。”而七八十年前，这里又“出了个”和闯王一样的大英雄，他“带上队伍上横山，一心闹共产”。在当年的陕北，没人比得上刘志丹，但“一个篱笆三个桩，一个好汉三个帮”，老百姓清晰又生动地给这几位英雄排了个队：

三号号的盒子红绳绳，跟上咱们的游击队闹革命。
头名老刘二子长，三名是高岗，他们都是游击队的好榜样。
长枪短枪马拐子枪，跟上咱们的游击队走南梁。
男女老少齐武装，咱自己的队伍势力壮。
红豆角角熬南瓜，跟上咱刘志丹打天下。

“头名老刘二子长，三名是高岗”，在被乡亲们亲切地称为“老刘”的刘志丹与谢子长、高岗三位的带领下，陕北的人民开创的陕北根据地，为红军和中国革命提供了休养生息的天地，从而为中国革命的最终胜利打下了基础。

千里的雷声万里的闪，呼啦啦闪上个刘志丹。
刘志丹来他真勇敢，攻下安定他要攻横山。
上了城墙搁炸弹，打死他们十六连零两个班。

英雄的首要品质就是勇敢，“真勇敢”这三个字，应该是描绘革命者

和造反者最好的礼赞。在另一首横山民歌里，老百姓更详尽地用歌声记录了当时的战况：

英雄刘志丹，一心要打横山，他带上少先队，又带上红四团。

红军出了营，带上那赤卫军，手拿上红缨枪，消灭蒋匪军。

来在横山城，四面包围严，打开了横山县，活抓段宝山。

从这些流传至今的民歌里，我们似乎看到了当时战斗的场面，知道了参战队伍的构成，在感慨用落后的武器“红缨枪”居然打开了横山，战胜了敌人的同时，对刘志丹领导下的“红四团”“少先队”“赤卫军”充满了敬意。当然，歌声不是战报，这些武装起来的农民和青年有多少人牺牲我们不知道，这被消灭的“十六连零两个班”是多少人我们也不知道，这个被活捉的“段宝山”是谁我们也没有兴趣去查明，但可以肯定的是，这个叫“段宝山”的家伙做梦也想不到，自己的名字会因为沾了英雄刘志丹的光而被“传唱”至今。

我总觉得活在民歌里的英雄比记录在纸上的英雄更鲜活、更永久，更有色彩也更有味道。人们常说“歌颂英雄”，这“歌颂”，不就是唱吗？而且，重要的是这歌唱者不是演员，不是拿着俸禄的职业创作“颂歌”的文人，而是老百姓，是圪梁梁上拿着放羊铲的老汉、放羊娃，是窑洞里烧火的婆姨，是一边低头吟唱一边推着磨盘的“妹妹”，是扛着镢头在山坡上撒汗的“哥哥”，是在尘土飞扬的路上奔波的脚夫。明代的一个明白人冯梦龙一针见血地说过：世上“但有假诗文，无假山歌”，因为“山歌不与诗文争名，故不屑假”。在这个意义上说，在老百姓的口中传唱的英雄，是真正的英雄，而歌颂英雄的老百姓，也因为和英雄一起开创了新天地，也是不折不扣的英雄。

“跟上咱们的游击队闹革命”，“跟上咱们的游击队走南梁”，“跟上咱刘志丹打天下”，老百姓的爱憎是如此的分明，他们用一个又一个“跟上”表达了决心和态度，用一个又一个“咱”“咱们的”表明了立场：刘志丹和游击队是“咱的”，是“咱们的”，是“自己的”！泾渭分明，没有半点的含糊。既然是“咱”的，是自家人，就是亲人。因此，当“妹妹”听到“鸡娃子叫来狗娃子咬”知道“咱那当红军的哥哥回来了”的时候，怎么能不兴高采烈，唱起信天游，怎么能不马上端出“滚滚的米汤热腾腾的馍，招待咱们的游击队好吃喝”呢？既然是

2019年1月16日，田青（中排右二）、蒋子龙（中排右三）、杨海蒂（后排左五）、王克明（中排左四）、闫拓时（中排左三）、李建军（中排右一）、横山区文旅局长郝永春（后排左四）等和横山民间文艺工作者在一起

“咱”的，是自家人，是亲人，是为自己打天下，这些和李闯王生在同一片土地上，晒着同一个太阳，吃着同样的馍馍长大的“哥哥”，怎么能不舍命跟上，不怕困难、不畏生死、英勇奋战、努力向前呢？

至于横山游击队及陕北汉子英勇善战、勇往直前的性

2019年1月16日，田青（中）与横山民歌手在一起

格和忠于革命、一旦“跟上”党便百折不回的品德，也可以从他们家乡的民歌找到答案。从流传至今的信天游和酒歌里，我们不但可以听到对李闯王这类英雄的歌颂，更可以品味他们的为人和感情世界，理解他们对革命的忠诚。众所周知，爱情民歌是民歌中数量最多的，但你听遍全世界的民歌，你找不到像这里这样决绝的爱情表白：

女子唱的是：

手提上羊肉怀里揣上糕，
妹妹拼上性命往哥哥家里跑。

汉子更厉害：

怀里揣着镰刀手里提着锹，
哥哥拼着性命也要和你好！

这哪里是恋爱，简直是要起义“作事”了。我们可以想象，当这些连恋爱都要拼命的汉子放下镰刀铁锹拿起枪的时候，当他们认准了要“跟上咱刘志丹打天下”的时候，他们会表现出何等的勇敢和决绝！

“红豆豆角角熬南瓜，革命（得）成功了再回家！”这是什么？这就是民心啊！都知道“得民心者得天下”，从民歌里，我们听到了当时的民心；从民歌里，我们认识了横山；从民歌里，我们也找到了司马迁“收功实者常于西北”真正的原因。

横山河口庙水库风景

## 致敬叶振国

民歌将同人民一起永世长存。

横山这片土地上诞生了一批感天动地的民间艺人，如韩起祥、张俊功，接续他们血脉的后人也基本上陆续不在了。英年早逝的横山民歌手叶振国就是其中一个，这位吞血咽泪歌唱陕北人民苦难和爱情的好后生，生命仅停留在50岁。用他那首自编自唱，感人至深的《哭干大》：“世事变了，日子好过了，娃娃大了，干大，你咋就悄悄地走了？”作为对他的纪念和敬意，愿他永垂不朽！

# 听见老腰鼓，听见古代

王克明
作家，民俗专家

## 刘应举曲线

我一直以为，刘应举没了，横山老腰鼓就没了。

我在延安插队时，过年闹秧歌想打腰鼓，就掏空树干鞔牛皮，自己现做。做好了往身上一挎，感觉不错，伸胳膊乍腿儿蹦转踢打，学得熟练。我们村那一带打腰鼓都讲阳刚，人说是传自军方，打仗用的。

锣鼓响，脚片痒，叮叮咣咣一敲，全村人就聚拢。刘应举走来站定，笑看我们漾跶，嘴里出声“唉——”，似表轻视。旁人指他说：“这人横山家，腰鼓打得最美。”我们就把腰鼓往他身上挎。

我们村从榆林横山区逃荒来的人多。刘应举老家在横山双城办事处沈家壕村。1947年那边干旱，他家南下延安，1954年迁到余家沟，住进一院土窑，二十年没钱接石窑口子。这人话不多，慢腾腾，甚至有点儿瓷哼哼。笑时憨憨的，常闭起嘴，小眼睛也一块儿闭。他当生产队长时，呐喊罢了，个自扭头上山，一步一摇，慢汉不怕山高。我们跟没跟上，他不着急。可没想到，腰鼓场上，他让我们大吃一惊。

白羊肚手巾系他脑上，黑棉袄棉裤穿他身上，一根长腰带系了几圈，羊毛袜外面穿遍纳鞋，憨憨地笑着被我们推进场中，抿着嘴尴尬。但鼓点儿一起来，他忽然变了个人似的。只见他眼睛一闭，双肩一抖，人还没动，下巴先抬，左右晃头，一股子“能”劲儿端了起来。大鼓一锤，他先慢踢一下右腿，沉稳。然后两个肩头一抖，胳膊并不伸直，就甩上甩下，鼓槌红绸划出曲线。敲过腰鼓，略略一沉，又缓抬肘，甩小臂，从下往上交叉，两条弧线，前槌打到后鼓。再“唰”地一展，腰胯一摆。待双肩再抖时，他已是蛇形身段，一溜曲线。便甩左腿，踢右腿，掏腿转身，跳起换步。左腿甩在右腿弯后，又往起一蹦，两腿弯曲叉开，蹬在黄土地上。刚刚踏起烟尘，我们还没叫好，他接着抖肩甩胯，转身带腿。眼还闭着，嘴还抿着，却更摇头晃脑，得意恣意非常。他不是伸胳膊乍腿四面坚决，而是发力比较收束，张弛很是有度，缓急和谐，连贯灵动，转身时甩出曲线，踢打中往上螺旋，旋转生风。

这不是我们打的那种腰鼓，不是岑彭马武气势阳刚，让人看他外在英勇，以为是战场上无敌手，而是忘我无我神气活现，只管各自自在随心，分明是头顶上有神灵。他说老人手上就这么打腰鼓。那是男人气概，但力度有范儿，节奏有韵。核心不在打，而是转，身子一抖一晃一旋转，就甩起胳膊甩起腿。甩起来了，就有曲线了，行云流水，团团黄尘旋转上升了。

中国古代，战鼓在军官手里，指挥打仗不走神儿，顾不上蹦跶。大敌当前，士兵都手持兵刃，咬牙切齿，没人跳舞。欧洲打仗，可能伊特鲁里亚人就开始密集队形，后来排队敲鼓，节奏一致，生死关头，保持战阵，谁敢漾跶？在刘应举的腰鼓前，我能深切体会，腰鼓不是军用的，战场上出不来这灵韵。腰鼓是秧歌里的舞蹈，不是战场上的舞蹈，而秧歌本来就是驱鬼逐疫、沟通人神的傩仪“禓（yáng）歌”。只有通灵通神的需求中，才生出节奏里的舞动跳跃和旋转升华，产生这种刘应举曲线，产生老腰鼓。腰鼓的起源跟敌人无关，和神灵有关，所以能行云流水，连贯和谐。陕北出土宋金画像砖上的腰鼓，也身姿曲线，动作收束，就转就甩，飘起腰带，而不是面对敌人，生死考验。

上古就有鼓了，腰鼓呢？有学者认为新石器时期东亚这边就有了，也有说公元前一世纪古印度的“达马鲁”是最早的腰鼓。宋金有画像砖描绘打腰鼓，不说明打腰鼓起源于宋金。就像汉代有画像石描绘野合，不说明野合起源于汉代。东晋十六国时期，作为佛教、祆教乐器，细腰鼓跟着神一起，从印度传入中国。同时来了直筒的羯鼓。细腰鼓用手拍，羯鼓是用棍儿打。公元六世纪的宗教雕像，已有腰鼓挎在左侧了。细腰鼓原来多陶

2019 年 1 月 14 日，王克明等在横山街道办贾大峁村

瓷烧制，用铁圈固定两头鞔皮，或用绳子拽紧皮子。后来北宋有人记“腰鼓……亦有用木为之者矣。”南北朝时候，娃娃家已玩儿腰鼓。《宋书》《南史》都记，萧思话成器之前，十岁时很讨人嫌，不念书，到处浪，爱骑到房梁上打细腰鼓，没完没了，吵得四邻不安。隋唐宋辽，很多奏乐用腰鼓，宫廷、官府都有。两宋时候，这乐器进了军乐团，和别的乐器一起演奏破阵乐舞之类。这大概是腰鼓跟军方有关的最早记载。

跟用于军乐同期，腰鼓经历了几百年传播后，两宋时有记载，它已在民间广泛使用了。民间不打仗，用它干吗？作为节奏乐器，鼓从来与神息息相关，其实它本来就是法器。早在东汉，乡人就“腊岁前一日击鼓驱疫，谓之逐除是也。”在世界各地的萨满教仪式中，鼓都占据最重要的地位。腰鼓就是跟着神，跑来东亚的。民间引进以后，其实还是用作法器。宋代《荆楚岁时记》记：“十二月八日为腊日，谚语‘腊鼓鸣，春草生。’村人并击细腰鼓，戴胡头，及作金刚力士以逐疫。”这是很早的民间打腰鼓记载，应该接近腰鼓本来的起源。人并没有驱鬼逐疫的能力，而是用节奏乐器、各种法器调动神的积极性。和腰鼓一起，还有晃子、虎铮、旋子、小镲等，应该也都是法器。祭祀的神圣化产生人类需要的精神力量，穿越世俗空间，请来神的能力。在这样的“禓歌（秧歌）”目的下，腰鼓不表现豪放、粗犷、激越、张扬、叮咣五四。它早先是为了通神娱神，后来是为了拜神求神，都不是为了人定胜天吓唬神。

刘应举曲线因此而生。他的老腰鼓，四十多年前，把我们几个知青看得目瞪口呆。从此，瓷哼哼的刘应举，和行云流水的刘应举，同时留在我们脑海，印在我们心中。至今聊起，大家都不离“曲线”二字。他年老后打不动了，村里也没人学他的腰鼓。前些年我回村，每次见面他还是憨笑：“哎——这是个王克明嘛！”后来我再回去，他犯老年性痴呆了，挎个篮子到处拾粪，见人不识不语，只剩笑容可掬。2018 年 7 月 18 日，村人微信说刘应举殁了。他葬在我们那儿的最高山圪垯上了。

几十年来，电视里、手机上，或回陕北看到的，基本都是我们自己漾跶过的那种腰鼓，有力度，粗犷开放，漾起来好看。但我每看腰鼓，就想起刘应举的老腰鼓。在我们心里，刘应举是老腰鼓的唯一传人，刘应举就是横山老腰鼓。他的离世，让我们悲哀，悲村中老友的踽踽远去，不再见他笑容可掬；也哀那行云流水的腰鼓消散飘离，老腰鼓了无余迹了。

## 原始的信息

大概是因为这种对老友的记忆，对往事的念怀，我在横山陈家大院再见老腰鼓表演时，喜从中来，泪水夺目。

农耕时代正向终点走去。陈家大院几十孔窑洞，拱券石窑、接口窑、土窑、枕头窑，各种陕北民居窑洞都有，布局精致，窑里有窑，窑旁套窑，窑窑相通，像误入隧道，又柳暗花明，变化多端，出人意料。窑洞里传统手工艺的酿酒、榨油作坊，虽然早没了腾腾蒸气、酒香油腻，但当年设备完整，流程一目了然。尺半粗、两丈长树干做的舂米杠杆，颇让人吃惊。娃娃念书的塾室，也是小窑一孔，却拱壁上开有亮窗，别具一格。想当年子孙满堂时，这里曾请了先生教育，曾书声琅琅。耕读传家，千年福愿。我们能想见，大院里那时候人欢马叫，宾客满窑，酒香烟熏，牛驴成群。不料文明变迁了，农耕消失了，这些都成了过往，连记忆一起散尽。只剩了旧窑古窑，残门废窗。

随着农耕生活的远去，陕北秧歌也从绝地天通的重大仪式，向表演化转型了。秧歌里的腰鼓，脱离了秧歌，把拍电影时设计出来的腰鼓方阵，那种气势磅礴民族伟大的画面需求，解说成是自古以来的腰鼓传统了。其实，那种审美是随着法西斯出现的，还不到百年。前几年我们插队的村子组织秧歌队，为山外演出，一二三四，嘟嘟吹哨，练新队形。老知青们过年一起回村，想再扭一回秧歌，却没有领会场子的伞头了，可惜。今天的陕北，传统秧歌场子基本不再走了，“安角子”少见了，几十人的秧歌队，常要走成几十人的腰鼓方阵，整齐即可。这种变化带给秧歌的最大损失是，原来承载腰鼓的大量秧歌场图，就此淘汰。

人类沟通天地神灵，离不开图形。图形最早使信息能超越时空地传递和保存，几乎各种信仰和宗教都离不开它们。比如，世界各地古文物上的图形，很多有三角六边或四方八角这两类构造模式。从陶罐纹样开始，以后各种器物、房窗、衣装及日常装饰，图案主要都出自这两种，很容易组合。二方连续、四方连续、六方连续，无不由此而生。平面和三维的变化中，生出各种抽象几何图案，变幻迷人。陕北秧歌场子的三枝叶、灯里藏身、四门斗底、八卦篡顶等，其实是这类基本图形。各种文明中五角十角的图形少一些，不便组合，其他的更少，秧歌场子里也少。

陕北婆姨们用不同色块弥缝门帘、枕套时，会做一种四面八角图样——八芒星。那是个以等腰直角三角形为基础的几何图形，在中国南方民族的衣饰上保留很多，被认为是久远的东方洛书。这个洛书有可能源于远古出现的井字符。八角后来也用米字符表现，变形出了各种米字构图、八瓣花等。里外八角、

2019 年 1 月 14 日，田青、蒋子龙、杨海蒂、李建军、王克明、张海娥（第三排左四，党岔镇镇长）等在横山党岔古银州

四角十二灯等秧歌场子，便是这个图。而洛书造型本身，古罗马已用于装饰，是欧洲大主教堂用的重要形符，常出现在祭坛前的地面中线上，也和六角图形一起，变化多种抽象图案，布局在教堂的繁复装饰中。六角造型的基础是等边三角形，犹太教把六芒星敬作“大卫之星”。印度阿育吠陀和尼泊尔寺庙等，

把六角、八角两种图形组合构造。

这类图形是原始民族留给农业社会的精神遗产。在石碾子轱辘上，只要有雕刻，基本都是八角形的米字构图。石磨盘里，磨槽也往往八向布局。秧歌场图同样携带远古传下来的天地信息，后来引进一些世俗，求福禄寿利，走吉祥盘长，还可能从戏曲故事引进些战阵名称，变化出了不下二百种图形。这些由伞头带队走出的动态图案，千百年来都不是用于表演的，人站在旁边看不出名堂，而是村社乡人一起进入，走成线条，转成图案，在腰鼓的节奏中，共同感知循环有序，真诚沟通天地。秧歌场图从来不是给人看的，那是给神看的。

还有“卷席筒”，我们闹秧歌常用它收尾。就是伞头领着一队人往里转圈，到了中心一掉头又往外转，形成双螺旋。秧歌场上，这种奔跑间的交错旋转，给人一种致幻的感觉，总是全村乡民最兴奋最吼喊的时候。这种旋纹图案，出现于三四万年前的欧洲人类，和井字形、十字形、三线交叉的六角形、龙摆尾秧歌场图那种曲线形等符号一起，携带着原始的信息进入文明。希腊称之为“来自远古的神秘螺旋”，有八千年前的石刻。在陕北，石峁之前的文明留下的石雕上，已有旋纹。从地中海周边到喜马拉雅山南北，从消失的玛雅到延续的华夏，从冰河期的欧洲到现在炎热的非洲，从遥远的澳洲、偏远的岛屿，岩画、陶罐、铜器、石雕、衣饰等宗教信仰生产生活中，人们都可能看到“卷席筒”图形。

这个旋转的秧歌场图，其实是人类文明普遍使用的形符，也被认为是东方传说中的神秘河图。这个螺旋令人遐想，它看上去和银河旋转相像，或许跟斐波那契数列相关，或许是双鱼太极之源。它可能带有早期人类灵魂体验的信息。两千六百年前伊特鲁里亚祭司把螺旋用成牧杖弯头，相信它威力无比，后来传到了古罗马，演变出主教持的弯头权杖。河图、洛书、大卫之星的造型，还有圆、三角、方、十字、曲线，等等。因为相同形符分布的广泛性，让人觉得它们或许来自非洲大陆的一个共同起源。

秧歌场子“双卷菜心”，是用两个“卷席筒”旋纹反向外旋。西西里岛上四千年前已用这种组合形符守护墓门，后来成为古希腊爱奥尼克柱头的基本造型。“踩浪头”场子，是“卷席筒”的二方连续，中国叫“卷波纹”“套云拐子”。爱尔兰岛上的史前文明中，早出现了反复连续的双螺旋神秘石刻。古希腊的源头基克拉泽斯文明和古罗马之前伊特鲁里亚文化，都在陶罐上刻“踩浪头”连续双螺旋。

旋纹的直线化，生出了雷纹、回纹之类，青铜器陶器都用，古希腊瓶画和欧洲天主教堂里很多。由螺旋变直线的卍符，在佛经里保留旋转义，而梵蒂冈也使用。中国把它的连续构图叫卍字锦。这种中国传统纹样，其实也是世界典型纹样，庞贝古城里多见，天主教堂中常有。陕北有一类直角折线的秧歌场图，是在“十二莲灯”场图这种盘长纹的基础上，雷纹变化而成的，如“三套城”“四面八方”和几种“马芳困城”场子。人们在转灯场子“黄河九曲图”中走过的路线，是雷纹的四方连续造型。类似这种场子的造型图案，两千年前已出现在庞贝古城的装饰中。其实，从古罗马到中世纪到现在，各种可能有神秘含义的繁复线型，那些多变的盘长装饰，一直被广泛使用。如“十二莲灯”秧歌场图，也出现在梵蒂冈的穹顶绘画上。“双菱花”那样的秧歌场图，是中国的方胜图纹，也是古罗马建筑石雕构件上使用的图形，都为吉祥。

陕北文化的根本不在于特色，而在于它是人类文明中的一个存在。中国南方苗瑶等民族的物质精神生活中，用衣饰、蜡染等手段，像西方教堂那样完整地保留着重要的传统造型、文明符号。北方汉族的生活中，服饰淘汰了，窗棂没有了，精神的关注消失了，那些造型便被遗忘了，忽略久矣。而陕北门帘上的图案和秧歌场上的“卷席筒”等，却和陕北方言原音词一样，保留着对远古的记忆，能提醒我们，陕北文化是和人类文明一起，从远古走来的。

秧歌起源不为表演，演变到搭彩门、沿门子、闹社火，仍然不是表演，现在却转向表演了。秧歌场子因为只能体验无法旁观，就得被淘汰了。伞头再不用学那些场子，有肚才能唱即可。方阵整齐的审美，渗透、污染了陕北秧歌、陕北腰鼓。宋代倒是有过“腰鼓百面”之说，同时击打，如苏轼诗“腰鼓百面如春雷，打彻凉州花自开”，李弥逊词“酒酣喝月，腰鼓百面打凉州”，都是描写乐队演奏《凉州曲》。梅尧臣的诗写了两个曲名：“腰鼓百面红臂韝，先打六么后梁州（凉州）。”现在，到处是长街游行，腰鼓百面齐步走，簸箕铁锹一起上，一看就不是民间文化的需求，哪还有闹秧歌，哪还是打腰鼓？

幸喜，横山还有。

2019 年 1 月，我们在陈家大院看到了横山青年剧团的腰鼓表演。他们以本地乡间老腰鼓为蓝本，身挎腰鼓，挥洒飘逸，表演专业舞者的腾挪翻飞。传统的二人场子、四人场子和八人场子，你来我往，步法变化，快而不断，繁而不乱，红绸漾闪，悦目赏心。后生们似大小缠腰双飞燕，拜四方、四兜圈，猛虎下山大交叉，层出不穷。这样令人炫目的腰鼓编排，以前没看到过，令人惊赞万分。小场子打完，方阵涌上，蛇蜕皮队形交替，

鄉秧歌隊

旋转间踢打挪移，“呼呼呼”腾空转起，“通通通”脚踏在地。更喜有女人穿插队里，身姿婀娜，左旋右转，俊眼修眉，顾盼神飞，胳膊一漾一漾，彩绸一扬一扬，蛮腰扭出风韵，拧出碎步，实在迷人。

## 老腰鼓的根

横山的党岔一带，一千多年前曾属儒林县，县址就在党岔的河对面。儒林古音近榆林，现在湘、客、粤、闽语还有“儒、榆”一样的音。所以，榆林地名或与儒林有关。“儒林”这一带，老腰鼓有儒风，稳重有范儿，叫“文腰鼓”。

在党岔当地，我第一次见到了文腰鼓。文、武之分，可能在于跳跃和力度。这里打腰鼓的男人，并不往起跳，只抬腿、勾腿、甩腿、迈步，稳稳当当步步前行。他们摆晃上身，却持稳重，只两臂缠打腰鼓，快而繁复，往来倏忽，红绸带得曲线，围绕腰鼓转旋。快虽是快，但动作柔性，收束把握，带了曲线，不事张扬。我学过腰鼓，爱看腰鼓，可是没见过这种打法。身姿的沉稳，两腿的慢步，和双臂的缠身快打，曲线绕旋，在一人身上出来鲜明的快慢对比，给人紧拉慢唱的感觉。这种收束与缠连，和安塞腰鼓的张扬与节奏大不相同，有一种其他地方腰鼓不具有的古韵。

有人说，文腰鼓是现存唯一的老腰鼓，打法、穿戴、道具、动作各方面，和清代时候一样，真是原生态。这里打腰鼓的身穿男人袄裤，头戴红色巾帻，套一圈宽帽檐，背上绣个圆里套四角的贯钱纹图案。这图案很常见，被解释为铜钱造型，也称作连钱纹、古钱套，总和求财联系在一起，好像是打腰鼓的想发财。其实这个图案不是铜钱，也不是中国特有，而是文明早期以圆为基础的一种组合造型。在周长曲线上找圆心，组成的是三角六角图案，构造出神秘学派说的生命之花，世界很多地方都有，在中国叫绣球纹。在周长曲线外面找圆心组合平衡连续的造型，便是四角图案，一千七百年前古罗马建筑已用，后来进入天主教，用于包括梵蒂冈教皇寝室的装饰中。只有中国世俗化地把它用作了金钱符号。祭祀神神的腰鼓场上出现这个图案，代表的应该不是金钱，而是信仰符号意义，只是传承至今，已经淡去无形了。

文腰鼓场上的女性角色，长裙彩色、长辫飘飘，但都是男扮女装。按宗教传统，女人不能上秧歌场，因为神神不喜欢。这些女性角色叫“蜡花”，拍着镲，甩着绸，一摇一扭，和腰鼓手成双配对，步态讲究轻盈，颇有女人意思。“蜡”是说腊月、蜡祭，自古以来击鼓驱疫、合祭百神都在腊月，而蜡祭就是腊月祭农口神神。“花”谓女人，花林粉阵、花多实少。所以，“蜡花”是腊月祭仪中的女性角色。这些蜡花穿的裙子很不一般，不是百褶飘逸，不是左右开衩，而是前后开胯，扭起来分左右两片儿，各自摆动。而应该是千年前流行的宋代旋裙，宋代原生态。北宋江休复《江邻几杂志》引记当时：“妇人不服宽袴与襜，制旋裙，必前后开胯，以便乘驴。”他记说那是汴梁妓女界发明的裙了，上层社会良家妇女却都喜欢，便流行开来。不料千年以后，陕北山间还有，让人吃惊。从旋裙来看，或许“腊鼓鸣，春草生”的时候就有蜡花了，跟着文腰鼓，传承千年了。千年，这可能吗？

前几年，一个二月二，我和女儿，跟作家钟阿城一起，曾到横山武镇的马兰地村赶庙会。那儿是大山沟壑、梁峁之间，是武镇、南塔两个乡的交界地。不同乡镇的四个村子，刘家峁、干草梁、张家墕、马兰地，依照他们的习俗，同办清醮会。清醮也叫平安醮，是古来道教一种民间主祭神灵的朝圣庆典，为的是谢神明庇护，求境域平安。马兰地的清醮会命名“三官会”，本来是主祭道家的天官大帝、地官大帝、水官大帝。这是从上古帝王祭天、地、水的礼仪传到民间的。五斗米道张天师在的时候，开始让老百姓祭三官，祷祝赳鬼，符水治病，免费。旧俗，三官非常重要，天官赐福，地官赦罪，水官解厄，而且“得道神仙，皆从三官保举”。五斗米道的治病方法是：“书写病人姓名，说服罪之意，作三通，其一上于天，著山上，其一埋于地，其一沉于水，谓之三官手书。”

马兰地没有三官庙，神位供奉在帐篷里的临时祭台上。跟三官同时供的，还有道家的土府九垒高皇上帝、水草大王、二郎真君，佛门的释迦古佛、观世音菩萨、地藏王菩萨、马鸣大王，和民间的山神、黑龙大王、牛王菩萨、白马天圣、蚜蛾、虸蜡（当地写“虮蚁”）。不少于十六位神灵。这些神位牌牌供在桌前地上，正中放一只烧纸的大铸铁钵子，钵体外边有铸字“乾隆三十二年九月吉”。神位中几位农口的神神，跟土地和庄稼的关系密切，对于以农为本的传统社会来说，它的经济意义不是一般。虽然现在乡村不怎么种地了，但自然神崇拜的习俗，还没有消失。

两千年前，中国从社稷神权信仰，转变成了以丰收和安宅为目的的土地崇拜，土地成为各地方村社的保护神。汉代开始，很多对当地有功的真实人物，死后被封为地方保护神，像岳飞，就成了临安太岳土地神。道家发展出实名制的九垒三十六土皇，乃至“土府禁忌，一千二百神君”。地方保护神不是封闭的中国文化现象，意大利的城市多有自己的保护神，叫主保圣人。有男有女，也都是历史上的真实人物，很多是圣徒。西西里岛上几个城市的保护神都是女性殉教者。这种文化在天主教国家比较普遍，每年都会抬着神龛供奉游行。陕北的祈安求雨、禳灾驱瘟仪式中，一个重要祭仪便是“抬楼子”，即抬着神龛里的神像或牌位在山里供奉游行，把他们敬为地方保护神，请他们发挥作用。

把主神以外其他信仰的神灵请进来，庙会就成为周围村落社区共同崇拜祈福的中心了，所以道家传统的祭典会引进佛教神位。不管是哪路神神，陕北民间一律迎请敬奉。其实宋代民间，儒释道三圣共一庙，就已经挺普遍了。依道家信仰命名的马兰地“三官会”，举办目的是“弘扬佛教圣会”，以“释迦牟尼（清净法身佛）简介”为题，立起知识性画板，并单立帐篷设神位，主要以佛事活动贯穿。乡民“抬楼子”抬的神神不是土地，而是佛祖。我跟着一起抬时，想起我们插队村子的那个木雕神神。我们脑畔山上有两个小窑洞古庙。一个是黑龙王庙，一个是佛寺，是以前回乱中死难的先民留下的。小佛寺里除佛像外，先民还留了一个抬楼子的小轿。楼子里的木雕神像，头上戴着毗卢帽，是佛家系统的神神。那时候的陕北乡民抬楼子，已经是抬佛像了。

庙会上祭仪繁复，迎赦、迎佛、跑马、扬幡、转九曲、迎水供、倒九曲、收幡、送佛爷等，秧歌在其中多是主要仪式，有元庄科、小界则—范高梁、马兰地三家秧歌队参加。那一带山间，是老腰鼓的保留地。离马兰地十几里地的张存有地村，留有最具代表性的横山老腰鼓。老腰鼓不列方阵，不讲气势，只在秧歌场中扭扭打打。当地乡民告诉我，他们那是“老

横山的放羊人

秧歌”，是指1942年前用于敬神的秧歌。随着鼓点节奏，秧歌场子里，伞头子、腰鼓手、花伞、蜡花、各色杂丑，都手持法器，步态舒展，不慌不忙。腰鼓手迈步，腿先抬起，空甩一下，胳膊漾起，空停一时。这种步子，把一步分成两个鼓点走，便有了慢悠一些的起伏感，场上的那些花伞也就一起一伏。蜡花们也都穿彩色旋裙，走起来左飘右摆，双肩一上一下，带得脖子扭来，学了骚首摇头。队形一步一步移动，谁都不慌不忙。伞头子安好了“角子”，后面再有多少人，也都在那个位置转身换位，“角子”不动地方。这是走场子的难点，是保持场图的关键，所有人都熟惯常走、稳稳当当才有可能。我旁边有乡民赞叹：“走得好，看够多稳耶！”

这里老秧歌中的老腰鼓，人称“武腰鼓”，或是文、武融合的腰鼓。男人打腰鼓的动作都有名称，二脚不落地、三脚跳步、二转身、蹬腿打、过堂对打、缠腰对打，等等，边踢打边转身，变换位置，与蜡花对舞。鼓点紧凑时，加翻带转，掏腿打鼓，动作连续繁杂。这是与文腰鼓的不同之处，但他们把持得稳，繁而有序。鼓点慢了时，腰鼓就舒展松弛，两臂缓抬停顿，身子左摆右晃，好似随心悠然。胳膊腿停顿时，身姿也停顿，像是节奏的切分，积累一下力度，后面便有了张力，带了韵感。这是与文腰鼓的相同之处。这样的身韵带了扭动，打腰鼓的男人身上就出来了曲线。哦，曲线，我想起刘应举，他打的腰鼓是文还是武呢？

三官会上的秧歌场子，常不是由一位伞头带队的单线场子，而是两个伞头，一围圆场，进进出出，熙熙攘攘。有时候花开四面，有时候曲折来往。我只看明白一个“神仙双推磨”，复杂些的场子看不出来。身旁乡民告诉我：“这是双十字莲花带两盏灯。”又说：“这是里四角外八角。”他们捡起树枝在土地上给我画场图讲解。据说他们老秧歌常走的场子还有“枣核子倒开花”“黑虎掏心”等。

这样的老秧歌老腰鼓，是为清醮会表演的，也就是为神神表演的，不是给观众表演。祭仪上如果只有方阵如雷，没有场图如花，只有岑彭马武，没有曲线转旋，只有腰鼓咚咚，少了法器铮铮，是不能通神、娱神、拜神、求神的，只能吓唬神。所以，横山的老腰鼓能保留至今，是因为山野间传承着民间的信仰习俗。有这种长久存在的精神关注，就可能会有蜡花的千年伴舞，旋裙的千年摆动，腰鼓的千年传承。这是真正的民间文化需求，是老腰鼓的根，老腰鼓的命。

## 古远的横山

说起来，横山这个老腰鼓保留地，却是西夏源起之地。这一带也有远古事迹，到宋夏战争时，成了党项李继迁的陕北根据地。为了战事，那时狄青、种谔、沈括都来过这里。围绕着这儿——那时叫银州，李继迁叛宋投辽，叛辽投宋，反复无常，刻意失信，征战杀伐，逐渐坐大。横山殿市镇有个村子叫李继迁寨，是他的出生地。这个党项人的深山小村，五百年后居然又出生了一位帝王人物：李自成。大路不通、耕种为生的山间村野，居然两次诞生这种百折不挠、野心勃勃、杀孽深重、权欲熏心的帝王人才，也可算是奇特无比世上唯一了。村中有一土窑，相传是李自成出生的窑洞。20 世纪 40 年代《延绥揽胜》记那个窑洞是“高悬半壁，下距沟渠十余丈”。2004 年，我去李继迁寨时，见那窑洞只在地面露出一点穹顶，刚能爬进个人。问村民，这么小的洞洞，咋能生养李自成？村民说，这只是窑洞顶，原来这里是道深沟，“文革”时农业学大寨打坝淤地，把多半个窑洞淹埋了。

2019 年再去李继迁寨，看到被淹埋的李自成出生窑已清理出来，砌了台阶，人们可下到土窑洞里参观旧貌了。但打坝淹窑洞的事儿没人提起，学大寨时候留出来的平地，被介绍成一千年前李继迁的练兵场了。李自成少年时代给人放羊的常峁墕村，2004 年我去时，跑了个遍，还在村民家中吃杂面。村民指给我看“坐朝峁子”，讲各种传说，包括紫微星下凡之类，但不曾有李自成衣冠冢的传说。可现在，当地人偏偏花几十万元钱堆起个大土堆，夯两层基础，砌了两大圈雕栏，北京天坛那种，然后说那是李自成衣冠冢。李继迁寨、常峁墕这样的村落，是横山的历史遗产，有保护价值，但不要谖谎骗人。那个假李自成衣冠冢，应该拆除荡平。

横山接近沙漠，自然条件本不好。据赵通儒《陕北早期党史资料》记载，一百多年前，那里不少村庄陆续被风沙淹埋，一遇旱灾，只有逃荒，百姓生活奇苦。平常年景，得吃棉蓬籽、沙蓬籽、稗子。歉收荒年，这几种草籽都算美食。洋芋是日常主食，荞面是盛宴了。晚清民初，横山曾经是种鸦片烟的大县，1851 年开始种，后来发展到每年全县万亩。那时男人好赌嗜烟，整天躺着抽，婆姨女子们挑水种地锄草收获。横山人说话里有个词叫“倒沙鬼”，是说不知深浅给人揭短儿的人。不过赵通儒先生记说，旧时，因为横山人在沙地生活，鞋里常倒出沙子，所以民歌唱“对面山里牛喝水，横山下来些倒沙鬼”，是那时陕北嘲笑横山人的说法。后来这个歌套改成了“对面（价）沟里流河水，横山里下来些游击队”。其实，河水在川道，山沟里只淌泉溪不流河水，原来唱的“牛喝水”更对头。我插队时，最早会唱的陕北民歌，就有这首牛喝水。

这是 20 世纪“闹红”时候填词的民歌，传得很广，很早就给横山扬了革命名声。就像不知横山有老秧歌老腰鼓一样，外界也不知横山更多唱的是老民歌。横山高子贞唱的《十样花》：“叫秋香呀唤海棠，你把玉美人掺进兰房。”王兴仁唱的《闹五更》：“忽听见谯楼鼓打二更，想情人想得泪珠淋淋，泪珠湿窗棂，奴家费尽心，骂一声郎君太狠心。”石应文唱的《大桃红》：“大唐摆上了迷魂阵，小秦王来乱点兵。”更有申仲生唱的《要老汉》：“宁叫皇上江山烂，咱俩关系不要断。”从明到清到现在，横山人口口相传，留下了这些歌。

横山人李树录唱的《乱如麻》，是个信天游。从《绥德文库》民歌卷看，只在横山一地采录到了这支歌。歌词“一阵阵黄风一阵阵沙，一阵阵思想乱如麻”，前句是比，后句是兴。李季把这句歌词学用在了《王贵与李香香》中：“一阵阵黄风一阵阵沙，香香看着心上如刀扎。”后句的描写没了“兴”，丢了陕北味儿，但他的学用，使得“黄风”这句词，成了陕北民歌的名句。其实，这句歌词渊源甚远，最晚产生于元代。元散曲中，王大学士《点绛唇》套曲描写一百个娃娃耍得高兴，其中有娃娃念叨“一阵黄风一阵沙”。八百年前，孩子们都会这词，可能它在更早年代就已产生。这一句民谣歌词，在元代被王大学士用在了曲词创作中，八百年后又被李季用在了诗歌创作里，也是难得。这样的古老民歌，和老秧歌、老腰鼓、老旋裙一样，是一代一代从古到今传下来的。

明代时横山地处边关，长城穿过县境，颇有几个古寨城堡。1731 年，怀远、波罗、响水、威武、清平五个堡寨合成一县，建起了怀远县衙门。但同治回乱年间，乱军呼啸而来，到处杀人，怀远、波罗被攻陷，损毁严重。威武、清平被毁灭，只剩了残迹。回乱后全县狼群出没，吃完死人吃活人。唯响水堡，被乱军围攻两次十几天，居然没破城，成为回乱中全县唯一幸存的城堡，留下了街上的作坊商贾，保全了巷里的门第书香。这座 1437 年始建的响水堡寨，至今旧貌比较完整，是横山唯一的原生古城。

横山区韩岔镇山区

横山老腰鼓的保留地现在就归属响水镇。

五百多年历史的响水古堡，紧靠无定河。河边西关，古道西去，直往西口。路两边曾是窑洞房厍老客栈，生意买卖一条街。街上铺的石块，圆滑光泽，走过了几百年西口路上的牲灵驼队，洒下了几百年哥哥妹妹的离别泪水。后来当地人“拆了戏楼修马路”，斩断了这里通往西门的坡道，把古街市甩在了公路下面，把城门洞悬到了半崖高山。2001年，我初到响水时，河边古街已没了居民，但街两旁老建筑旧貌完整，夕阳斜照古道草长，窑洞窗棂线条分明。我站在断壁废墟边望脚下大河，感慨身边旧街古窑里，曾有过多少“春闺梦里人”，哭送了多少“无定河边骨”。

民国初年时候，怀远改叫横山，全县七八万人，县城约有千户。赵通儒先生记横山说：“堡镇以响水、石湾为最繁盛、富足、冲要，各有人家三五百户。波罗残破殆坍。”想起神木县高家堡人曾笑说，高家堡是神木县第二大城市。如此说来，响水堡曾经是横山第二大城市了。这个大城市有它名实相副之处，即回乱后幸存的书香门第中，出了位我国西夏研究的先驱人士曹颖僧先生。先生是陕北地区西夏历史文化研究第一人，“文革”前完成了《西夏文史荟存》学术著作，惜遇“文革”乱世，当时没能出版。先生在古窑里出生，古城中长大，留学东洋后视野宽广，博学多闻，窑洞藏书千数册，民国年间出版过《延绥揽胜》一书，是陕北民间历史文化的开山之作。

这个明代长城边上的旧寨古堡，虽然已苍凉满目，尽去繁华，但从一围城墙，到古窑院落，从门楼木雕，到瓦当石刻，都刻印着当年朱颜，记忆着岁月沧桑。曾经耕读传家的古堡居民，已多离故土，把家族的历史留在祖传的空窑洞里。街巷中一座门楼，窑顶上一把圪针，影壁外一株老树，宅院里一地枯黄，再听不见鸡鸣狗咬、琅琅书声了。然而，这种旧貌，这般古朴，更能让人细细地触摸古往，深深地体会历史。古往年节祭礼时，城里的老秧歌老腰鼓，大概比乡里更庄重更红火。在那些曲折往复的秧歌场子里，在那些透空碎远的腰鼓声声中，人们或许能触摸到人类文明的一根血脉。

文化学者冯义厚在横山怀远古堡

怀远古堡（横山旧城）位于今横山区城南一公里处芦河东岸的柴兴梁村白家梁山上，东临东门沟，南对岗家梁，西眺西关街，北隔东门沟与李家坬相望，芦河从城西自西而东流过。民国三年（1914年）改怀远为横山县，老县政府仍设于此。

# 亲爱的“受苦人”

清华大学社会系教授郭于华认为：“在横山乃至陕北地区，农民称自己为‘受苦人’。这一概念并不是研究者对研究对象冠以的名称，而是当地人对自己的定义。‘受苦人’是对从事农业种植业者的称谓，而且这一传统类称一直沿用至今。在当地的语言中，‘受苦人’专指在田里‘做生活’的人，这是约定俗成的、不会产生任何歧义的地方性定义。如果你询问某某人在做什么工作，经常得到的回答就是‘在家受苦呢’，意即在农村以种地谋生。‘苦’既是身体的感受，也是精神的体验；是对客观事物的评判，更是自我认同和群体认同的表达。‘身体之苦’和‘心灵之苦’构成他们日常生活的基础，当然也构成他们的历史的重要内容。可以概括地说，这些普通农民的历史正是一部苦难的历史”。需要强调的是横山人自古就被认为极具反抗精神和英雄情结，但对于大多数受苦人来说，以苦为乐、敬畏鬼神、崇拜英雄才是他们的主要生活状况，这也是这片土地上的人们容易被召唤起来的主要原因。

# 横山老腰鼓的历史

狄马
作家，民俗专家

## 老腰鼓的正宗窝子

在遥远的陕北，有一个远近闻名的村庄，叫张存有地村。这个村位于无定河以西、明长城以东，行政上属于陕西省榆林市横山区的南塔办事处。除了名字有些怪，该村至少在表面上与陕北普通的山村没有什么区别。

因为在陕北一般村庄的名字，多为三个字。其中第一个字是本村绝大多数住户的姓氏，最后一个字往往是概括本村地理特征的名词，如山、沟、峁、梁、崖、畔、砭、堨等，中间以“家”字相连，便构成了一个完整的、指向明确的村庄名字。而张存有地村没有一户姓张的，全村七百多口人，除了一户上门女婿姓“卜”，其余均为李姓。以致有人猜测说，在李姓人到来之前，这里曾是张家人的天下。但由于一个不为人知的原因，张姓人被迫离开了他们世代居住的村庄，临走之前他们告诉李家人说，这里有我们的土地，我们随时有可能回来。这样一来，这个村子的名字，就成了李家人向张家人打的一张借条，类似于现在的“活期存款”。只要有这个村子的名字在，李家人就永远不敢理直气壮地说：“我的地盘，我做主！”好在张家人一直没有回来。

还有一种说法更神奇，说这个村子的名字没那么简单，这里隐含着一个重大的历史机密。闯王李自成在湖北九宫山战败以后，其实并没有死，而是用金蝉脱壳之法，换回真身，而后携带高夫人，秘密返回陕北，躲在离他的老家常峁墕不足二十公里的张存有地村。“有地”的意思就是“有帝”，“张存”的目的不过是为了“张冠李戴”，掩人耳目。还有人煞有介事地考证说，该村隐龙寺的壁画里有李自成创立的洪门天地会的图案，供奉的神明是李自成的第九代孙李京开。现在的李家人虽然没有家谱，但他们说的二世祖李自升、李自顶，就是李自成的堂兄弟。李自成秘密潜回陕北，隐居张存有地的目的就是为了反清复明。

不管这些说法是否属实，张存有地这个名字，还是在当

地老百姓的口中传扬。而它之所以闻名遐迩，并不是由于这些荒诞不经的传说，而是一种流传了几百年的民间艺术——横山老腰鼓。

## 老腰鼓有多老

老腰鼓，原来并不叫老腰鼓，更不叫“横山老腰鼓”。在当地老百姓看来，腰鼓就是腰鼓，哪有什么新旧之分。之所以在前面加个“老”字，是当地的文艺工作者为了区别1942年《在延安文艺座谈会上的讲话》发表以后出现的“新腰鼓”。前面加上“横山”，是由于区政府在申报国家级非物质文化遗产时，安塞腰鼓已经捷足先登，成为国家级非物质文化遗产项目了。

其实，安塞腰鼓来源于横山老腰鼓。横山老腰鼓是安塞腰鼓的鼻祖。原因并不复杂：现在的安塞人多为横山下来的移民，因而安塞口音与横山口音基本没有什么区别。据《横山县志》载，历史上该县多次发生移民潮，当地叫“走南路”。其中规模最大的一次，发生在民国十八年（1929年）。是年全县大旱，庄稼绝收，百姓为了活命，拖家带口，来到延安，其中安塞就是一个重要的移民点。这成千上万的移民队伍中，当然包括一些会打腰鼓的难民。但后来安塞腰鼓由于历史、政治的原因，反而名声大噪，远远盖过了横山腰鼓。以至于人们提起陕北腰鼓，只知道安塞腰鼓，不知道横山腰鼓。这正应了民间的一句谚语：教会徒弟，饿死师傅。

这一现象我们在考察安塞剪纸时，已经注意到了。安塞剪纸造型美观，剪工精良，风格淳厚凝练，寓意单纯质朴，历来有“地上文物”之称。早在1993年，安塞就被文化部命名为“全国剪纸之乡”。但仔细考查该县著名的剪纸艺术家，如常振芳、曹佃祥等人的履历，你就会发现她们的娘家多数是横山人。我们知道，陕北的女孩修习女红，都是从孩提时代开始的。这就意味着，她们在出阁或逃难之前，就已经掌握了剪纸艺术。她们的艺术生命是在横山，而不是在安塞完成的。

那么，老腰鼓究竟有多老？很多人来到张存有地采风，还有探访的学者都问过，但村里人大都语焉不详。或说明代晚期，或说明代中期，不一而足。还有些人会直接告诉你：“解不下！自己的老人也孝敬不过来，关心那些几百年前的古人，顶球哩！”

1981年，在延安市（今宝塔区）梁村乡一处叫“墓陵塌”的小山坡上，农民在耕地时发现一座古墓。其中出土了形制、人物造型相同的两块腰鼓画像砖，均系翻模成型后烧制而成。经考古专家鉴定，系宋代造物。画像砖上所塑造的打鼓者，腰挎细腰鼓、侧身，头向左后扬起，左脚着地，右腿前跨蹬出，双手一高一低作挥槌击鼓状，左侧一人为敲镲者，双脚跳起，收左腿，眼看左侧，双手在胸前作打镲状。击鼓者赤膊，穿灯笼裤，腰系彩带，飘至前下方。这两块画像砖的画面清晰，造型美观，生动地表现了宋代陕北地区的腰鼓表演。以后在安塞区的化子坪镇、宝塔区的李渠镇，还陆续出土过一些宋代腰鼓舞人物画像砖，这些画像砖对研究陕北腰鼓的历史渊源和发展，提供了弥足珍贵的资料。但由于这些出土资料零散、模糊，加上缺乏明确而翔实的文献佐证，很难成为现存陕北腰鼓来源的确凿证据。因而，关于陕北腰鼓的起源仍然停留在探索阶段。

## 老腰鼓是怎么来的

大致说来，关于横山老腰鼓的起源，目前流传有三种说法。

一、战争说。横山地处边陲，西与内蒙古自治区毗邻，无定河蜿蜒通过县境之北，明长城在县西北贯穿85公里之多，历来为北方游牧民族与中原王朝的飞兵逐鹿之地。居民多为戍守边关的军户，他们常年带着腰鼓，每遇敌情，便击鼓为号，以一传十，鸣警御敌。骑兵冲锋时，其余士兵也以腰鼓助威，激发斗志。取得胜利后，将士们燃起篝火，围坐狂欢，也少不了击鼓庆祝。后来随着战事消停，腰鼓渐渐由军旅传至民间，成为一种纯粹娱乐的民间艺术。

这是关于老腰鼓的起源最普遍的说法。当然也不是完全没有根据。现在老腰鼓的许多场图就是以战争阵图命名的，如“马方困城”“秦王乱点兵”“划四门”“卷席子”“卷心菜”；走的场子，如“大滑四门”“黑驴滚昼”“转九曲”“十二莲灯”也是根据战时阵图演变过来的。演员们穿的服装，挎鼓子（男角）头包黑布，戴无顶草帽，上穿钩云布衫，背印贯钱图，下穿灯笼裤，脚蹬黑布鞋，活脱脱一个戍边将士的装束。2019 年 1 月 15 日，我与田青、王克明、李建军诸先生在横山武镇，现场观看了元庄窠老腰鼓的表演，一见鼓子手的装束，就乐了，这和年画上李自成的造型太像了！不用化妆，这些老腰鼓队员直接演李自成的农民起义军没有任何问题。

但这仍然只能是一种推想。试想，腰鼓既是将士随身携带，就不可能太大，遇到敌情，击鼓传号，就不可能传太远。而边地多风，地广人稀，峁梁相隔，道阻且长，除非漫长的国境线上布置一条长长的人墙，否则，怎么可能通过击鼓传递声音信息？如果击鼓真能传递敌情，还要长城上的烽火台干嘛？因而，说打仗时擂鼓助威，我信；胜利后击鼓庆祝，我也信；但说靠小小的腰鼓传递敌情，我不信。

二、祭祀说。老腰鼓的重要载体是鼓，鼓作为一种历史悠久的乐器，被古人赋予了许多神秘的文化信息。他们认为“鼓能通神”，因而，鼓作为人与神交通的重要媒介，常常被用在一些重大的宗教祭祀活动中。传说黄帝大胜蚩尤后，部落成员为了庆祝胜利，就携带腰鼓，扮作魑魅起舞。古文亦载：“当岁一日，击鼓驱疫瘟之鬼，谓之害除，亦曰傩。”可见，古人是把鼓作为降妖除魔的利器使用的。古人为何有这种观念呢？因为鼓的声音和雷声很像，而雷声是能吓退敌人和妖魔的。因而，鼓就经常被用在一些除妖、赶鬼、消灾、治病等重大巫术活动中。尤其是在干旱少雨的陕北地区，鼓更是经常被用在“抬楼子”（“楼子”是由木板拼成的小轿子，里面放着神仙的牌位）祈雨的宗教活动中。因为只有鼓的声音可模拟雷声，当几百只鼓同时敲击，发出震耳欲聋的响声时，可给乡民们制造“雷响起来了”的幻觉。他们觉得，只要雷响起来了，雨也就不远了。电影《黄土地》就曾生动地再现过这一悲壮场面。

后来腰鼓虽然被世俗化了，但仍然被用在一些仪式感很强的宗教或半宗教活动中。如每年春节期间的谒庙、沿门子、选管事，都少不了腰鼓表演。

张存有地的谒庙活动，在每年农历的正月初一举行，比其他地方要早几天，但基本程序都差不多。初一清晨腰鼓队从“社家”（管理秧歌道具、服装的负责人家）出发，一路以“路鼓”表演的形式朝寺庙进发，然后会长在庙院中向神灵磕头、烧香，祭祀完毕后，伞头唱拜神秧歌，到最后一句时，其余队员应和作答（陕北话叫“接后音”）。每唱完一段，队员们叩头一次。三参三拜毕，全体队员在伞头带领下为神灵进行腰鼓表演。

沿门子虽然不是一项宗教活动，但它与一种久远的风俗相连，因而乡民们仍然将它视为一种神圣的仪式。一般程式是，腰鼓队在谒庙结束后，选一个固定的方向，挨家挨户向村民拜年。届时，伞头会根据这家人的实际情况送上祝福的唱词，内容无非是升官发财、平安健康一类。外地游客初听起来很不习惯，甚至有人认为这是“溜须拍马”“阿谀奉承”，但他们应该明白，这类赞词是献给草民，而不是官员的。这是与“溜须拍马”“阿谀奉承”最本质的区别。这些来自最底层的劳动者，一年来起早贪黑，顶风冒雨，将东山的日头背到西山，受尽官吏和自然的双重横暴。现在一切都过去了，他们需要这些来自邻人的祝福与鼓励，来增强自己对生活的信心。类似于佛家讲的“加

横山区党岔镇村民在扭秧歌

持”。因而，这类秧歌最忌讳“跌到地下”。所谓“跌到地下”，就是伞头唱到中间忘词了，卡住了，鼓手和其他队员不知所措。遇到这种情况，主人会认为很不吉利，甚至觉得“今年要倒大霉”，对秧歌队轻则恶言相向，重则棍棒赶出。因而，有经验的伞头沿门子，原则是“宁叫疙�不叫跌”。

“疙摭”就是不押韵，听起来拗口，但总比“跌到地下”叫人打上一顿强吧？

国家级非物质文化遗产“陕北民谚”传承人王建领先生，曾给我讲过这样一个故事：说米脂县有一支秧歌队给人拜年，进了一家院门，却找不到唱词，因为这家人实在乏善可陈，但又不能不唱，猛抬头，看见墙头上放一堆棒棒杆（玉米秆），伞头灵机一动，唱道：“进了你家的院仔细看，墙头上放一堆棒棒杆。”唱到这里，他已经没词了，但还是硬着头皮再唱：“棒棒杆，杆棒棒”——这实际上已经是无话找话，接下来是秧歌的最后一句，也是最关键的一句，但这时伞头已经完全失忆，大脑一片空白，只见这家人门上贴着红红的对联，就接着唱道：“你们家的对子是谁写的？”其他队员心中失笑，但谁也不敢声张，只能拖着长长的腔调应和：“你们家的对子是谁写的？”

这就叫“宁叫疙摭不叫跌”。它体现的是一种仪式的完整性，而不是唱词的优美、工整。

“选管事”是张存有地村延续多年的传统，主要指每年的二月初二对管理庙宇的会长、社家、纠手等负责人的改选。具体程式是，在每年二月初一的晚上，先在上一届的社家举行老腰鼓、搬水船、道情戏等文艺表演。初二白天，正式开始“选管事”。先由村民抬起楼子，然后会长跪地，问收成，请示神灵后开始换届。选拔范围涵盖全村男性村民。办法简单、直观，不投票，不演讲，楼子的轿杆指向谁，谁就是下一届的负责人。

从谒庙、沿门子、选管事这些宗教或半宗教活动中，你可以看出横山老腰鼓作为一个重要的构成在宗教祭祀活动中的残留。虽然这些活动仍然无法证明横山老腰鼓就是由宗教祭祀演变而来，但至少说明横山老腰鼓与宗教祭祀的渊源颇深。

还有一点值得注意，横山老腰鼓的“正宗窝子”张存有地的腰鼓队，至今没有女性队员。我就此事曾请教过国家级非物质文化遗产“横山老腰鼓”的传承人李成元先生。他说，横山老腰鼓从清朝到民国年间都没有女人参与，原因简单，那时候的女人都缠着脚，没办法打。后来有了大脚女人了，但还是没有人愿意加入，可能跟利益和观念都有关系。我问：“假如现在有女人愿意加入你们的团队，你们是否乐意接纳？”他说：“没问题，但她们要谒庙、抬楼子、当管事仍然不行，沿门子可以。”我问为什么？他说不为什么，“从老辈子手里传下来说，神神见不得不干净的东西。假如女人月经恰好来了，就是对神神的大不敬。”你当然可以说，这是对女性的歧视，但世界上许多宗教的律例里都有这一条。伊斯兰教的教法规定，女人在月经期间，不可封斋、礼拜，不可进入礼拜殿，不许诵读或触摸《古兰经》。因为他们认为，女人在月经期间是不干净的。基督教也一样，《旧约·利未记》明确规定："女人行经，必污秽七天，凡摸她的，必不洁净到晚上。女人在污秽之中，凡她所躺的物件都为不洁净；所坐的物件也都不洁净。"不洁净期间不得摸圣物，不可进圣所，"免得他们玷污我的帐幕"。

从这些方面，你可以看出横山老腰鼓来源于宗教祭祀的端倪，但应当承认我们目前掌握的资料还远远不够，要证明它来源于宗教祭祀，还需要更多的地下发掘和地上文献的支持。

三、牧羊说。还有一种说法，认为横山老腰鼓来源于牧羊人的发明创造。古时牧羊人为了调剂单调寂寞的生活，把树根掏空，在两端绷上羊皮，然后用木棍敲击出不同的声音，以此指挥羊群前进或后退。这种说法很有意思，但只能说明鼓是怎样发明创造的，不能说明腰鼓艺术就是由此而生的。我们知道，腰鼓离不开鼓，但有了鼓不等于就有了腰鼓艺术。从鼓到腰鼓艺术是一个漫长的衍生过程。一代代的牧羊人为了排除寂寞，可以不断改进鼓的制作工艺，造出经久耐用的好鼓，但靠拦羊老汉在孤山旷野发明不同的打法，创造出多变的阵形，不说绝无可能，至少也是难以想象的。

## 腰鼓就是腰鼓

横山老腰鼓在表演风格上，慷慨激昂，快收猛放，尽显

横山塔湾韩羊圈村一瞥

原始、狂野之美。也许它真的是从军旅战阵中脱胎而来，其舞姿豪迈，步伐多变，场面穿插频繁，构图对称灵活，形成了一种既协调又丰富的表演样式。每个演员在表演时，虽有统一的步调，但有时会达到情不自禁的程度，使腾空、缠腰、摆头、舞臂、跳转、走翻等动作既规范又富有个性。其动作矫健有力，潇洒大方，线条流畅，节奏感强，塑造了一群既朴素又夸张的舞蹈形象。

角色上主要分挎鼓子（男角）、蜡花（女角）、伞头和各色杂丑。道具主要有腰鼓、晃子、虎铮、旋子、小镲等。表演服装各乡镇略有差别，但大同小异。挎鼓子头包黑布，戴无顶草帽，身着钩云衫，腿穿灯笼裤；蜡花则头戴花毛巾，脑后束长辫，上裹五彩大襟衣，下着吊穗老罗裙。伞头则头包黄稠，身披战巾，腰扎红绸布，脚蹬黑布鞋，俨然一副农民起义军领袖的风采。

打法上一般分文、武两种。文腰鼓俗称“老人腰鼓”，一般由老人和孩子组成，动作多为“缠腰打”“掏腿打”“转身打”，表演风格沉稳平缓，风趣幽默。武腰鼓俗称“后生腰鼓”，均由小伙子表演，动作幅度大，节奏快速多变，舞姿刚猛有力，表演风格可概括为“快而不断，犯而不乱”。

也有人认为，文腰鼓集中在“下三路”，武腰鼓集中在“上三路”。实际上，腰鼓不论文武，都是“上三路”与“下三路”的融会贯通，不存在一个单打“下三路”的文腰鼓，也不存在一个单打“上三路”的武腰鼓。腰鼓就是腰鼓，没有“上三路”与“下三路”之分。文武之别主要在动作与节奏上。

## 为什么会出现在横山

2019 年 1 月 14 日，我们有幸在横山镇高家洼村观看了一场由横山青年剧团表演的老腰鼓，这场表演以其粗犷豪放、质朴热烈的风格，给外地专家留下了极其难忘的印象。“非遗保护”专家田青先生看后，激动地说：“这是一种来自远古的感动。男人像男人，女人像女人，尤其是女角那种千娇百媚、含羞带笑的神情在都市女人的脸上已经很少看到了。”但他们也反复问到这样一个问题：这样一种风格独特、造型古朴、视觉震撼强烈的民间舞蹈艺术，为什么会出现在横山，而不是其他地方？这个问题值得深思。

首先，横山地处毛乌素沙漠南缘，与蒙古接壤，又当无定河入口要隘，攻防扼守，最为险要，历来为汉民族与北方游牧民族拉锯争夺之地。北宋时宋夏以境南之横山为界，争战激烈，互有收复。南宋时金夏以芦河、无定河为界，芦河以西、无定河以北归西夏，芦河以东、无定河以南属金地，互有攻伐。明代为延绥镇榆林卫重地，沿长城置波罗、清平两堡，均设有参将把守。清雍正九年（1731 年），合怀远、波罗、响水、威武、清平五堡成县。需要说明的是，当时延绥镇在长城一线共筑营堡 36 座，横山一县竟占七分之一还有零。可以说，横山自古就是中原王朝在西北的一座大围墙。墙倒则北方异族呼啸而入，掳掠而去；墙高则中原汉人倚墙而卧，枕戈待旦。当地居民多为边防军户后裔，久习战阵，受军事文化影响颇深。因此，如果说老腰鼓是由战争中的擂鼓助威脱胎而来，那么，横山成为老腰鼓的第一发祥地就不足为奇了。因为在目前陕北的25个区县中，再没有像横山这样地处战略要冲，又久经异族征战之苦的地方了。

其次，横山境内庙宇林立，数量之多，为陕北之冠。据不完全统计，虽经“文革”大量毁坏，横山现存庙宇仍有两千多座。大的寺庙有鸿门寺、接引寺、法云寺、石佛寺、宝山寺、龙凤山庙、野猫山庙、盘龙寺、大庆寺等，其余山间小庙，几乎庄庄皆有，不可胜计。横山党岔的“牛王会”，仪式古老，程序谨严，至今延续已一千多年。县北有一小镇，名曰“波罗”，镇名即出自佛教经书《般若波罗蜜多心经》。“波罗蜜多”系梵语，意谓超度凡人到彼岸。有人考证，这种直接以经书词汇命名的乡镇，在全国都是很少见的。

究其因，还在于横山地处战略要冲，北方民族与中原民族拉锯争战频仍，而战争导致了大量人口死亡，家庭离散，并往往伴随瘟疫、牲畜死亡等众多灾害，官方又没有救济渠道，故民间广建寺庙、遍设水陆道场以自救。

陕北民间自古即信萨满教，相信万物有灵，崇拜的对象多以鱼鳖海怪、城狐社鼠变成的自然神为主；然历经近一个世纪的“革命文化”洗礼，信仰多不虔诚。一般百姓总抱着“不可不信，也不可全信”的“不得罪主义”向神求拜；“不可不信”是指万一神是真的，我若“不信”就会吃亏；“不可全信”是指万一神是假的，我若“全信”也会上当。这种将信将疑的态度透露出一种农民式的狡黠，我称之为

“以革命的两手对待反革命的两手”。独横山人例外。《怀远县志》载：“怀俗与蒙古为邻，士风淳朴，时耕时读，民情愚憨，止务本业，不知逐末。”（转引自《延绥揽胜》，第106页，曹颖僧著，榆林市黄土文化研究会、榆林市政协文史委员会编）虽屡经“文革”中“破四旧”“反封建迷信”等浪潮冲击，然民众性情之憨直、信仰之虔诚，实为陕北仅有。为什么在一个物质主义引领时尚、传统信仰大多土崩瓦解的时代中，唯独横山人有崇佛信道之风尚？鄙人推测：可能跟盘踞横山几百年的党项人有关。史料记载，夏国崇佛，境内寺庙多如牛毛，上层僧侣在政治、经济、文化上都发挥着重要作用。寺庙从夏廷取得许多特权，拥有大量土地，并开设质房，发放高利贷，一时蔚然成风。是否受其影响，暂且存疑。

现在要说的是，横山境内林立的寺庙、憨直的民众，为老腰鼓的生存和发展提供了肥沃的土壤；反过来说，老腰鼓就应当生长在这一片单纯、热烈的沃野上。因为大部分的民间艺术是与当地的礼俗、祭祀活动相伴而生的。就老腰鼓来说，只要有寺庙，就会有庙会；只要有庙会，就会有老腰鼓。因为对于横山人来说，只要庙会“娱神”“娱人”的功能在，老腰鼓就是一种“刚需”。正如前面所述，老腰鼓如果真是由宗教祭祀衍变而来，那么，横山成为老腰鼓的“祖庭”就不难理解了。因为在目前陕北的25个区县中，再没有像横山这样拥有如此众多的寺庙，又有如此憨直信众的地方了。

最后一点，也是很重要的一点，就是地理上的封闭。以往研究民间艺术的学者对一种艺术自身的规律探讨足够多，而对它赖以生存的环境，尤其是地理环境关注远远不足。实际上，一种艺术，尤其是民间艺术，地理环境往往对它起着至关重要，甚至是决定性的作用。法国人丹纳在他的名著《艺术哲学》中对此有精彩的论述。老腰鼓也不例外。横山地处边塞，常年征战不断，境内寺庙林立，只是为它提供了生存的土壤。如果没有相对封闭的环境，老腰鼓就不可能形成相对独立、完整的形态。也就是说战争、宗教只是孕育它的母亲，而它要长大成人，全赖这一片高天厚土经世累代的封闭式训练。

现在我们看看横山的地理环境：横山的北部、西部，皆为毛乌素沙漠的南缘，芦河以西、无定河以北皆为沙漠边缘的风沙草滩区，芦河以西又有万里长城斜穿而过。也就是说，古人即使冒着生命危险越过长城，到达口外，也根本无法活着穿过飞沙走石的茫茫戈壁。这样，县境之北、之西的路基本上被堵死了。县境之南是十万大山，名曰“横山”（县域由此得名），横亘蜿蜒陕北一千五百余里，直达子午岭北麓。西夏与宋对峙，正赖此山延袤千里，险峻万丈。可以想见，一个生活在几百年前的横山人，要想徒步穿越横山山脉，到无定河流域或大理河川谋生，基本上是不可能的。那么，只剩下两个出口通向远方：一个是经过无定河流域到达绥德、米脂；另一个是通过大理河川往东到达绥德、米脂，往西到达三边、宁夏。而在这两道河川里生活的人本来就不多，因而走向外地的机会绝少，除非遭遇类似民国十八年（1929 年）的大饥荒，横山人很难走出横山。

这样一种封闭的环境，造就了横山人安土乐耕的性格，也造就了这片土地上人文艺术的相对独立性。据李成元先生向笔者介绍，老腰鼓传到他手里已经第 23 代了，他的腰鼓是跟他父亲李应华学的，李应华又是跟他大爷爷李树芳学的。李应华当张存有地庙会的会长共 55 年，伞头则一直从年轻当到老。李成元从父亲手里接过日照（伞），一当就是 20 多年。现在人老了，记性不好了，怕给人“跌到地下”，才交给年轻人了。他说：“过去的腰鼓不用说不到外县去传，就是相邻的村子也基本上不交流，各打各的。除非人家主动找上门来，请你去教；否则不可能坐到一起，相互切磋技艺。每个乡镇、大一点儿村子的腰鼓，从节奏到动作、从场图到曲调都是独立的。”这段话从实地印证了横山老腰鼓的封闭性，但传到安塞就变了，因为安塞的地理条件要比横山好得多，交流起来更方便——否则，横山人不可能跑到安塞去。所以安塞腰鼓现在基本上程式化了，商业气息很浓，没法保持原生态。

## 老腰鼓有未来吗

最早横山老腰鼓作为一项独立的活动，是专门用来向神祈求丰年、平安和雨水的；但后来慢慢世俗化，由娱神向娱人转变，由祈祷向表演转变，由仪式向艺术转变。这个转变在张存有地是从清代道光年间开始的，老人们从“文革”中被毁的庙碑上亲眼看到过。也就是从那时起，横山腰鼓由“祭祀腰鼓”改为“社火腰鼓”。现在的老腰鼓基本上是寄生在周期性的秧歌活动中得以存在的。无论是现代的安塞腰

20世纪80年代横山腰鼓手

鼓，还是传统的横山老腰鼓，都要遵照世代相传的礼俗挨家挨户去“沿门子”，否则很难生存下去。在表演的程式上也基本遵循着秧歌“舞—唱—舞”的三段式结构，不然，它没法从农户那里讨得吉庆，从而维持腰鼓队最基本的需求。

除了跟着秧歌队拜年，老腰鼓还经常穿插在社火、庙会、搬水船、抬楼子等世俗或宗教活动中，但无论是社火、庙会，还是搬水船、抬楼子，在现代商品经济大潮中，都不可避免地走向衰落。因而，从长远来看，老腰鼓要想获得更大的发展是不可能的。因为老腰鼓的兴盛、发展得益于农业时代人们娱乐方式的单一和匮乏。随着社会开放程度的加深，人们的娱乐方式日趋丰富多彩，老腰鼓总有一天要走向衰亡。

与世界上所有的发明创造一样，老腰鼓也诞生于人们的“需要”之中。是“需要”刺激了它的诞生，也是“需要”刺激了它的兴盛。最终也是“不需要”导致了它的衰落和灭亡。

这“需要”既包括物质需要，也包括精神信仰的需要。

在农业时代，人们的生活节奏很慢，社会的分工简单、固定，封闭的地理环境又像一道道寨栅将人们圈在家里。乡民们冬日无事，闲居在家，虽然在“祭祀腰鼓”的时代，打腰鼓都是义务的，但对于荷尔蒙过剩的后生们来说，闲着也是闲着，出去打打腰鼓说不定还能“燿搭”（陕北方言，意思是“炫耀”“迷乱”，读作“rào dǎ”）个婆姨。这是最现实的考量。即便在生活条件大大改善的今天，老腰鼓还能在正月里打起来，除了极个别超级粉丝，对大多数人来说，最主要的原因还是由于正月里无工可打。一过二月，腰鼓队就基本处于解散状态，因为开春以后，乡民们都进城务工去了，只留老弱病残在家，根本组织不起来。可想而知，在温饱还没有解决的古代，冬季如果能出去挣钱养家，老腰鼓一定闹不起来。

除了实际的考虑，人们对精神信仰的需求也是催生老腰鼓的因素之一。旧时的人们，尤其是在文化落后的陕北，人们对神灵的敬畏是现在的陕北人无法想象的。李成元先生深有感慨地说：“现在的年轻人变了，但我的父亲这一辈人对神灵虔敬得要命。‘文革’中驻队干部要求交出庙上的‘签谱’‘缘谱’，我父亲是会长，先是说没有，后来实在顶不住了，就撕下几页重要的藏起来，把余下的含泪交了。还有，过去的伞头执伞时，伞不能向下，更不能落地。因为他们相信有神在天上看着。腰鼓队员的衣服也不能坐到屁股底下，因为这些衣服都是进过庙，受过香烟的，平时都在会窑的高处放着。”那时的人们当然知道，腰鼓是敬神的，而敬神的事都是义务的，不能提钱，但为什么还能一代代地坚持下来，一打就是二百多年？是因为他们相信，神灵会保佑他们平安、健康、一年无殃。

而现在，这两种“需要”都在衰退。

先说物质需要。现在横山老腰鼓在正月里闹红火，在本村的所有活动包括谒庙、沿门子、搬水船都是义务的，沿门子收的钱都留在了庙上，归庙会统一管理。赴外村演出的收入，若数额很小，也直接划归庙产；若数额可观，则留一半给演员，另一半归庙会。但一般来说，这样的机会不多。即使有，也少得可怜。2019 年的元宵节，横山区在街上举行秧歌会演，政府共拨给张存有地腰鼓队津贴 5 万元，每个队员分到 400 元。他们说，跑烂袜子跳烂鞋，才挣 400 元，还不如打两天工！至于说靠打腰鼓“燿搭”个婆姨，后生们心里明得跟镜似的：时代不同了，婆姨们不一样了，如果兜里没钱，腰鼓打得再好，婆姨们也只是把你当猴看。

至于说信仰方面的需要，随着高等教育的普及、交通信息的发达、社交媒体的日新月异，年轻人也普遍不像上一辈那么“憨直”了。天上有没有“神神”，他们不敢说，反正坐飞机没见过。进了庙门，一般不乱说乱动；但一出庙门，对那些泥塑木梗，基本上都取一种戏谑的态度。比起那些虚无缥缈的“神神”，他们更相信“三分天注定，七分靠打拼，爱拼才会赢。”

也有人不那么悲观。他们认为，借助国家提倡传统文化、国际上保护“非物质文化遗产”的东风，这些地方性的民间艺术，有可能迎来一个更美好的明天。但他们显然不了解，在文明转型的过程中，权力的作用其实是有限的。政府动用国家力量对一些行将就木的农业时代的“民艺”进行保护，在一定程度上可以延缓它们衰亡的脚步，但无法从根本上扭转人类由农业文明向工商业文明、信息文明转型的趋势。说到底，民歌、说书、剪纸、老腰鼓这些民间艺术都是农业时代的产物。如果说农业时代的生产方式、生活习惯是皮，民歌、说书、剪纸、老腰鼓这些民间艺术就是毛，皮之不存，毛将焉附？况且政府保护“非遗”的宗旨本来就是“保护为主、抢救第一、合理利用、传承发展”。谁见过一个已经开始“抢救”“保护”的濒危老人，还能长命百岁的？但我们不能说，政府立项保护“非物质文化遗产”毫无用处。截至目前，政府保护“非物质文化遗产”的最大功效，不在于它实际挽救了多少濒危的民间艺术，而在于它给包括老腰鼓在内的诸多民间艺术穿上了合法的外衣，使它们可以公开地、堂而皇之地走进政府主办的各种演出、晚会、赛事和影视剧中，而不再担心被当作“四旧”破了，被当作“封资修”批判了。艺人们也可以公开地、正大光明地向包括政府部门在内的主办方索要报酬，而不再担心被当作“牛鬼蛇神”“大

横山区赵石畔村一瞥

毒草”一绳子捆起来了。在此大好形势的感召下，陕北一些地方甚至巫婆神汉也出来“维权”，他们扛着三山刀，手拿麻鞭、铜铃，到政府部门“理论”，要求将“跳神”也纳入“国家级的非遗保护”范围，但截至目前，我没有听说他们收到关于正式立项的答复。

从思维发展的角度看，人类大致经历了三个阶段：神学阶段、玄学阶段、科学阶段。国家提倡复兴传统文化，可以使一国国民对本族既往的历史与文化，抱有一种“温情的敬意”，不致陷入虚无主义泥淖。但谁也无法否认科学、技术的进步带给人类的巨大福祉。从长远来看，是科学、技术的进步带给人类的便利推动着人类社会向前发展；而传统文化中的好多分支，包括历史、哲学、医学诸项，从思维方式上看，基本上停留在玄学阶段，更不用说充满神学色彩的各种民间艺术了。

以秧歌为例，祭祀时代的许多复杂场图，现在的伞头已经不会走了。原因很简单：祭祀秧歌的场图是给神看的，不是给人看的。只有想象有一位甚至多位神灵在空中看着，地上变化多端的图案才是有意义的。而社火秧歌是演给人看的，人在旁边，从一个角度平视出去，是看不出任何名堂的。因而，现在的伞头只注重队列的整齐划一、场面的恢宏浩大、气势的磅礴惊人，根本不注重个人的内在表达。

那么，身处农业文明向工商业文明、信息文明转型的当下，我们是不是就无所作为了呢？不是。依照目前的形势和条件，我们至少可以做以下三个梯次的工作。

第一，搜集整理。我们可以利用目前拥有的，包括录音、出版、影像、网络等一切技术手段，将那些濒临灭亡的传统民间艺术全方位地记录、整理下来，存入档案馆、博物院、图书馆或研究中心，给我们的后人在研究历史或我们这个时代的文艺时，提供尽可能丰富的图书、影像和实物资料。我们相信，石在，火种就在。后人在检阅这些“火种”时，或许会说：我们的祖先尽管活得屈辱而艰难，但这些男男女女竟不为现实所绊，曾那么浪漫地生存过、诗意地表达过、醉美地舞蹈过，就够了。至于他们会不会利用我们遗留的文献，创造出另一种艺术，就不必操心了。

第二，扩大传播。在搜集整理的基础上，还应当借助影视、网络、报刊、自媒体等一切传播手段，将包括老腰鼓在内的民间艺术，以符合现代审美习惯的形式展示给世界。因为与所有的民间艺术一样，老腰鼓诞生在一个封闭的环境里，农业时代的信息传播手段匮乏而低效，几乎没有向外展示自己的机会，基本上处于自生自灭的状态。但现在不同了，只要手机信号能够到达，任何一个山村小镇与国际大都市在理论上拥有的信息资源是一致的。固然，老腰鼓是一种地域性很强的艺术，但与说书、民歌相较，它主要是靠舞蹈和音乐来展示自身魅力的，较少受到方言的限制。因而，借助发达的网络技术，反而比那些语言类“民艺”更容易推广。

第三，发展创造。在保留传统式样的基础上，用现代的观念、手法，改编和创作一批反映当代陕北人生活和思想的优秀作品。这就要求老腰鼓的从业者、领航者从服装到道具、从场图到曲调进行全方位改革。改革当然不能丢了根本，关键在于既保留传统艺术的根脉，又能散枝开叶，老树抽新芽，进行新的阐释和演绎。这样，老腰鼓便如凤凰涅槃、灵通转世，既是灭亡，又是新生。

# 陕北说书的风格流变

## ——以横山艺人韩起祥、张俊功、王学诗为例

狄　马

作家，民俗专家

正月里来正月正，
朱洪武打马坐过南京，
保国忠良胡大海，
鞭打采石矶的常遇春。

二月里来龙抬头，
苏妲己修下了摘星楼，
贾氏夫人扑楼死，
黄飞虎反出了午朝门。

三月里来桃花红，
白马银枪赵子龙，
长坂坡前救阿斗，
乱马营中逞英雄。

……

为什么要把这些好汉讲？
这都是些前朝的好汉王，
留在世上做些影响，
一代一代往下扬。

这是陕北说书的一段开场白，艺人们把它叫“书帽子”。他们怀抱三弦，腿绑甩板，一边用这诗句安抚观众，一边在头脑里寻找合唱的书目。悠扬的琴声在群山峁梁上响起，伴随着寺内的袅袅香烟，说书人找到了讲唱的主题……琴声渐低，旁白走开，今天要演唱的英雄人物正式登台。

过去这些艺人都是盲人，他们背负琴弦，向天而歌，常年行走在贫瘠而荒凉的高原上。像古希腊的荷马，用竖琴演唱：“帕琉斯之子阿喀琉斯的愤怒，这愤怒给阿开亚人带来了无限的苦难。很多勇敢的灵魂就这样被打入哈迪斯的冥土，许多英雄的尸骨沦为野狗和兀鹰之口。”这些陕北高原上的荷马用弦琴演唱本民族的英雄，那些沉睡在时光深处的“忠臣良将、才子佳人”，他们的苦难、他们的欢乐、他们的功业和传奇，将随着这琴声传扬在世上。

这些盲人过去都是文盲，他们的技艺多靠师傅口耳相传。为了获得更多的生存机会，除了说唱，师傅还教他们算命、摸骨、包锁等半巫半医的技能。学成以后，就游走在乡村和庙会之间，靠给人“还口愿”[1]或说“庙会书”[2]艰难度日。在一般乡民心中，他们的营生被视为“下九流”，无人关注，更不用说研究。对他们自己来说，说书也不过是一个谋

[1] 旧时陕北农村缺医少药，乡民每遇大牲畜或孩子有病，便在神佛面前许下心愿，言明如果该神佛能保佑病畜或病人痊愈，将来一定请书匠上门说书，谓之“还口愿”，说的书就叫“口愿书”。

[2] 北方农村的寺庙，每遇神佛诞辰或成仙成圣的日子都要举办庆祝活动，乡民把这种庆祝活动叫“庙会”，在庙会上表演的说书叫“庙会书”。庙会书与“口愿书”不同，它有固定的日期。

生的手段，是老天爷留给盲人的“一碗饭”，其他人不能端。后来随着社会的开放，专业的文学工作者走近他们的“碗”边一看，大吃一惊：这些盲人为讨生活的说唱，在开场、破题、转折、渲染、夸饰、省略、衔接、推进、过渡、结束等方面都有一整套完整的技巧，显示了这些民间艺术家高超的智慧。经过多年的田野调查和文献考证，证实陕北说书属于北方鼓词话本系统，在民俗学、语言学、文化人类学等方面都有重要的研究价值，被誉为“民间说唱文学的活化石”。

## 一

有人问，这门艺术是什么时候诞生的？它的历史究竟有多长？没有人能说得清。

官方的学者说它诞生于先秦时的“瞽官”制度，“瞽”“矇”在上古文献中都是指盲人乐官，主要职责是在国家的各种重大祭祀典礼上奏乐歌唱，并朗诵帝王将相的世系功德。后来王室衰微，诸侯争霸，礼崩乐坏，这些原来享有崇高地位的“瞽”“矇”被逐出宫廷，流落民间，靠卜命算卦，或给有钱人唱歌助餐，甚至沿街乞讨为生。汉以后佛教由印度传入中土，这些整天混迹于乞丐与引车卖浆者之流的盲人，找到了新的合作伙伴，他们把行乞歌发展成劝世性质的宗教故事，唱给在家居士或寺庙信众，再经过世代艺人的改良，逐步发展成有一定仪轨和表演程式的民间讲唱艺术。

这种说法也不是全无道理。你看，过去的说书艺人也都是盲人，也靠卜命算卦为生，直到现在说书艺人还在跑庙会，还在讲劝谕讽世的故事，这就是明证。但“瞽官”制度毕竟是解释所有讲唱文学的，它和陕北说书并没有发现直接联系。因而，笼统地讲陕北说书发源于周代的“瞽官”制度没有多大意义。

艺人们的说法简单明了。他们说，陕北说书是三皇（黄）留下的。但你再问：“哪个皇（黄）？是皇帝的‘皇’，还是黄颜色的‘黄’？”他们说：“解（hài）球不下！师傅就是这么说的。”

据韩起祥在他的口述史中回忆，他的师傅们认为三皇（黄）的皇（黄）应该就是姓黄的“黄”。故事是这样的：相传在奴隶社会，有姓黄的弟兄三人，都给奴隶主当奴隶。大黄叫奴隶主把右手剁了，二黄叫奴隶主把右腿打坏了，三黄叫奴隶主婆把眼睛扎瞎了。弟兄三个都成了残疾人，奴隶主就不要了，把他们赶出家门。他们就流浪到陕北一个叫青花县的地方。有一天，大黄捡到两块烂木板，敲出了些响声，就拿到手中，走到有钱人门上，边敲边说些吉庆话。二黄捡到一个罗圈子，装了一个木把，又缩了三根羊肠子，这就是三弦的雏形。三黄心最灵，有一天从古墓里捡到一个烂匣子，又看见人家杀羊了，要了几根羊麻肠绑到匣子上，在匣子上又安了一个蝎子尾巴，这就是后世的曲项琵琶。大黄、二黄后来到了山西，大黄的技艺就演变成了现在的“莲花落”，二黄最后在榆林落了脚，收了18个徒弟，一人一个调，就变成了陕北说书的“九腔十八调”。三黄在延安一带，找了一个寻吃婆姨，以弹奏琵琶为生，后来就成了琵琶说书的鼻祖。[3]

这个故事大致描述了莲花落、三弦、琵琶的发明过程，还极为难得地点出了莲花落、三弦说书、琵琶说书的不同流布范围，但它的漏洞是显而易见的。

首先，在传统中国的乡民心中，是没有“奴隶主”和“奴隶”的概念的。“奴隶主”和“奴隶”的概念是“阶级斗争”学说引进以后，才在乡民心中建立起来的。乡土社会中的人们原来只有“财主”“受苦人”“公家人”“老百姓”等简单的划分。其次，即使真有所谓“奴隶社会”，“奴隶社会”真有“奴隶主”和“奴隶”两个阶级，奴隶主也不会把奴隶的手剁了，腿打断，眼扎瞎。原因很简单：奴隶是奴隶主的私有财产。一个人只要不是神经病，不会愚蠢到自毁财产。你把他的手剁了，他不能干活；腿打断，他不会走路；眼扎瞎，他看不见东西；他们还怎么为你服务？难道把他们致残、赶走，为的是再花钱买三个新的回来？不用说他们是人，就当他们是牲口，有谁见过把自家的牲口腿打断、眼弄瞎的？我在农村生活近二十年，一般农民把自家的牛马驴都当作家庭成员对待的，虽然有时脾气上来，骂两声，抽几鞭，但绝不会把它们致残，然后赶出家门。原因简单：赶走

[3] 韩起祥口述，孙宏亮编：《红色说书人：韩起祥陕北说书口述史》，中国致公出版社，2018 年 11 月第 1 版，第 1 ~ 12 页。

以后，还要花钱买了嘛！

因而，我怀疑这个故事不是陕北说书人固有的，而是延安时期边区的文化干部硬塞给韩起祥的，或者原来有一个故事的框架，边区“文协”[4]的干部为了使它更符合当时的意识形态，硬加了一些“阶级斗争”的噱头，然后讲给韩起祥的。

比起这个充满“阶级斗争”气味的“三黄说”，我倒觉得“三皇说”更近乎实际。理由是，过去说书人家里都敬三皇。他们认为，三皇可以保佑他们生意兴隆，出入平安。说书人拜师，进门首先不拜师傅，而是和师傅一起跪下，祷告三皇爷，让他保佑弟子尽快学会，早点儿挣钱。还有，每逢农历的七月十五，说书人都要到三皇庙上烧香，并义务说书三天。庙上不给报酬，只管吃喝。韩起祥年轻时就参加过一次姬家峁三皇庙的说书会演。但你若问：三皇是谁，主管什么？他们大都说不清。有说是天皇、地皇、人皇的，有说是伏羲、女娲、神农的，还有说是尧、舜、禹的，莫衷一是。

韩起祥留下的“三皇说”是这样的：人皇的大太子眼睛瞎了，人皇就把他赶出家门。有一天，太子走到一座深山，碰见一只蝎子精，他把蝎子精打死，又把它的肠子抽出来，做了四根弦，绾到肚壳上，这

［4］1937年11月，在延安成立的以文学团体为骨干的抗日文化组织。全称为“陕甘宁特区文化救亡协会”，简称“文协”。这是延安的左翼文化人成立较早的群众性组织。

就是后世琵琶的雏形。后来人皇死了，太子登基了。他宣布以后人眼睛瞎了就去说书，明眼人不要抢。这就是三皇治世留下的盲人说书故事。这个故事比“三黄说”简单，也较符合情理，但也同样充满悬疑。琵琶说书既是人皇的大太子创立的，说书人敬奉的就应该是大太子，而不是把他赶出家门的老父亲。即使大太子不计前嫌，以德报怨，宽恕了犯有遗弃罪的父亲，说书人也只应敬奉人皇，为什么要连其他“两皇”也一起敬奉呢？天皇、地皇和人皇究竟是什么关系？没有人能说得清。

陕北说书真正能够说得清的历史，是从韩起祥开始的。

## 二

韩起祥（1915—1989年），陕西横山党岔乡韩家园子村人。三岁时因出天花导致双目失明。幼年失怙，靠母亲卖豆腐维持生计。13岁拜米脂杜维新为师学习说书。翌年，出师行艺，逢陕北大旱，家人各自逃生，撇下身有残障的他无人照应。悬梁上吊后，被好心人搭救，同去山西逃难。两年后还乡，边说书边行乞，乡人谓之“刮野鬼”。1940年，因得罪当地驻军军官何绍南的“说书主任”，又遭水灾，遂约齐32户村民，夜奔延安。1945年，加入边区“文协”说书组，以编新书、说新话，宣传共产党的方针政策为第一要务。1946 年 8 月，因受邀为毛泽东、朱德说书，一举成名。1949 年后，历任西北曲艺改进会主任、中国曲艺家协会副主席等职。“文革”中被当作“黑线人物”打倒，多次遭受游街批斗。晚年创建延安地区曲艺馆，抢救说书遗产，培养说书新人。1989 年 8 月，这位饱尝人间苦难的传奇艺人因患心脏病与世长辞，享年 75 岁。

从 1935 年开始，韩起祥就着意对陕北说书的音乐进行大胆革新。他先从戏剧曲调中汲取灵感，将说书的三板（紧、快、慢）改为四板（紧、平、快、慢），后来又借鉴戏剧表演的角色分类知识和表演经验，给书中人物设定角色，给书中唱段设置情感，使陕北说书初步分出了男女老少、喜怒哀乐，有了戏剧表演的味道。当时，好多老艺人有意见，说：“你看，你把陕北说书改成了‘四不像’，像个吹鼓手，又像个唱戏的。”但他不为所动，更广泛地吸纳唢呐、道情、碗碗腔、山西梆子、民歌小调的旋律，并将它们糅合到说书音乐中，使得原来单调、沉闷的说书，变得丰富、动听起来。

过去不管什么书，艺人就用三个板：慢板、紧板、快板，书中人物也不分男女老少，全是一个腔调。说书人也不管书中人物的喜怒哀乐，只管两眼望天，脸色平平地说完就完了。比起说书音乐的好坏，有没有人喜欢，他们更关心主家给他们吃什么。一般来说，主家给他们吃得越好，他们就说得越好；吃

1960 年的《民间文学》的封面为韩起祥在延安宝塔山下为群众说书

横山说书艺人韩起祥 1946 年 8 月开始多次为毛泽东、朱德说书后一举成名。新中国成立后曾任中国曲协副主席。

得不好，说得也不好。我小时候，村里来了一位盲艺人，须发皆白，队长安排到一家光景还不错的村民家中吃饭。饭后说书，艺人刚说了一会儿，全村人就睡倒一大半。中场休息时，有些“老书根”就调侃他：“韩师，你往常说得还行么，今天怎么一满把人瞌睡得？”“韩师”没好气地说：“看你们的吃水！还想听好的？”全村人才从梦中醒来，大家转而指责招待艺人的这家婆姨。这婆姨很委屈地说：“给你吃面还不好？我们的娃娃都没吃一口呢！”谁知这艺人不说吃面还罢，一说吃面，火更大了，直着嗓子说：“你那还叫面！碗大汤宽一根面。”说书人说了一晚上，只有这句话把全村人都逗笑了——他嫌汤多面少，捞不起。

实际上，他们中的多数人只是把说书当作一种糊口的手段，极少认为这是一门艺术需要着意改进。事主请他们来，也只是为了“还口愿”，不在乎他们说得好坏，自我调侃曰“哄神神”了。因而，一般的场面就是：说书人在炕上说着，他身旁有睡觉的，有打呼噜的，还有说梦话的……脚地下有抽旱烟的，有拉话的，还有趁黑摸手手的……只有主家不敢睡，因为他要不时起来烧纸、点香。

在陕北，关于说书人的故事流传很多，我听过两个。

一个说，有一位书匠（陕北人把说书人叫“书匠”）到一个村里来说书，三弦弹起，正本搬开，说了不到半个时辰，听书的都睡着了，这回似乎是连主家都睡着了，只有一位寡妇在地下哭泣。这书匠就大为感动，于是停下三弦，问这位妇人：“娘子，为什么人家都睡了，只有你在伤心地哭泣？莫非是我说的书打动了你？”妇人说：“是啊，我一听你的三弦，就想起了我的男人。”书匠问：“你男人是干什么的？”妇人答：“我男人是弹棉花的。”

另一个说，有一位书匠到一个庄里说书，也是说了没一会儿，听书的就都跑了。这个村的人似乎更憨直，他们可能觉得，与其在别人家的地上打盹，还不如回自家的炕上舒服，只有一个小孩守在说书人的身旁。这书匠就十分感动，含着热泪问这个小孩："娃娃，为什么人家都走了，只有你在听着，是不是我说得吸住了你？"谁知这小孩说："不是，我爸妈都走了，让我等着拿你屁股下面的那个板凳。"

从韩起祥开始，艺人有了自觉改变的意识。这很不简单。从此，说书不再是一种为了糊口的简单技能，而是一项渗透着强烈的主体意识和审美意识的精神劳动。比如，他觉得书中人物有了男女老少的角色意识还不够，还应当在唱词的喜怒哀乐上下功夫。这项工作是从 1945 年编《刘巧团圆》时开始的。简单地说，就是陕北说书应当像戏剧表演一样，当喜处则喜，当怒处则怒，当哀处则哀，当乐处则乐。这话现在看来不难，和废话差不多，但在当时对那些祖祖辈辈视此为饭碗的盲艺人来说，无异于平地一声雷。他们说："你不要瞎改，你再怎么能行，还能把说书改成唱戏？"但韩起祥并不满足于对书中唱段做简单的情感处理，而是对各种人物的复杂情绪进行详细的揣摩和推演。这时，韩起祥本人长期颠沛流离，尝遍生活的酸甜苦辣，看尽人世的眉高眼低，就成了一笔宝贵的资源。他说，喜有多种，一个人听见哥哥家里生下孩子，和自己的婆姨生下孩子，喜法是不一样的。哀也有多种，媳妇哭婆婆，和女儿哭娘就不一样，女人哭父母，和哭自己的孩子也不一样。具体用到说书的哭板上就应当有区别。陕北谚语说："儿嚎一声顶三声，女嚎三声顶一声，媳妇嚎三声顶驴叫一声。”说的是老人去世后，各色人等虽然都在灵前“嚎”，但“含哀量”是不一样的。乐也有多种，轻微的乐与欢乐不一样，“还有一种喜乐，比方说这个人多年没见他的娘老子，今天猛然见了，这种喜可不一样。你们不晓有没有体会，我可是有体会。这种高兴是又带欢喜，又想哭又想笑，有时间热泪就流出来了。”[5]这些道理听起来不复杂，但若对人性没有充分的体悟，说不出来。钱钟书在《管锥编》里，对史家写史有这样的话：“史家追叙真人实事，每须遥体人情，悬想事势，设身局中，潜心腔内，忖之度之，以揣以摩，庶几入情合理。盖与小说、院本之臆造人物，虚构境地，不尽同而可相通。”他说的“院本”就是说书的唱本，他认为史家写史与“院本”创作都需要“遥体人情，悬想事势”，而不是向壁虚构。

但有的“体悟”就带有明显的时代局限，或者说是韩起祥的个人偏见。比如他说：“怒也有几种，一种是平怒，一般人的怒，比方说不是敌我矛盾……还有一种恨怒，比方说那个时候穷人对地主，地主也没有把他怎么样亏，反正是放债剥削了他，他对地主这种怒是一种恨，恨得说你几时有个穷呀！”[6]地主既然“也没有把他怎么样亏”，为什么要恨人家？至于说“放债剥削了他”，你可以不借嘛！难道地主会拿枪顶着，强迫你借

[5]韩起祥口述，孙宏亮编：《红色说书人：韩起祥陕北说书口述史》，中国致公出版社，2018年11月第1版，第64页。

[6]韩起祥口述，孙宏亮编：《红色说书人：韩起祥陕北说书口述史》，中国致公出版社，2018年11月第1版，第62页。

他的钱？因而，对地主的“恨怒”是没有理由的，人家有钱是人家的本事么！我们穷人不但不应当“恨怒”，反而应当向地主学习，看看人家是怎么发家致富的。找问题，找差距，定措施，抓整改，然后迎头赶上。“恨得说你几时有个穷呀”，是一种典型的“仇富”心态。地主也穷了，你到哪里借钱去？

在伴奏乐器上，韩起祥受山西说书的影响，增加了小镲；又从树林里的鸟叫声中获得灵感，增加了蚂蚱蚱这件陕北说书特有的乐器。

过去的陕北说书只有两件乐器：一把三弦、一副甩板，琵琶艺人原来甚至只拿一面琵琶，后来看见三弦艺人用甩板，他们才开始用上的。民国十八年（1929 年）跌下年馑后，韩起祥到山西逃难，听说山西的说书艺人膝盖上绑个小镲，指头缝里夹根筷子，弹三弦的时候，不时敲一下小镲，就使得说书音乐丰富起来了，回来后他就将它用到说书上了。但现在这件乐器基本上没人用了，原因是现在陕北说书的音乐，和韩起祥时代相比不是太单一，而是太繁复了；乐器不是太少，而是太多了。笛子、二胡、板胡、锣鼓、梆子、惊堂木都用上了，甚至还有用电子琴、扬琴的。不缺一个小镲，绑到腿上反而影响打板。

蚂蚱蚱还有人用着，因为它戴上轻巧，不觉多余。韩起祥回忆它的发明过程，曲折而有趣。1930 年，韩起祥从山西回来，四处流浪，有书说书，没书寻吃。有一天，走到一片树林里，听见蚂蚱蚱叫唤，觉得好听，心想和甩板配起来，一定会悦耳动听。但制作时怎么也绑不到手上，后来经过几位木匠的反复加工、试验，几个婆姨的轮番修补、改进，最终才固定到了他的手腕上，前后共用了五年时间，一直到 1935 年还在改进中。

在道白、唱词方面，韩起祥也做了大胆革新。传统的陕北说书道白也是用韵的，只是不像唱词那么严格，但能押韵时尽量不用散句。但韩起祥在“文艺为工农兵服务”的精神指引下，为把故事交代得更为明了，打破了道白用韵的传统，完全用日常口语取代了传统的半文半白的韵文体。“白话体”道白通俗易懂，方便一般文盲或半文盲接受，但这多少会损害说书的艺术性，使得说书语言寡淡无味，与日常说话难以区别。

在唱词方面，传统陕北说书以七言和十言句为多。其中十言句，艺人又叫“十字腔”，尤其难记难学。有时为了音节上的和谐稳定，会在七言中加一两个语气助词，还要被同行们嘲笑为“句子剁得不齐”“闲字太多”。但韩起祥打破了七言、十言的传统，一句话三个字也有，四个字也有，十几个字也有。只要意思清楚就行。传统陕北说书的唱词基本按照“十三辙”来押韵的，“中东辙”与“人辰辙”用得最多。但由于陕北方言前后鼻音不分，“中东辙”与“人辰辙”区分不开，这两辙实际上是通押的，加上入声字又多，使得陕北说书的用韵很宽。但韩起祥在用韵方面不太讲究，只要大体顺口就行，他的新书中甚至出现好些段落完全不押韵的情况。这使得说书的节奏感、韵律感明显降低，整句变成散句后，说书就跟“说古朝”[7]差不多了。因而当时

[7]“说古朝”是流传在陕北的一种古老的口头文学形式。与说书的最大区别是只说不唱，也没有伴奏。内容多以传讲历史演义、英雄人物为主，现在已经基本失传。

就有人反对说，你那不叫说书，像老婆儿拉话。

但韩起祥晚年对传统说书非常重视，曾发愿要把自己会说的 80 多本古书、170 首民歌小调、100 多种三弦调子记录下来，整理成文字，传给后人。1978 年，延安地区曲艺馆创建以后，他打破传统偏见，招收明眼人和女弟子进馆学习。女子出于偏见，不愿报名参与，他就劝说他的女儿放弃学业，到曲艺馆来学习说书。他对那些反对他的盲艺人说："你们总说明眼人不能说书，那以后医疗条件好了，盲人越来越少了，说书是不是就该断种了？"这些举措都为张俊功后来的革新奠定了基础。

## 三

现在我们说说韩起祥编新书的工作。所谓"编新书"，就是在旧的传统说书的形式上，填写新的宣扬共产党方针政策的内容。这是韩起祥一生最重要的工作。自 1944 年 8 月 2 日参加"延安县农村宣传队"，尤其是 1945 年 5 月，加入边区"文协"说书组以后，韩起祥用大半生的精力共编出长短新书 570 余篇，凡 260 多万字。

这些作品只有一小部分是自传性质的，如《翻身记》《大翻身记》《我给毛主席说新书》《幸福的时刻永不忘》

等，大部分是为配合各种政治运动或方针政策而编的。通常的做法是，由“文协”的干部根据当时的政治任务，给他布置一个题目，让他到农村收集素材，编一个初稿出来，然后经过审查、修改，再到农村表演，听取观众的意见，再修改，反复多次，最后定稿。

韩起祥不识字，独自走路又不方便，有时“文协”的干部就陪他一起下乡，收集资料。晚年他是这样回忆当时的情景的：

> 从1944年8月2日参加工作以后，党就派专人帮我学习文化、学习理论，帮我记录，跟上我下乡。比方我到边区“文协”，林山同志背上行李跟我下乡，走的地方上至米脂，下至延安，那阵儿又没有汽车，就硬靠步走了，但是我们那阵儿步走，我们也很乐观，走路他给我谈政治，有时他就念开文件、材料了。[8]

除了韩起祥，“文协”说书组还有四位成员：林山、王宗元、程士荣、高敏夫，这些人都跟他下过乡，帮他记录修改过书词。此外，柯仲平的夫人王琳、散文家柯蓝也跟他一起下过乡。这些人在韩起祥编新书的过程中发挥了很大的作用，他们是把他作为一个

[8] 韩起祥口述，孙宏亮编：《红色说书人：韩起祥陕北说书口述史》，中国致公出版社，2018年11月第1版，第100～101页。

旧艺人的典型来改造的。

1944 年，为了配合政府扫盲，他编了个《四岔捎书》。这年政府又在农村开展“反迷信”活动，领导让他给咱编个反巫神的书。他就花了一天时间编了个《反巫神》。后来开始改造二流子，他就又用“旧瓶装新酒”的办法，编了个《二流子转变》。凑巧，当时延安附近的蟠龙发生了一起影响很大的“红鞋女妖精”案件，实际上就是一个二流子串通一个巫神，晚上到人家的门上洒上羊血，用假鞋底装成女妖精的脚印，闹得七个庄的人都跑了，他们就进村偷人家的粮，杀人家的猪。贺敬之说：“你能不能根据这个事编本书？”他说：“试一下嘛！”于是就编了《红鞋女妖精》。

1945 年，他进了边区“文协”，当时正赶上政府号召“防旱备荒”。柯仲平说：“你下去给咱编个‘防旱备荒’的故事。”当时他连什么叫“防旱备荒”也不知道，人家说他下去就知道了。他到安塞转了一圈，回来就编了个《张家庄求雨》，主要是讽刺农村抬楼子祈雨不顶事，还是要依靠政府浇水灌溉。《刘巧团圆》是韩起祥的代表作，主题是反对买卖婚姻。故事源于陇东地区一个真实的事件。为了编好这本书，韩起祥专门到刘巧家住了一段时间。另一部代表作《张玉兰参加选举会》也是采用这种方法编创的。他回忆道：“1945 年冬的任务主要就是选举，这是第一次搞选举，柯老（柯仲平）就问我能不能编一个选举的故事，我说这个故事怎么个编法？他说你编一个一开始男人不愿意叫婆姨开会，以后经过事实教育，他就愿意了——我就给你出这么个题。我考虑了一下，我说我得再下乡，结果就下乡。”[9]结果不仅是韩起祥自己下乡，柯仲平还派他的婆姨王琳，跟他一起下去，了解听众的反应。为此，韩起祥直到晚年还感慨地说：“你想那个时候柯老能派他老婆和我们一起下乡，现在就像柯老那么个身份的人，老婆能跟你个瞎子下乡？”[10]

《翻身记》是韩起祥的又一代表作，主题是通过亲身经历揭露旧社会的黑暗和不公。他回忆当时的创作背景时说：“《翻身记》是1957年编的，有一些人对新社会猖狂地进攻，说新社会不如旧社会。当时我听了以后，我说用什么驳斥右派分子？就用我自己亲身的遭遇，编了这么一段书，对当时真正的右派分子是有力的一个驳斥。我把这个书说了以后，有人当场就质问右派分子到底是新社会好还是旧社会好？”[11]这本书在各地的忆苦思甜大会上都大受欢迎，前后演出几百场，许多人听了痛哭流涕，身子软得站也站不起。甚至在一些村里，当场把书场变成会场，拉出一个坏分子，就地就批斗开了。可见，这本书在当时影响之大。

这和过去的艺人完全不同。过去的艺人也创作，但他们所谓的“创作”只是把书词说得更工整一些，曲调弹得更优美一些。有时为了讨好主家，会自编一

[9] 韩起祥口述，孙宏亮编：《红色说书人：韩起祥陕北说书口述史》，中国致公出版社，2018年11月第1版，第115页。

[10] 韩起祥口述，孙宏亮编：《红色说书人：韩起祥陕北说书口述史》，中国致公出版社，2018年11月第1版，第117页。

[11] 韩起祥口述，孙宏亮编：《红色说书人：韩起祥陕北说书口述史》，中国致公出版社，2018年11月第1版，第126页。

些吉庆话；为吸引现场的听众，临时添加一些“飘言”[12]。即使有人从唱本上、语言上增减润色，也只是为了赢得更多的“台口”[13]，以便更好地养活家人——就像他们在开场词中经常自嘲的：

三弦好比一头牛，
四页瓦就是我的老镢头。
东头收了我们到东头，
西头收了我们到西头。
东西南北都不收，
寻茶讨饭在街头。

但从韩起祥开始，说书不再是一种被动的谋生手段，他赋予说书一项神圣的使命，这使命就是自觉维护主流意识形态，以党的利益为说书的最高旨归。为此，他常常这样比喻：“三弦就是机关枪，唱词就是子弹，编书就是造子弹的工厂。”他本人则以“三弦战士”自命。他说：“编书要及时配合运动，党有什么号召你就编什么，曲艺应该是文艺的轻骑兵，应该要和各项运动结合起来。”[14]“比方说党今天提出一项什么运动了，要说编成书，我马上配合了这个运动宣传，我就觉得比我吃一顿海参都好、都

[12] 陕北说书的行话，指艺人在表演过程中即兴添加的虚无缥缈、极尽夸张的话。

[13] 陕北说书的行话，指艺人的演出机会。

[14] 韩起祥口述，孙宏亮编：《红色说书人：韩起祥陕北说书口述史》，中国致公出版社，2018年11月第1版，第129页。

舒服；要说今天这个运动很重要，我没有宣传，我感觉就和没吃饭一样，也就是群众说的话，好像心上压一块石头。”[15]这种创作原则和态度，今天的说书人已经很难理解了，但你如果设身处地，联系韩起祥本人坎坷的身世及后来的荣誉和地位来考察，这种特殊的情感又是可以理解的。

在我看来，这种积极而真诚的态度，与其说来自一种宏大理想的召唤，不如说来自一个受尽屈辱与苦难的陕北人，对给予他荣光和饱足的政权朴素的“感恩”心理。他说：“我也不懂得什么叫个文艺政策、文艺理论，不懂得什么思想性、艺术性、政治性，只懂得把好的、耐的、高尚的、贵重的歌颂党、歌颂人民；脏的、臭的、不耐的、不爱的、不好的都编着骂地主、骂国民党……比方像天空、太阳、金山、银山、天地泰山……我用来歌颂党，歌颂伟大领袖毛主席；蚊子、苍蝇、蛤蟆、死鳖、老鼠、蛆虫……这些我就用到地主老财、国民党，骂他们。”[16]陕北地处边陲，受游牧文化熏染，人多侠义而实诚。他们记仇也记恩，对于给过他们侮辱和损害的人，哪怕一个眼神、一句话都令他们终生难以释怀。而对于给过他们温情与帮助的人，哪怕一滴水、一撮米，他们都会终生铭记、常思报答。这种性格不管你喜欢还是不喜

[15] 韩起祥口述，孙宏亮编：《红色说书人：韩起祥陕北说书口述史》，中国致公出版社，2018年11月第1版，第195页。

[16] 韩起祥口述，孙宏亮编：《红色说书人：韩起祥陕北说书口述史》，中国致公出版社，2018年11月第1版，第103页。

欢，作为一种“集体无意识”它已经铭刻到这方人口的基因硬盘上。不用说身世卑微、目不识丁的残疾人韩起祥，即便是言动朝野、名满天下的榆林人张季鸾，在总结自己的人生观时也说：“我的人生观，很迂浅的，简言之，可称为报恩主义。”

为了报答新政权给他的恩情，他把几乎所有的作品都献给了当时的“中心任务”。1950年抗美援朝时，他编了《反对细菌战》；“三反”“五反”时，他编了《陈永德追寻贪污犯》；“反右”时，他编了《翻身记》；在社教运动中，他编了《谁是两袖清风的人》；在“文革”时，中他蹲在牛棚里，听说核武器发射成功，还偷着编了《我们的科学力量大》……

遗憾的是，这些为一时一地创作的作品，到今天几乎已经完全被人遗忘了。韩起祥编的五百多篇新书现在鲜有活在舞台上的。这些作品中的大部分由于过于紧跟形势而为后来的形势淘汰，还有的在当时就被下一个运动否定了。一小部分带有自传性质的作品，如《翻身记》《我给毛主席说新书》等，由于角色感太强，他人无法替代演出，早已成为研究者案头的读本，很难重上舞台。韩起祥之后，陕北说书又恢复了“忠臣良将、才子佳人”的传统，这两类唱本尽管有宣扬愚忠愚孝的成分，但它在本质上是劝善的，而对善的追求是人类永恒不变的主题之一。我们可以设想，假如韩起祥利用他的非凡功底，创作一些歌唱人性、赞美生命、提倡尊严与爱的作品，他的作品一定会长久存在，正如诗人里尔克在《致俄耳甫斯的十四行诗》中写的：“世界匆匆变化，唯有歌者长存。”可惜历史无法假设。

## 四

除了编新书，韩起祥还组织筹办过多期盲艺人的培训班。所谓“培训”，就是把这些盲艺人都集中起来，学新书、说新话。这项工作最早开始于1945年9月，一直到“文化大革命”爆发，共办了26期，培养说新书的艺人达273名。培训班明确规定：不许说旧书，不许算命，不许还口愿。有的班上甚至勒令学员把算命的工具交上来。培训结束后，给结业的艺人每人发一个演出证，上面明确写着可以演出的曲目。2013年，我在重耳川采访时，在盲艺人封树生的家里，还见过这个“猴本本”。在“准演节目”一栏里，共写着《白毛女》《智取威虎山》《王贵与李香香》《母女会》等七部作品。

现在看来，这些措施限制了艺人的表演自由，尤其是在当时温饱还没有解决的年代，不许算命、还口愿这些做法严重影响到了艺人的生存问题。但后来我在一个偶然的机会，读到苏联作曲家肖斯塔科维奇的回忆录《见证》，里面写到苏联政府对盲艺人的措施，觉得“不许算命、还口愿”这些手段根本不算什么。

不知从什么年代起，在乌克兰广袤的土地上，就流浪着一群盲人歌手，百姓称他们为“利尔尼克”（Lirnik）和“班杜里斯特”（Bandurist）。他们是一群无依无靠的人，但从没有人伤害他们，因为在当地传统的观念中，再没有比伤害盲人更卑鄙无耻的了。但到了20世纪30年代中期，斯大林觉得有必要把他们都集中起来，讨论以后干什么。他说："生活更美好了，生活更愉快了。"盲人们相信了这话，从乌克兰各地那些偏远的乡村赶来，参加第一次全乌克兰的利尔尼克和班杜里斯特大会。当时大家都很兴奋，因为他们每个人都是一座活的博物馆，乌克兰全部的口述历史、口头音乐都集中在这里了。可是最后他们几百人全都被枪毙了。为什么呢？因为"那里正在干着伟大的事业，全面集体化正在进行，富农作为一个阶级已经被消灭了，可是还剩下这些盲人，沿途唱着暧昧的歌曲。这些歌曲没有经过审查员审查。对盲人能有什么审查制度？既不能把一份经过修改和批准的歌词交给盲人，又不能给他下达书面指示。对盲人什么都得用嘴说，这太费时间了。而且还不能做档案。总之，没时间。集体化、机械化。还是把他们枪毙了比较省事。于是他们就这样做了。"[17]

这是插曲，用来说明我们的领导人比苏联的领导人更聪明。我们没有杀害这些盲艺人，也没有禁止他们演出，而是对他们说，你们表演的形式可以不变，但是内容要换成经过我们改编的。

[17] 肖斯塔科维奇口述，伏尔科夫记录整理，叶琼芳译：《见证》，花城出版社，1998年1月第1版，第279页。

现在我们回头再说在韩起祥当年办的培训班上，有一位学员调皮捣蛋，不好好学习，尤其是不按新书的调门演唱，这一点令韩起祥非常恼火。恰逢1962年大饥荒，这位学员饿得发慌，就跑回甘泉老家去了，从此再没有归队。他就是后来大名鼎鼎的张俊功。

张俊功（1932—2008年），祖籍陕西横山柴兴梁村。从小父母双亡，两岁时出天花，高烧不退，昏迷不醒，同村的老婆儿以缝衣针挑开眼帘，刺破左眼，导致失明。3岁时随叔父逃难，落脚于甘泉县桥镇安家坪村。8岁开始揽工，放牛、拦羊、种庄稼，样样农活干遍。由于视力模糊，锄地分不清草和庄稼，常挨东家打骂。25岁拜本县下寺湾艺人张金福为师，学习说书。师傅希望他留在身边继续学习，出门行艺也好有个引路之人。但张俊功决定自立门户，勇闯江湖。

无风不起浪，事情发缘于一碗杂面[18]。有一天，师徒二人到王家洼说书，主家姓王名三，许下口愿要说书。旧时的艺人说书前不敢吃饱，等说书结束后，才吃正餐。“饱吹饿唱”，是这个行当由来已久的规矩。他们认为吃饱了唱会伤气。且说那天说完书，王三的婆姨擀了两碗杂面，端到炕上。师傅端起一碗吃开了，他也端起一碗，正准备吃，王三的婆姨走到他跟前说：“娃娃，你甭吃！让你师傅先吃，吃得剩

[18] 陕北农村用白面和豆面混合，擀制而成的一种面食。

下了，你再吃。”他只好把碗放下，但浑身难受得怎么也坐不住了，恨不得地上有条缝让他钻进去。师傅看他难受，就把第二碗端起，吃了两口，说：“我肚子疼了，你替我吃了。”他只好再把碗端起，眼泪和面吃完了。那一晚，他整夜没有睡着，第二天就告别了师傅，开始了他一生漫长而艰辛的卖艺生涯。

1978 年冬，长春电影制片厂筹拍电影《北斗》，要为演员王润身配制一段陕北说书。当时韩起祥身体不好，推荐张俊功赴东北录音。导演以为这三段唱词，对一个目不识丁的盲人来说，至少要背几个月，但张俊功下了飞机就会唱了。他在长春共待了两个月，每天住在带浴室的甲等房里，随时有人配送瓜子、花生，水果，香茶，觉得当皇帝也不过如此，而实际配音只有十分钟。张俊功在电影中创造性地运用陕北说书的喜调、苦调、武调三种调式，成功地刻画了电影中的人物。尤其是他的喜调变化灵活，忽刚忽柔，忽粗忽细，既营造了喜剧的气氛，又对美猴王起到了造型的作用。从此张俊功一举成名，成为陕北说书界一时无两的人物。

1979 年 5 月，张俊功重组甘泉曲艺队，自任队长。恰逢改革开放初始，陕北民间信仰复苏，各地重修庙宇，大办庙会，张俊功带领一班徒弟走州过县，四方行艺。足迹遍布延安、榆林各县，以及邻近的宁夏、甘肃、内蒙古等地。1982 年，陕西音像出版社又为他录制了《快嘴》《武二郎打会》《卖婆姨》等说书磁带，这些盒带一上市便立即告罄，并以几何级的数字被复制、盗版。那时你到陕北旅游，街上到处播放着张俊功的说书，随时可见一个小卖铺的柜台上，放着一台录音机，店外有一群仰长脖子的民众在听书。张俊功的名声在当时的陕北超过了任何一位国家领导人，可以说家喻户晓、妇孺皆知。以致一个外地记者来延安后抱怨说，张俊功的说书阻碍了港台流行音乐的传播。

巨大的名声带来了巨大的市场效应。当时陕北各县的电影院一张门票售价一角，而张俊功带领徒弟在县城“搭野场”演出，一张票售价一角五分。令电影院售票员眼红的是，人家一场下来能卖六七百元，算下来入场人数要达到四五千人次。徒弟们跟着张俊功每月能领到一两百元工资，而当时在政府上班的干部每月工资也不过六七十元。张俊功用演出的收入给每个徒弟都买了一身白衬衣、黑裤子，脖子上都打着一条红领带，胯下一辆飞鸽牌自行车。当他们的车队穿过大街小巷时，着实把路两边的年轻人羡慕坏了。因此，在当时农村光棍成群的年代，他的徒弟们都娶到了漂亮婆姨。

## 五

毋庸置疑，在陕北说书的历史上，张俊功和韩起祥都属于“改革派”人物，但二人所走的路径却完全不同。如果说韩起祥是在特定的历史条件下，自觉维护主流意识形态，以编新书、说新话，来迎合随时变化的政治形势；张俊功则完全相反，即使在他如日中天的时候，他也没有自觉向体制靠拢，以求分得杯羹，而是自觉回归民间，靠一把三弦、一副铜口钢牙将陕北说书由庙堂拉回炕头。他的口头禅是“我不爱跟公家人打交道”，这话道尽了他一生的智慧与操守。他又说：“老牛力尽刀尖死，伺候君王不到头。”既然你不愿“伺候君王”，“君王”还会跑到安家坪问你，有什么需要我帮忙？

回归民间，对张俊功来说就是把陕北说书在“文革”中以及更早年月里被掩埋、被破坏的东西打捞出来，重新上釉抛光，让它再度回到乡间庙宇、农家小院等固有的舞台上。这个舞台被尘封得太久，以至于它一旦被清扫出来，便焕发出无限的生机。

陕北说书就主题而言，与中国其他地方的古典戏曲、讲唱文学没有多大区别，不外乎“忠臣良将、才子佳人”的老路数。说书人也常常这样自暴家底：

闲官员编下书两本，
代代相传到如今。
一本叫奸臣害忠良，
一本叫相公找姑娘。
说书人离开这两本本，
再能行的行家也说不成。

“文革”后复出的张俊功并没有沿着韩起祥开辟的编新

横山说书艺人张俊功

书、说新话的路子走下去，而是毅然扛起传统的大纛，回到“帝王将相、才子佳人”的老路上。除了偶尔应景编个小段，如《一个存折》《老牛卸套》等，他从来没有把精力放到编新书上。平时在乡间演出基本都是传统书，音像出版社为他录制的如《沉冤记》《清官断》《五女兴唐传》《武二郎打会》等都是传统书，只有两三个半新不旧的小段如《算卦》《懒大嫂》等。因而就说唱的内容而言，张俊功并没有多少创新。人们觉得它新，是因为这些旧的东西离开听众的耳朵太久了。

张俊功的创新主要集中在说书的音乐和表演形式方面。

在说书音乐方面，张俊功博采众长，充分利用单音弦的技术特点，在原虎皮调的基础上糅合了眉户（劳子调）、梅花调、靠山老调、道情和秦腔音乐，去粗取精，成功地打造了一种他称之为“迷花调”的音乐。这种音乐的最大特点是欢快、明亮，非常适合现代人的耳朵。

陕北说书起源于乞讨，伴奏音乐历来以

悲苦见长。原因简单："你上门要吃的，不把自己说得可怜兮兮，反而理直气壮或慷慨激昂，让施主听了觉得你比我还牛，还跟我要？我跟你走算了。"后来又和神卜联结到一起，伴奏又显得阴沉、郁闷，尤其是韩起祥惯用的"靠山老调"和"巫神"很像。张俊功和韩起祥虽同是横山人，但他俩同里不同派、同艺不同师，韩为三弦双音派，张为三弦单音派。韩派说书正宗古板，表现人物以平调哭音见长；张俊功说书活泼欢快，表现人物以平调花音见长，故有"韩帅张怪"之说。

张俊功熟悉陕北说书各流派的唱腔曲调，并大胆吸收各种地方小调、眉户戏、碗碗腔、秦腔音乐，甚至口技中的精华，又善于制造各种由头将这些音乐楔进自己的说书中。加上张俊功本人闯荡江湖多年，善于模仿社会各色人等的音容笑语，这使得他的说书现场感强，气氛热烈。如悲伤时用虎皮调中的哭腔，感人肺腑、催人泪下，情到深处又会加进眉户戏中的"哭板"，使得唱腔细腻、婉转，一唱三叹。武将交战用双音调中的武调，这种调式经韩起祥改编后紧张激烈、威武气派，战斗一起，就仿佛听见了千军万马的厮杀之声。但他的说书音乐最迷人的地方还在于"迷花调"的反复响起。经他改编后的"迷花调"柔美、动听，一扫传统说书的质木无文和阴沉悲苦之气，使得听书成为一种享受，而不再是为"哄神神"而受罪的差事。

在表演形式方面，张俊功最大的贡献是，大但借鉴了戏剧表演的形式，将陕北说书由"坐唱"改为"站唱"。

这是一次了不起的飞跃。陕北说书自诞生以来，就是坐着唱的，"坐唱"的历史和陕北说书的历史一样长；但现在这个半盲人将它改为"站唱”，好比爬行的猿人突然开始直立行走，令好多艺人目瞪口呆。

这不是改良，而是革命。这场革命据当时的参与者、张俊功的儿子张和平回忆，发生在1973年2月。

那年我已经虚岁16了，会弹三弦了。常和我爸（张俊功）串乡演出。有一天前晌，记得刚过罢正月十五，我们俩到我们村对面的潘圪坨说书。我爸一直就会打四片瓦，常在演出开始之前说快板，不算“正场书”，只能说是“打耍耍”。那天说完快板，要开始说正书了，他突发奇想，说：“我看人家唱戏的，是站下唱了。咱们也试试，你坐下弹，我给咱站起来说，看怎么样？”说完，他就打起四块瓦说开了。村里的几个老汉儿稀奇得不得了，说“活了一辈子了，从来没见过个站起说书的。这个好！又能听，又能看。”从那天开始，我们说书就再没有坐下过。以后带的徒弟多了，又加了二胡、板胡、笛子、马锣等乐器，但人再多，主说的人也一直是站着的。[19]

从坐到站，这不是一个简单的动作转换，关键是由弹唱分离带来的表达自由。这种表达自由是前所未有的，说书人的身体从此由怀抱三弦的坐姿中解放出来，可以

[19] 根据2019年5月7日上午，笔者采访张和平的录音整理。

随意表演动作，并在舞台允许的范围内来回走动，这使得说书在一定程度上摆脱了听觉艺术的局限，有了初步的视觉艺术的效果。

但并不是所有的人都能适应自由，有的人天生就恐惧自由。就像华阴老腔，原来只是附属于皮影的幕后戏，后来才撤掉幕布，与皮影分家，成为一门独立的艺术。刚开始撤掉幕布后，好多人无法适应。原来有一块幕布挡着，好坏美丑都看不见，现在一切都曝光在众人眼皮底下，许多唱家都张不开口了。他们说，来的都是乡党，臊得很！说书人也一样，他们坐着弹唱几百年，甚至上千年了，现在突然让他站起来，他不知道干什么。尤其对那些双目失明的艺人来说，这场革命无异于雪上加霜。因为身体条件决定了他们不可能站起来表演。张俊功之所以能成功，其中很重要的一个原因是，他的右眼能看见。加上他从小会唱戏，爱丢丑，这些因素加起来才使他的革命能够成功，而对于大多数盲艺人来说，走路都要人扶，遑论站起来做动作？加上本身缺乏表演天分，生计就越来越困难了。因此，就像当年韩起祥禁止说书人摸骨、算命一样，很多盲艺人有意见，说："你进了公家的门了，有饭吃；我们是受苦人，没吃处。你说算命不顶事，顶事不顶事那是老天爷留给我们的一碗饭嘛！"现在张俊功将"坐唱"改为"站唱"，说书人群起而仿效，盲艺人本来就光景不好，现在站不起来，更没人要了。因而，很多盲人对张俊功恨得牙痒痒，认为就是这个"坏怂"砸了他们的饭碗。直到 2008 年，当张俊功去世的消息传到延川后，盲艺人白旭章竟然幸灾乐祸地说："咋把一个害除了！"

但对那些有表演天分的明眼人来说，张俊功的革新无异于锦上添花。陕北有一句谚语"正想上天了，等上个龙抓。"如子长县（市）有个说书人叫贺四，从小就跟着父亲唱道情，他演的丑角戏惟妙惟肖，令人捧腹。在当地很有名。16岁拜当地一个老艺人为师，学习说书，但一直进展不大。25岁时改投张俊功门下，技艺大长。虽然由于年轻时过度用嗓，不懂得保护，把嗓子说坏了，但他把演丑角戏的“童子功”用到了说书上，使他的说书生动活泼，喜感十足，很受观众追捧。在这些表演能力强的艺人成功转型后，那些表演天分稍次的艺人，在市场刺激下也不得不改弦更张，寻求突破。短短十来年间，艺人们从口才到形象、从动作到台词都有了大幅度的提升，因为“站场说书”不遮丑，美丑高下观众一目了然。经过近五十年的舞台实践，我们回过头来看，“站场说书”拓展了陕北说书的表演空间，释放了演员对剧情的想象力，从整体上提升了陕北说书的舞台形象。张俊功父子厥功至伟。

## 六

如前所述，陕北说书属于北方鼓词话本系统，从清末到民国年间，坊间刻印了许多供说书人讲唱或文人案头阅读的底本，好多说书人家里都珍藏有这类鼓词的石印木，他们叫它“猴本本”。过去的老艺人虽然大都不识字，但他们会请一些识字的先生或秀才给他们“指拨”。他们背会以后才能开始表演，尤其一些“书套子”必须背得滚瓜烂熟。但张俊功似乎从来没有在书词上下功夫，他的智慧告诉他，即使你把底本倒背如流，也无助于你的表演引人注目。因而，从一开始他就没有打算与传统艺人比试“词功”。他把所有的书面文本都变成了临场的即兴发挥。一切形象都在他随意而诙谐的表演中创造出来。借助过人的口头表演才能，他把所有传统的故事都变成了色香味鲜的“当代艺术”。他演唱的经典《卖婆姨》，在韩起祥的演唱中叫《五红镇》，除了故事情节大致相同外，甚至连“关口将名”也换了。他演唱的短篇故事《快嘴》，在韩起祥的说唱曲目中叫《巧嘴媳妇》，除了大致框架相似外，血肉、枝叶都被他换得面目全非。他说的《破迷信》，在韩起祥的演唱曲目中叫《请巫神》，随意加减、破坏的痕迹很浓。

传统说书不管那家那派，都十分看重书本。即使那些不识字的艺人，通过师傅严格的口耳相传，也和“猴本本”上写的八九不离十。但从张俊功开始，说书脱离了固定的文本，像一匹脱缰的野马，任意驰骋。表面上看，这比过去的说书容易多了，实际上它对艺人的口头表演能力是极大的考验。他不要求徒弟死记硬背。在某种程度上他颠覆了口头文学传统的授徒方式。传统的授徒讲究“口传心授”，徒弟拜师以后就住在师傅家里，除了跟师傅学书，还要帮师傅担水种地、喂驴劈柴。农闲时，师傅才将古书一字一顿地念出来，并要求徒弟一字不差地背出来。但从张俊功开始，徒弟一跟就是十几个，男的女的都有，他哪有那么多的空窑让徒弟们长住？他授徒的方式很特别，就是跟他跑场子。在实践中观察、模拟，有点儿像现在大学里“现场教学”。他从不要求徒弟一字不差地背书词，而是边学边练，边练边演，只要书理通顺、合辙押韵就行了。至于以后能不能出彩，就看各人的造化了。师傅不仅不要徒弟担水种地、喂驴劈柴，还给徒弟发工资，吃工作餐。有些品行好的还给揽婆姨，比如定边的贺改民，家境贫寒，但为人忠实厚道，师傅就给他寻了一个婆姨，她就是后来有名的“女书匠”牧彩云。

超常的口头表演能力，与人世间所有的技艺一样，少不了刻苦地训练，但最关键的还是来自天赋。说到底，人与人之间最核心的禀赋是无法相互传授的。张俊功自小盲残，目不识丁，但他善于观察社会各色人等的音容笑貌，善于捕捉大地上各种飞禽走兽、花草树木的声音。举凡婆媳吵嘴、男女斗阵、老妪学舌、老翁叹气、村姑浪谑、婴儿啼哭、鸡叫狗咬、驴马嘶鸣，无不穷形尽相，信口学来。《清官断》中，他一个人一张嘴，同时模仿布谷鸟、水咕咕、鸥怪子、猫头鹰等几种鸟叫；说《卖婆姨》到高兴处，拿起快板，随便打了几段，就把一个两面三刀、贪得无厌的媒婆形象活生生托出，而这个媒婆在原作中本是一个微不足道的配角。《快嘴》中他表演的秀兰想男人，语气至柔至美，令人骨酥；《武二郎打会》中他和张和平父子两人表演的庄稼人、小学生、赌博汉、老婆子，从口吻到语气都活灵活现，武松一路上的所见所闻就是一幅徐徐展开的陕北民俗风情画卷……这些片段都已经成为陕北说书史上“教科书式”的经典，难以撼动。

甘泉县文联主席、作家刘虎林在散文《张俊功说书》中，记录了一次张俊功在张家畔的说书实况。这场书是应乡民曹四所请，说还愿书。几句定场诗说罢，他没有按照传统程式说一个“小弯弯[20]，而是现编曹四的故事，先从两口子赶路说起：

曹老四，三十三，
家住横山响水湾。
娶了个老婆是张家女，
名字就叫张凤兰。

两口那天吃罢饭，
一卦就想起张家畔。
老婆忙把包袱绽，
一层一层往上换。

条绒裤，月蓝衫，
塑料底板鞋脚上穿。
老汉一看笑哈哈，
就把老婆身上拧了一把。

老婆说：
哟，死老汉，挣你的命！
捏捏揣揣像个甚？
要是在黑夜里就没个啥，
大白天操心人笑话咱。

[20] 陕北说书术语，指正本书开始之前加的小故事。内容一般与正本书没有关系，目的是等候更多的观众，或安抚到场的观众。

老汉说：

你不要怕，不要管，

谁不晓得咱们是婆姨汉。

白天吃的一锅饭，

晚上同睡一条毡。

老婆骑驴老汉赶，

嘟——呆——

驴屁股上就踢了一脚。

老婆说：

死老汉，挣你的命！

凭什么赶驴不出声？

要不是我两腿夹得紧，

一卦就跌我个倒栽葱。

老汉说：

嗨，不是我吹，不是我夸，

侍候你我是老行家。

晓得你两腿夹得紧，

老汉我才敢耍威风。

……

站在台下人群里的曹四婆姨高喉咙大嗓子对曹四说："你那张烂嘴，逮住什么都往出说！"曹四嘿嘿笑了一声，说："那是张先生现编的，我有个球办法！"众人听到他们两口子的对话，更是笑得前仰后合。羞得曹四婆姨满脸通红，再没吭声。

也许这是张俊功说书生涯中极普通的一幕，但被有心的作家记录了下来，使我们可以从中窥探一代说书大师是怎样利用口头文学的灵活性，随意编织故事，即兴创造材料的。据他晚年回忆，他年轻时学说书，不止一个师傅给他逐字逐句地"指拨"过，但他并没有墨守书本、寻章摘句，而是把所有的故事和辞章都糅合到他的即兴创造中。批评他的人说，张俊功的"词功"很差，全靠一张嘴骗吃骗喝。抛开这里面羡慕嫉妒恨的成分，他们讲出了口头文学的实质，那就是随物赋形的口传能力和生生不息的创造精神。一个口头文学的从业者不靠"嘴"骗吃喝，而靠傍官媚权、拉弄富人，才是真正可耻的。相反，张俊功，一个逃奴揽工，翻转于草莱之间、寄生于沟渠之中的残障人，上帝没有将他轻看，反而把他从尘土中举起，又赐给他超常的智慧与口讲的能力，使他成年后，靠一把三弦、一张绣口，红遍整个陕北高原，生养他的故土没有一个人不知道他。这不是耻辱，而是荣耀。

在我看来，张俊功是陕北说书史上不世出的奇才。陕北说书正是在他手里摆脱了政治的附庸，获得了独立的品格。陕北说书人从他开始才完成了由"书匠"到"现代艺人"的伟大转变。他的传奇是不可复制的。他的名字以及和这个名字连在一起的风流韵事，将会被人们长久记诵。

## 七

在陕北说书人的群雕中，有一个人，他不党不私，不左不右，既没有像韩起祥那样走编新书、说新话的政治革新之路，也没有像张俊功那样走创新调、变新体的民间革命之路。他像一块石头将自己隐藏在横山山脉的深处，直到外界有人打探，他才露出峥嵘。他就是高镇人王学诗。

王学诗（1935—2008年），横山高镇旗锋村人。3岁时，出天花，高烧不退，导致双目失明。12岁拜舅舅拓石贵为师学习说书。他舅舅不是书匠，但中过秀才，教过私塾，熟读中国各朝代历史演义，精通琴棋书画、易理医道，人称“拓四先生”。拓四先生看外甥眼盲心灵，就教他念《五女兴唐传》《金镯玉环记》等古典小说，又教他阴阳八卦、看病摸骨等技能。一年后出师，乡人见“娃娃说书”，皆称奇异。他因出身富豪，拥地千垧，土改时被划为地主，父亲王作舟被管制到死（1964年）。哥哥王学彦因系混元教徒，1950年以政治犯名义被判刑15年。1963年横山成立曲艺队，由于他认识盲文，经韩起祥推荐进入曲艺队当老师，期间带出徒弟30多人。后来“文革”爆发，他因“成分不好”，被禁止说书。“文革”结束，才重新拿起三弦。1981年曾为陕西省曲艺采集小组录制传统书套18段。可惜好景不长，1993年冬，外出说书，受寒中风，瘫痪在床，被迫封书歇演。2008年9月病逝于家中。

王学诗的徒弟很多，有吴锡忠、张亮清、李生俊、鲁峰、侯雄武、侯万红、高峰等人，但目前仍活跃在舞台上的不多，只有侯雄武、侯万红、高峰等寥寥几人。鲁峰本是这一派词功最硬、腹藏最富的艺人。同行有专门唱他的词道：“鲁家河闪上来个小鲁峰，他肚子里的文章比海都深。”可惜2014年因患脑梗死，被迫歇艺。这一派艺人普遍行事低调，为人静默，如古井深渊，难得露面。

“王派”说书以词句整饬、韵律谨严，唱腔苍凉悠远、韵味淳厚而著称。2005年，我刚学会上网，在“陕北传统音乐论坛”上听到两段陕北说书，当时就惊讶不已：

林冲雪夜上梁山，
董永在槐荫配天仙，
孙二娘十字坡开酒店，

诸孔明败在五丈原。

包文正断清铡美案，
况钟巧断十五贯，
杨排风校场打焦赞，
周仁回府报恩怨。

这是陕北说书的“定场诗”，用的是“意识流”结构，一句一个典故，除了音节上的和谐押韵外，内容并无关联，配以说书人韵味悠长的声腔，令人仿佛来到荒山野渡，遇到一个倦游思归的老人，在给你讲述历史的沧海桑田。后来我才知道，这是“王派”弟子鲁峰的演唱。在陕北说书群体中，这是罕有的有文人参与的流派。从这一派的鼻祖王学诗开始，就是以私塾教学死记硬背的方法学成的，传到下一代基本上还是依赖书面文本演唱的，即兴表演功夫都很差。据陕北说书研究专家孙鸿亮教授统计，鲁峰演唱的《金镯玉环记》，与鼓词底本相较，大概有70%是相同的。有些短篇，甚至可以达到百分之百。如他演唱的十字腔《劝世良言》：

言的是露水夫妻不久长，
尽都是沉溺苦海水茫茫。
休看面花容月貌当奇遇，
交杯酒盏盏吃的迷魂汤。
桃花面就是牛头和马面，
杏子眼瞅的骨肉两分张。
樱桃口能吞高楼与大厦，
糯米牙嚼了田头又嚼房。
杨柳腰比作绑人桩橛木，
小金莲勾魂取魄见阎王。
罗帏帐摆下十面埋伏阵，
那一些英雄抖威上牙床。
为交欢要一奉十忘手空，
明了天东扯西拉到处诓。
有的是钱大能舍钱老二，
还有的前门送李后迎张。
见多少串花忘却糟糠妇，
还有的贪色不顾生身娘。
糟糠妇空房长守有烈性，
还有的行到柴门泪汪汪。
在院中肉山酒海朝朝有，
可不知家中老幼常断粮。

众明公我说这话你不信，
细听我再拿古人打比方。
殷纣王只因宠幸妲己女，
众诸侯大会孟津灭成汤。
周幽王千金欲买褒姒笑，
叹煞人周辙东迁坠王纲。
有一位千娇百媚西施女，
她在那蓬莱台上迷吴王。
把一座铜打铁铸莱州府，
竟被那越王勾践一扫光。
三国时董卓立意窃汉鼎，
王司徒献计连环计参商。
父子们因为吃醋乱纲纪，
倒惹的凤仪亭前一阵忙。
吕奉先里勾外引把卓灭，
白门楼又射貂蝉一命亡。
这一些英雄都有冲天志，
尽被那红粉女郎裤裆装。
一瓢饮胜似院中玻璃盏，
布衲袄虽然褴褛带余香。
学一个共结丝罗山海固，
乐悠悠永携琴瑟地天长。

这段书每句十字，对仗整齐，很难加进去“闲字”“虚词”。全靠反复背诵，烂熟于心，上场才不会打磕绊。这类十字腔，由于词意深奥，艺人们大都视为畏途。但“王派”艺人几乎人人都会几十段，张口即来。例如，侯雄武演唱的《闻太师显魂》：

想当年有一个殷纣王，
他在女娲庙上去降香。
风吹竹帘露真相，
把淫诗留在影壁墙。
女娲一见神心怒，
差起三妖闹朝纲。
殷纣王贪色江山尽，
三霄女摆下黄河阵。
闻太师死在绝龙岭，
他在纣王驾前去显魂。
殷纣王站龙岭细眼观看，
烟云儿遮住了金銮宝殿。
你是神我送你早进庙院，
你是鬼超度你早上西天。
闻太师站云头泪流满面，
尊一声我的主细听臣言：

一不该搭虿盆文武遭难，
二不该造鹿台枉费民钱。
三不该将梅伯心肝剖裂，
四不该把娘娘火斗炼干。
五不该在河边砸骨验髓，
六不该剖腹胎观女看男。
七不该把杨任二目全剜，
八不该活挖心逼死比干。
九不该将娘娘赶出宫苑，
十不该逼黄家反出武关。
闻太师站云头把话说完，
姜子牙领人马兵动岐山。
把营盘直摆到汜水关前，
又引起申公豹骑虎下山。

这种来自书面文本富有音乐美、建筑美的书词，对一个文化程度普遍不高、错讹随处可见的艺人群体来说，无疑是一个泰山北斗式的存在，只能望洋兴叹。但这些黄钟大吕般的声音对说书人矫正口头的书词、疏通故事的情理、规范唱词的格律很有帮助。同时我也注意到，近年来在一些民间研究者那里，对这种书面文辞的过分强调有无限夸大的趋势。

在一种莫名其妙的复古潮流的推动下，他们认为陕北说书只有回到这种书面文辞上，才算正路，其他的类似张俊功式的口语化改造只能算是歧途。他们甚至以与底本相同的程度来判断一本书说得好坏。对这种机械的复古主义者，我从不假以辞色。如果他们是对的，那么有了复读机，人们为何还要听书？尤其是在当今电子化阅读普及、微信读书快速发展的年月，人们之所以选择听书，是因为听书能带给他们与复读机、微信读书不一样的体验。艺人的二度创作能带给他们纸本阅读之外的快乐与美。对一个有才华的艺人来说，底本永远只是一个再出发的起点。他们不会，也不应当成为书面文本的奴隶。

事实上，书面文本与口头表演从来不是敌对关系。书面文本为口头表演提供了依据，但书面文本也通过艺人的手弹口唱得到了照亮，使得沉睡在书中的意义重新被焕发出来。因而，从创造的角度讲，口头表演者延续了书面文本的生命，激发了书面文本潜藏的价值。一个才华横溢的表演艺术家即使不是某个书面文本的“生身父亲”，至少也是它的“亚父”。因而，有人说张俊功破坏了陕北说书，使得陕北说书从此变得低俗甚至下流。但实际上只要我们竖起耳朵，而且这两片耳朵能够分得清抽水马桶和钢琴的声音，再用心听几段老盲艺人留下的录音，你就会发现事实正好相反，是张俊功把陕北说书从单调、沉闷，令人昏昏欲睡的靠山老调里解放了出来。如果不是张俊功赶在娱乐方式激增的时代到来之前，先行改革了陕北说书，陕北说书可能早就完了。因而，张俊功是陕北说书的救星，而不是克星。到现在，张俊功创立的“迷花调”一统江湖，弟子遍布陕北。即使是“王派”说书最好的传人侯雄武、侯万红、鲁峰也不得不改弦更张，站起说书，音乐中混入张派的“迷花调”来吸引观众，说明“张派”艺术俘获了人心，使得他们乐于成为“张派”的拥趸。

当然，我们不能否认书面文本的价值。书面文本的结构、意境、韵律应当成为口头表演者创作的范本。但文学史上有个屡试不爽的规律，就是当民间文学兴盛到一定程度的时候，文人雅士就要来“打秋风”了。文人雅士参与到民间文学的创作中来，当然是好事，文学的结构变得谨严了，意境变得高远了，格律变得讲究了，但后来当越来越多的末流作家加入改编的队伍，一驴尿起百驴尿，最后留下的往往是一堆词不达意的烂套子、无病呻吟的书袋子，供人们因袭、模仿，技巧增多了，生气没有了。这时，文人雅士们就要再次回到民间，汲取创作的养分了。庙堂的主流文学和民间的口头文学此消彼长、各取所需，最终的结果总是促进了文学的繁荣昌盛。因而，民间的口头文学从来就不是庙堂文学的天敌，得其反倒是闺密。

真正摧毁陕北说书光荣传统的，不是口头表演派的自由创作，而是一代人的人心。急速变迁的生活方式、粗鄙混乱的价值观念培养出的空心一代，根本不懂得雅训为何物。他们缺乏健全的启蒙教育和人文熏陶，丧失了对高尚事物的持久热情，娱乐至死的消费心态使得任何追求意义的企图都被碾为齑粉。在这样的观众面前，“王派”当然吃不开，但“张派”也好不到哪里去。君不见，现在庙会上即使是“张派”最好的艺人也只能说半场，往往是一本大书刚开了个头，坐在摩托车上的黄发后生就喊叫“演小品！演小品！”剩下的时间就交给那些粗俗不堪的小戏了。漫长而寂寥的农业时代，一个村庄连续说一月半月的光景是再也不复返了。庙会上只能说半场的现状，导致几乎所有的艺人都只熟悉每本书的前半本，偶尔需要说后半本，就只能翻“猴本本”。

或许是我们这些在听书中长大的老汉，对说书的未来，有些过分担忧了。陕北民谚有“正愁的不愁，愁阎王爷长个瓷球。”时间掌握在上帝的手里。他让什么生，就有人栽种；他让什么死，就有人收割。所以，经上说“不要为明天忧虑，因为明天自有明天的忧虑；一天的难处一天当就够了。”一个生活在20世纪70年代以前的人，万万想不到陕北说书会变成今天这个样子：一群明眼人，男男女女，开着小车，载着音响，站起说唱。那么，我们同样想不来，五十年后陕北说书会变成什么样子。前些时，正当人们为大本书的消失扼腕叹息的时候，一个叫“快手”的直播软件在网上传开，艺人们纷纷下载安装。腹中有书的艺人开始直播大本书，赚取打赏。听说有一晚赚到几万块的。它打破了庙会的时间限制，可以无限期地演播大本书。当然前提是，这个艺人得真有“腹藏”。那么，经过若干年的时间演练，会不会涌现一个“网络版的张俊功”？我的意思是，如果上帝不想让这门流传了几百年的艺术灭绝，他或许已经把讲唱的才能赐给了今天“快手”上留着黄头发、带着单耳坠的某一位，谁知道呢！

## 从一句说唱词看横山穷人的气势（外一篇）

榆林市流传一句当地顺口溜，词的大意是：“没米么（吗），有油的话，借两块碳，给你们炸的吃糕。”借此喻讽榆林城老街上的一些百姓招待客人的嘴甜和小气。2020年夏天，横山一位叫封牧羊的友人对比榆林这句顺口溜，给笔者讲了一段横山讨吃要饭的穷人的说唱词，很能说明横山人和榆林城人的区别，也彰显出横山穷人的气势。摘录如下：

人穷衣衫烂，
我给你朋友告上苦难（么依呀呀尔哟），

朋友你有钱给我借上那三两元，
我有脑畔山，展阳弯，
扫把圪堵长成椽，
解成檩子划成板，
走云南，下四川，
卖下那银钱再给你周还。

图为出生在米脂和横山交界处的陕北说书后生贰强，这个陕北说书的后起之秀通过自编自唱，在抖音视频将粉丝流量做到了一百万。陕北说书作为“非遗”，传承和发展在今天是个大问题。有一批贰强这样的年轻人，可能从学者的角度看，深度和厚度都不够。但对于陕北说书如何走出黄土高原，让更多的人接受这种古老文化更重要、更紧迫。

# 安塞腰鼓的根是横山老腰鼓

杨晓升
《北京文学》杂志社社长、主编，报告文学作家

印象中，传统的中国人，绝大多数是内敛谦恭，不喜张扬、也不善言语的，尤其是陕北人。他们就像那绵延千里、沉默千年的黄土高原，纵然高大魁梧，却也如一头被驯服的巨兽，静静地横亘在地球的一隅，年复一年、月复一月、日复一日地忍受着怒吼的寒风、肆虐的沙尘、弥漫的风雪。然而，也有例外，陕北人只要投入自己创造的秧歌、腰鼓、信天游这三种原生态民间艺术，那种奔放，那种狂野，那种忘乎所以的激情释放，就与平时判若两人，宛若向广阔的世界、浩渺的宇宙宣告生命的存在。

冬天，评论家、好友李建军约我去陕西榆林，起初，我婉言谢绝。一般情况下，我不大愿意冬天出门，因为冬天天气寒冷，需携带的衣物多，去南方穿衣形如换季，到北方严寒相逼，有诸多不便。再说时逢岁末年初，我也需要猫冬忙些正事。但建军兄再三邀约，说我们去榆林横山，那里的冬天非常有意思、非常好玩。还说横山的羊肉更是鲜美极了；还说，同去的有著名作家蒋子龙、著名音乐家田青、文化学者王克明等友人……我禁不住建军兄的诱惑，心一动，原先的计划瞬间泡汤。

2019 年 1 月 13 日，跟一干文友在南苑机场乘坐联航航班，我平生第一次来到陕西横山，更是平生第一次于冬天踏上黄土高原这片古老的土地。

横山区隶属陕西榆林市管辖。地处陕西省北部，黄土峁梁丘陵区北端，毛乌素沙漠南缘，明长城脚下，无定河中游，僻处内蒙古、陕西交界，古称塞北边陲。地势西南高，东北低。北部为风沙草滩区，地势平缓，分布有大小不等的滩地宽谷；南部为黄土丘陵沟壑区，梁峁起伏，沟壑纵横；无定河、芦河和大理河川道区，地势平坦，土壤肥沃。境内有横山山脉，主峰海拔 1534.9 米，横山区因横山而名。

横山的冬天的确别具味道，虽然寒风刺骨，万物凋敝，满眼单调孤寂，但那正是生命沉默、养精蓄锐的季节。生命在沉默时的那种淡定、坚韧、刚毅、挺拔，不也正预示着来

20 世纪 70 年代横山老腰鼓手

年的循环往复，破土而出吗？所以，黄土高原的冬天带给我的，是有别于其他季节的另一种景致，另一种壮美。

横山的羊肉的确鲜美。那几天，几乎每天都能品尝到羊肉，无论是清炖、焙烤，还是闷煮羊杂，只要一入口，那种鲜美便沁入心脾，久久在肠胃里萦绕。横山羊肉味道缘何如此诱人？主人介绍说，横山的白绒山羊，长期食用地椒、苜蓿、沙葱、香艾等多种富含微量元素的菊科、豆科、禾本科植物，其肉质细嫩、低脂无膻。

即便如此，横山之行，印象最深刻、甚至给我最震撼的，莫过于横山的老腰鼓。也许你会问，腰鼓不是产生于安塞吗，难道有比安塞更正宗的腰鼓？不瞒你说，起初我也有这样的疑问，然而主人听罢笑了，说安塞腰鼓并非产生于安塞，而是起源于横山。带着疑问，求助于“度娘”。果不其然，“度娘”提供的信息明白无误：安塞腰鼓起源于榆林横山，在明代后期，由于灾荒与农民起义，安塞已经人烟稀少，横山人移民到安塞。据说，现在当地安塞人百分之七八十祖上都是横山人，也把横山的腰鼓带到了安塞。

安塞腰鼓，我以前在电视上多次看过。它是一种独具特色的传统民间舞蹈形式，为国家级非物质文化遗产。早在 1996 年，安塞县就被国家文化部命名为“中国腰鼓之乡”。然而，谁能想到，“中国腰鼓之乡”的鼻祖，却是眼前的横山。

那天上午，我们在横山武镇高岗故居前的一块宽阔地，目睹了上百人的民间腰鼓表演。

在凛冽的寒风下，伴随着震耳欲聋的锣鼓声，上百名全副武装的红男绿女像猛虎出山，击鼓狂舞。单打者腾跃旋跨，时如蜻蜓点水，时如春燕衔泥，时如烈马奔腾，时如蛟龙出海；群打时则排山倒海，步伐铿锵，阵容威武雄壮，气势磅礴。那一刻，我见证了生命的活力，激情的燃烧。我想他们

横山雷龙湾镇大石畔

或许正宣泄着烦恼、忧愤、悲伤，但或许更多的是快乐——劳动的欢乐、收获的欢乐、家人团聚的欢乐。横山腰鼓展现出的不正是生命的呐喊吗？这呐喊之于舞者，一如惊涛拍岸，春雷滚地；这呐喊也一如春笋拔节，鲜花怒放……都是向世界宣告生命的尊严与存在。

主人说，这些腰鼓的表演者大都是从周围的村庄，自发组织，自己开车到这里来的。他们当中，有的是在外地打工，奔波了一年之后，回到家乡准备过年的乡亲；有的则是在家猫冬相对清闲的普通农民，他们都是腰鼓和秧歌的爱好者。令我感到意外的是，印象中贫困的农民，如今也开上私家车了，而且是开车前来参加表演，真是今非昔比！看着眼前这些忘情的舞者，我不由得心生疑问：腰鼓这种民间艺术为何会在横山一带流行？

主人介绍说：这与当地的历史地理环境及民情风俗是分不开的。

当地群众传说，早在秦汉时期，腰鼓就被驻防将士视同刀箭一样必不可少的装备。遇到敌人突袭，就击鼓报警，传递信息；两军对阵交锋，又以击鼓助威；征战取得胜利，士卒又击鼓庆贺。随着时间流逝，腰鼓从军事用途逐渐发展为当地民众祈求神灵保佑、祝愿丰收的民俗舞蹈。在一些主要流传地区，几乎是村村有鼓队，家家有鼓手，而且世代传承，经久不衰。

关于鼓舞，先秦早有诗云——

击鼓其镗，踊跃用兵。
土国城漕，我独南行。
从孙子仲，平陈与宋。
不我以归，忧心有忡。

爰居爰处？爰丧其马？
于以求之？于林之下。
死生契阔，与子成说。
执子之手，与子偕老。
于嗟阔兮，不我活兮。
于嗟洵兮，不我信兮。

这首诗，写出了鼓舞表演达到高潮时的盛况，人、舞、鼓汇成了茫茫一片。这是对生命力量的由衷赞叹，同时也彰显了底层百姓渴望摆脱贫困，创造美好生活的不可遏止的力量。

告别横山，我的耳边不由得响起南宋诗人陆游关于鼓舞的诗：

莫笑农家腊酒浑，
丰年留客足鸡豚。
山重水复疑无路，
柳暗花明又一村。
箫鼓追随春社近，
衣冠简朴古风存。
从今若许闲乘月，
拄杖无时夜叩门。

# 横山探

吴永琪
秦始皇帝陵博物院名誉院长，
秦始皇兵马俑博物馆名誉馆长，
陕西省人民政府参事室文史馆员

此生有缘于陕北。

五十多年前，来陕北延安插队，老乡待我似儿女，帮我度过了那艰苦岁月；二十多年以来，我总要回村看望他们，看乡亲如看亲人。最近两三年，我又数次来到陕北榆林，在其域内横山等诸县区探寻游走，以自己的专业兴趣，探古访今。行走在那川峁沟梁，耳边充盈着熟悉的乡音，脚下踏访了先民的足迹，悠忽之际竟然产生了虽与他们不在同一个时间、空间，却又同处一个时间和空间的穿越感，特别是在水秀山灵人文荟萃的横山。

横山有活水。芦河，古称圁水，源在靖边县，终于横

2020年8月10日，海南省委统战部副部长刘耿（左一），吴永琪（左二），党岔镇党委书记吴科邑（右一），党岔村民刘生发（右二）在党岔镇古银州山头上

山区，以其缓缓潺潺之姿汇入无定河；无定河，曾有生水、朔水、奢延水等称谓，源于定边县，流经靖边、横山、米脂、绥德诸县区，沿途收纳芦河、榆溪河、大理河等支流，在清

涧县注入黄河。芦河、无定河诸水两岸，往往发育出经河水常年冲刷沉积形成的台地草甸，在横山的塔湾、波罗、响水诸镇，都可以看到这些河岸两边的台地草甸，以及葱郁的水稻、玉米等农田作物，沿河竞生的蒹、葭、蒲、蓼也是萋萋而立。更重要的是，历年来的陕北考古工作收获颇丰，在无定河、芦河沿岸的台地上，在近河岸的低矮山峁上，经过考古调查，发现了多处包括龙山文化在内的古人类遗址。先民沿河做稼穑，依水而渔猎，艰苦繁衍，瓜瓞绵绵。横山的水是蕴含生命的活水，从古到今养育着横山这片土地上的生民，孕育出多彩多姿的文化。

横山有“早商”。所谓“早商”，是考古圈里一种试探性的提法。中国早期历史的经典排序，是“尧舜禹夏商周”。尧舜禹属于传说时代，应该处于龙山文化父系氏族社会；商周已见诸文字记载，其遗物也是金玉满堂。唯独谈到夏代，学界议论纷纷，不敢贸然定论，故一句“早商”，把夏代过。以往的考古调查中，神木新华遗址出土过夏代石镞、石刃；神木石峁的二里头文化遗存，也归入了夏文化。考古调查还发现，在横山境内，无定河沿岸出土过古人类化石，发现了旧石器时代、新石器时代以及龙山文化遗址。在横山党岔镇宋代银州城旧址的文保员家里，陈设了几件“黑陶高脚杯”，其年代属于龙山文化是毫无疑问的，把它当作夏文化去做深入研究也应是一条思路。我注意到，许多学者在提到横山的古文化时，新石器和商周的话题很多，唯独很少谈及夏代；在其他许多地区，即使涉及夏代也常以“早商”代之。这大概是因为除了文献资料，在横山乃至国内其他区域，没有更多的考古证据去支持夏的存在。尽管目前在横山境内发现了数百处龙山文化遗址，研究者们皆因学术慎重而持以保守态度。四十多年前，我供职于省文化厅，任文物干事，工作中多次接触到的资料、信息，令我同意一些学者“在榆林地区可能存在夏文化”的推测。所以我确信，经过今后的工作，在此区域中，包括芦河在内的无定河流域等数条黄河支流的台地、山峁上，一定会发现更多遗存，会找到夏文化这个中华文明史中最大缺环的证据。我们寄希望于榆林、横山。

横山有宝塔。横山域内有一处全国重点文物保护单位元代鸿门寺塔。此塔建立在一整块红色砂岩之上，岩石之下即为鸿门寺遗址。塔的第一层底部由片石砌成，以上各层，外部用红砖包裹片石垒砌。塔身中空，开有门洞，塔内保留有壁画。塔体平面呈八角形，共十一层，塔高二十七米，底周长二十四米。以片石砌筑的塔基底层较高，倍于上面各层，为保持稳固，工匠把塔身立面过度收分，此塔观之如竹笋状。我们知道，从建筑力学角度出发，一个立面，其角度越小，或者说随其收分增大，越能增加其稳固性，因而该塔挺立六百余年不倒。当游人立于塔下，屏气静观此塔体收分，古时工匠的聪明才智一览无余。

为寻鸿门寺，沿小路下到岩底。然寺庙已毁，石窟犹在。砂岩石壁上凿有石窟六孔，里面的造像因常年风雨侵蚀已经模糊不清。

横山有响水堡，坐落在响水镇无定河畔山坡之上。榆林自古便是边关要地，榆林境内的长城主要是明成化年间，在原隋长城的基

响水古堡位于横山区响水镇西南部。古堡北临204省道，无定河从西南绕城流过。古堡平面略呈长方形，明万历年间重修，砖砌城墙垛口。古堡有东、南、西三门，另有小西门。

础上筑起的“延绥镇”长城，也称“榆林镇”长城，全长七百六十公里，横穿府谷、神木、榆阳、横山、靖边、定边六县区。这一带的长城从战国开始，其后历代屡有修葺，沿线筑有城堡、墩台、崖寨，响水堡就是其中一座，是横山的五大军事城堡之一，历来为边塞重地，易守难攻。明成化、万历年间，蒙古部落曾数次欲掳掠响水，均被守将率军击退。晚清回乱，沿路杀掠到响水堡，当地乡绅自发组织地方武装，逼退乱匪，护卫了一方百姓，使响水城堡免遭涂炭。陕北地区因回乱而修建的民众避难场所，即所谓“寨子”，至今仍保有多处遗迹，但类似响水堡这样年代久远且规模宏大的军事防御性居住城堡却不多见。民国以降，陕北再无军事，特别是近年来，随着农村生产生活方式的转变，响水堡人渐次搬离，原有窑洞大多空置，繁华落尽。行走在响水堡内，尽管时有断壁颓窑映入眼帘，仍可看到道路规矩，院落齐整，一排排窑洞高大敞亮，大都以錾琢平整偶有雕花的石块砌成窑洞的前立面，既牢固又美观；推门而入，主人还在里面生活的幻觉油然而生。徜徉在响水堡内，竟然可以找到有着欧洲巴洛克风格的门楼，真是让人意外。这些带着西洋文化的建筑因素，说明响水堡人早在百十年前还在不断建设着这座古堡，追求着世界新潮。当然，不是所有的人都离开了响水堡，毕竟有一些人家顽强地坚持下来，继续生活在这里。我们在数个院落里都听到了鸡鸣狗吠，看到了仍旧居于响水堡的居民，他们世代在这里养殖、耕作、繁衍，延续着千百年来的生活。也正是由于这些原住民的坚持，响水堡才得以有生命，得以存活下去。只要响水人在，古堡就在，文化就在，先民创造的遗产就在。

横山有壮士。北宋李继迁，明末李自成生于横山；国军陕北保安部胡景铎将军波罗起义在横山；陕甘宁边区大生产运动劳动英雄、毛泽东之子毛岸英的“农业大学”老师吴满有生于横山；更值得一书的是，著名的历史人物高岗是横山人。高岗曾任陕甘边革命根据地领导人，中华人民共和国中央人民政府副主席。曾有陕北民歌“头名老刘二子长，三名是高岗”的唱词，歌颂这三位陕北革命领袖。刘志丹、谢子长和高岗开创的陕北根据地，成红军长征的落脚点，抗日战争、解放战争的出发点，对中国革命的胜利起到了无可替代的作用。

遗憾的是，吴满有在胡宗南进犯延安时被俘叛变；高岗因建国后党内政治斗争而身亡。一位基层农民，一位高级干部，因为各自原因其结局令人扼腕叹息。但是，他们仍是横山的壮士，他们为中国革命做出的卓越贡献，仍是应该在历史上重墨书写的。

在高岗老家，横山武镇高家沟村，当地乡民在原址上重修了高岗故居。在故居的窑洞里，用图片简略地介绍了高岗的生平事迹。我从文物保护的专业角度来看，认为这些做法是对的。由于高岗问题的原因，这个故居只是处于民间管

横山响水古堡石头铺就的小路

理状态，政府并未出面保护，显得凌乱无序，周边环境也是不伦不类。离开高岗故居前，我给故居所在地的乡镇领导，以及故居的管理人员建议，高岗故居应该按照文物保护单位的规定程序进行管理，即便不做“革命旧址”，做个“名人故居”应该是实至名归的。如有可能，请由某一级政府公布。这样，使其符合文保单位的管理模式，以确保故居不再受到侵蚀破坏。实际上，许多国民党方面名人的故居，如浙江奉化蒋介石故居（国保单位），山西定襄阎锡山故居（省保单位）都受到了政府公开的保护，且辟为参观景点。高岗毕竟在中国革命进程中做出过不可否认、不可磨灭、不可忽视的巨大贡献，做个“名人”的资格还是足够的。

横山有乡贤。宋代银州故城位于无定河畔的党岔镇，我曾两度造访该遗址。此处有村落一座，名“北庄村”，观其规模，应有千数村民生活于此。有乡民刘生发者，兼职银州故城文保员。与之相谈，言语之间，他引经据典，滴水不漏。从晋悼公“贵货易土”，将此处纳入汉地，到李继迁叛宋称王，李元昊西夏为帝，党项鲜卑，赫连拓跋，听得我在脑子里把这段忙乱历史梳理不停。为加深听众印象，他不时以石做笔，在地面疾书，其字体端庄，笔架匀称，繁体字信手拈来，其反复强调“荫”“蔭”二字不得混用即可见一斑。当我们一众人登至银州城的上城遗址，老刘居高临下，指点故城重要节点，不经意中更是流露出一位基层文物工作人员的专业与忠诚。老刘利用自家窑洞设立了一个小博物馆，其收藏的历代文物，品类颇丰，除了我在前面提到的属于龙山文化的“黑陶高脚杯”，还有另外一件重要文物。在老刘的小博物馆室内地面上，摆了一件毫不起眼的石盘。石盘呈方形，四边皆长二尺有余，中间略有凹陷，四周渐渐隆起；与之配套的是一只类似擀面杖形状的石棒，石棒短于石盘，两端略细，中间渐粗，最粗处其径不足两寸。老刘告诉我这是“汉代石磨”，是古人磨面用的。经观察，我倒看它是个碾盘，应是古人脱谷粒、除秕糠的用具。如模糊些，可称它为“石制研磨器”。倘若果如老刘所言，那可是古人由粒食进化到面食的重要用具。诚如是，当从那时起，古人就可以既喝米粥、吃米饭，又可以吃面条、吃发糕了。无论如何，作为文保员的刘生发的确是位饱学之士，是一位乡贤。

横山的水秀山灵人文荟萃就表现在这里。

20 世纪 70 年代中期，我到榆林地区做文物调查，途中经过横山。初冬的县城，街道冷冷清清，毫无生气；当街商铺大都上着铺板，阳窝里几位老人在聚精会神地抓着虱子。偶尔跑过一条瘦骨嶙峋的土狗，转身就不见了。

再到横山，已是将近五十年后了。鳞次栉比的高楼大厦，车水马龙的繁华街道，俨然一座商业小城。变化之大，地覆天翻！

“高楼万丈平地起，盘龙卧虎高山顶。”好一个水秀山灵人文荟萃的横山。

# 银州多民族融合文化

刘生发
横山党岔镇村民

银州位于横山区党岔镇北庄村，地处农耕文化与草原文化的分界上，这里建过都，立过国，多朝置郡、州、府、县。几千年来，这片土地上不断地变换着主人，当一个新的民族来到这里时，它把它的文化带到这里，消亡的民族又把它的文化留在这里，在数次民族更迭中融合，形成了厚重的银州文化。

## 一、形成银州文化的基本因素

晋悼公五年（前568年）无终之君嘉父使孟乐赴晋求好，

将圁（无定河流域）洛（洛河流域）间土地卖于晋国，因圁洛土地全为丘陵、沟壑，土地贫瘠，非放牧的理想之地。晋悼公初拒之，魏绛请之和，“且夫戎、狄荐处，贵货而易土。予之货而获其土，其利一也。”（《国语·晋语七》）圁洛间土地是晋国用贵货所换得，农耕民族与戎狄融合。

前422年，晋大夫魏斯除晋乱而得上地（圁洛间地域名称，陕北前身的称谓），派李悝为上地守，建军城十五座，银州为十五军城之一，时称增邑，银州城出现。

前406年，魏斯曾派吴起、乐羊攻灭中山国，将中山国军民举国大迁上地军城增山邑，古称“肤者大也，施者迁也”，故称其城为肤施城，从而取代增山邑之名，中山国为鲜虞人，他们便生活在这里，与华夏民族和戎狄民族融合。

前403年，魏在上地置上郡。前308年，十五军城易主秦国，秦文化取代魏文化。秦昭襄王三年（前304年），秦将原魏上郡治所北迁肤施，自《水经注·河水》。其时肤施成为秦国在陕北最大的政治、军事、经济、文化中心，它的文化影响波及所辖范围。

根据年鉴，两汉匈奴、羌人多次占据上郡。

365年前，匈奴首领刘卫辰（赫连勃勃的父亲）占据骢马城（银州前身的称谓），这里体现的是匈奴文化。

《晋书·苻坚载记》前秦建元元年（365年），苻坚讨伐刘卫辰，亲临骢马城，古老的氐族文化取代匈奴文化。

横山党岔镇村民刘生发

“群众是真正的英雄。”2020 年 8 月 10 日，站在古银州所在地党岔的山头上，听只上过小学的村民刘生发讲那过去的历史，北大教授韩毓海对这位自学成才的历史土专家发出了如此感慨。

386年，鲜卑人拓跋珪在代来城称王，建立代国，文献载常往来于骢马城，同年改国号为魏，史称北魏，鲜卑文化取代氐族文化。

557年，又一鲜卑政权建立，史称北周，周武帝保定三年（563年）置银州，因宇文邕发迹于银州，故为横山十帝之一。

隋唐年间，突厥乘乱南下想捞一把，结果被唐朝一锅端，大批突厥人沦为奴隶，留在了此地，留下了他们的习俗。

唐仪凤元年（676年），党项部族首领拓跋立伽率众内属入住银州，他们在这里发展崛起，于1038年创建了西夏王朝。从入住到消亡，西夏王朝持续了长达548年，这里为党项民族的天下。

1224年5月，木桦犁的儿子孛鲁率大军攻克银州，并杀西夏守将塔海，此地易主蒙古民族。

上述民族都是银州的经营者，它们都是本民族文化的传播者，它们又是银州的过客，又将本民族的文化留在这里，它们就是形成银州文化的基本因素。

## 二、银州多民族语言的特征

银州地方语言十分丰富，应用频率之高，在日常生活中，一句话或几句话中，就有一句地方语言，甚至连续几句话都是地方语言，它是先民给我们留下的宝贵的文化遗产，每一句方言都包含着一个故事，每句方言都是对一段历史的记录，每句方言都体现一个民族的特征，每句方言都有着血的代价。银州地方语言，它保留了多个古老民族的语种，它是研究华夏民族和少数民族语言的活化石，粗略地捋一下，有以下特征：

1. er 音

银州人说话基础音为 er 音，很大一部分语言带有 er 音（以下 er 用儿来代替），儿音就是每个字和儿合起来发出的声音，就是说的话有儿的声音，并不把儿字读出来，如官儿、台儿、锅儿、碗儿、瓢儿、盆儿、莲儿、花儿等，与河北、北京等地的口音相似。有学者认为，这种口音是东汉建武二年（26 年）孙登率领河北五万起义军在上郡称帝所带来的文化影响，也有人持怀疑的态度，认为两千年来的时间哪能传至今天。笔者认为，老秦人早于东汉二三百年前是这里的统治者，他们的语言今天仍然应用很普遍，如：吃饭让你“咥”上一老碗面，“咥”上几个馍，两人“咥”了三箱子啤酒。又如银州人常常把头用“颡”来表达，如看到某人做事做得很不理想，便对其批评或指责：“看你那颗灰颡（灰脑袋）。”而且“颡”在今天葬礼上也广泛应用，如稽（qǐ）颡泣血上叩，这是老秦人的一种跪拜礼，以额触地表示极度虔诚，这既证实了几千年的语音可以传下来，也反映了几千年的古词语也普遍在保留。

2. 方言的长音和短板音

长音就是一句话加一个字，而且读时并不把所加的字读出来，如扁平的东西，用方言说“不它啊”，啊带有长音，读时不能把啊读出来，如“抹拉啊”，是没有，“圪拔啊”，抓着往上爬，“扒拉啊”，“圪杈啊”，“霍塌啊”等。

短音把长句融合成短句，或把两个字融合成一个字，如：“不要”方言里通常说“嫑”（biào），“可好”，发音为 kǎo，多用于人名。短音就是用前一个字的声母与后一个字的韵母合起发出的声音。

3. 逆序语言

逆序语言很像党项人的语言结构，一般宾语在前，主语放在宾语的后边，举些例子，如：“剥杀”，在实际生活中，是对牲畜的宰杀。从程序上讲，应该是先杀死后剥皮，不是先把皮剥掉再去杀它。“剔剥”，牲畜被宰杀后，到了剥皮剔肉的环节，应该是先剥皮后剔肉，而不是先剔肉后剥皮。“吃日剥”，日剥倒过来是“剥日”，是剥皮日，是牛羊宰杀日，应该是聚餐吃肉的大节日。《旧唐书·党项羌传》载：“三年一聚会，杀牛羊以祭天。”在宋从实与田颜相的地界碑里，也能够证实，最起码在一千多年前，逆序词就应用在文字和语言中，文中载“广顺三年十二月日八”，倒过来就是十二月八日，“邻居”志文中所载为“居邻”。在日常生活中，如：活灵—灵活，康健—健康，日不瞭哨—不瞭哨日，田寺—寺田，等等。在这里大量的逆序语很可能就是党项人遗留的语言特征。

4. 有音没字，有字没音，没音没字的语言

①有音没字的，如某人借别人的东西或钱后，不再归还，也不承认他拿或者借了，这种现象叫“xù”了，字典中有这个音，没这个字，只能用同音字来解决。“se 拉”，用脚在地上轻轻拉，有 se 音没 se 字，只能用韩国“闧”字来代替。猪羊肉起了霉点，称作“xùn”了，肉坏了，羊肉“xùn”了还可吃，猪肉“xùn”了不可吃。又如“chuǎ”皮，有 chuǎ 音没 chuǎ 字，也只能借用同音字来代替。

②有字没音的，是指字典中没有这个声母的拼音，这也是陕北人特有的语音，一般情况下字意相同只是发音不同。要解决这个问题只需换个声母，用两个熟悉的声母 n 和 g 组成“ng”声母，如何认识这个声母，采用反切音的方式，即 n、g，n、g，g、g、n，“ng”就是它的读音。我们日常对好多字的发音，如恩发音为“ngeng”，爱“ngài”，娥俄讹鹅等读作“nguo”，澳敖“ngào”，额噩扼鄂等“nge”，安“ngan”，构沤等“ngòu”。如不同地方“我”的发音，米脂“ngě”，绥德“ngǎ”，佳县“ngǎng”，吴堡“ngǒu”，石湾“nguǒ”等，了解了这个声母，对一个地方的发音就能很轻松地读出了。

③没音没字的语言，指字典里没有这种语言的拼音，也没有这种语言的字，但是这种语言应用频率很高，在文学字面上不能相互沟通的，只能口口相传。要解决这个问题，同样用上述办法，再设置一个声母，用原有的两个声母 c 和 s 合起来，组成“cs”，认识这个声母仍然用反切音的方式，即 c、s，c、s，s、s、c，“cs”这就是这个声母的读音，认识“cs”音，这个声母“cs”音系列的方言就迎刃而解。举些例子便于理解，“csi”扔之意，例句：“csi”石块，看谁“csi”的远。又如“咿咿 cseng cseng”，呻吟或低声哭泣声，例句：碰了一点儿小伤，“咿咿 cseng cseng”直哼了一天。如“csà csà 阶”，指皮薄（小气）的人，例句：我买了几十块钱的苹果，又拿了一个小的，货主“csà csà”地叫喊起来。又如“麻 csi csi 阶”，有麻的感觉；又如“一 csen csen”，很小；“一 csi csi”更小。又如“csan csan 阶”，指易哭小孩的哭声，例句：这么大的孩子了，母亲一不在身边就“csan csan 阶”哭上个没完。此种方言应用很广，不能一一列举。

如果认识了“ng”和“cs”两个声母，最起码陕北地区任何一个方言都能准确发出它的正确发音，也可书信往来。

5. 不好解释的语言

此种语言我们应用得很频繁，但具体解释总觉得不合适，这是一个民族语言的奇妙性，如“拜带”，应用范围很广，例句：人老了，唱歌跌气“拜带”，当队长惹人“拜带”，寻吃“拜带”，吸噘“拜带”，起火“拜带”。又如：“不挤”，“恶水不挤”，“酸溜不挤”，“甜哇不挤”。又如“木淋”，头“木淋”转，眉眼“木淋”转。如“抹淋”“抹拉”，打了个“抹拉”路，不成个板仗，没做成个“解（hai）数”，等等。

6. 于今天音同而义不同的语言

“zǎo”陕北人从骨子里理解为切割之意，“zǎo”在字典中没有，只能用“找”来代替，在地方语言应用中，如：听了原告的话，被告脑 zǎo 下；高粱成熟了，用小刀去“zǎo”高粱穗；小心把手 zǎo 上了。它是切割之意，但在商店买货，就变成了找，如货是八元，付给十元，就得 zǎo 两元。我们用尺寸来举例更易理解，货的价格是八寸金，给你十寸金，你应等齐八寸，下余二寸金 zǎo 下，也就是切下还给我，这样货币就等价了，而不是找，钱就在你手里，不需去找，官方没有把“找钱”理解为“截切”之意。

7. 应用古语、古词汇

华夏民族作为主体在银州经营了几千年，留下了不少的古语、古词。

如“耤”（jí）地，就是耕地犁地，耤古代天子亲耕的地，《说文解字》载：“帝耤千亩地也。”《汉书·文帝纪》“其开藉田，朕亲率耕。”王先谦补注：藉正当作“耤”，今天的文明语为耕地或犁地。

“陷 hàn”《梦溪笔谈》中“世间锻铁所谓钢铁者，用柔铁屈盘之，乃以生铁陷（hàn）其间，封泥炼之。”如两人抬东西物体过重，抬棍陷在肉里。如锅围子墙围子，裹上粘泥后鸡蛋壳陷在粘泥里，有美和耐磨的作用。

“踼（táng）”不少人认为它是土语，其实它是古语，汉代《说文解字》“踼，跌踼也。”

“嗾”的发音潜移默化地发为兽音，“嗾”字听起来好像很低俗的一个字，是唆使狗去咬人或去咬其他动物，狗在几千年来一直被人们所驯养，在基因里就能理解“嗾”的含义，也成了狗的天性，嗾狗也被载入史册，《左传·宣公二年》载：“公嗾夫獒焉，明博而杀之。”汉代扬雄《方言》载：“秦晋之西鄙自冀陇而西，谓使犬曰嗾。”嗾在李贺的诗中、《北史·卷二十六》中都有表述和记载。

“老去”（ké）在陕北是再平常不过的一句词语，这里的“老”是指已经死亡，“去”读作 ké，去之意，陕北人不愿把老人的死亡说出来，是对死者的尊重，如父亲或母亲或者村里的老人去世，都说是老去（ké）了。其实战国时期，对死亡也是这样说的，如《荀子·仲尼》载：“桀纣舍之，厚于有天下之势而不得以匹夫老。”就是桀与纣王无道，他们就不能像老百姓那样活的岁数大了才死。唐代诗人子兰的

《城上吟》诗中“城外无闲地，城中人又老”，是说城外连埋人的地方都没有了，城中还在死人。元代房皞的《思隐》诗句中“情知老去（ké）无多日，且向闲中过几年”，是说知道离死亡不远，还要好好地度过剩余之年。

关于对死亡的说法不光是老了、老去，还有“歿”“没下”（hà）“脱尸解”“命过儿”“墦了”“撂了”。“歿”在《国语·晋语四》里面，句为“管仲歿矣，多谗在侧”。“没下（hà）”宋代《张协状元》戏中“贫女那贱人，十人打底，九人没下”，没下（hà）意为已死亡。为更容易理解举个例子，问：某人放了几次命，现在怎样？“昨晚就没下了。”“脱尸解（hài）”，尸解是人体、灵魂的载体，一般认为道家修仙得道，或有大德者死后成仙的人，死时为脱尸解，灵魂成仙，传说黄帝连尸解未脱，直接成仙，所以黄帝的坟墓称之为衣冠冢。汉代王充《论衡·道虚》载：“尸解而去，其实不死。”

“命过儿”是指：未及寿终而亡的，对死者的鄙视用语，是暗地里把某人给干掉。“命过儿”在几千年来，潜移默化地成为贬义词，如隋代西域《高昌延和四年某甲随葬衣物疏》的句子“昊天不富，以此月忽然命过”。这个词今天已变味，成为仇视或鄙视死者的用语，例：叵不那狗的命过了。对仇家暗杀的用语，如：去把那给命过了。

“墦了”意为死了进了坟墓，《孟子·离娄下》有句

“卒之东郭墦间，之祭者乞其余”。明代孙仁孺《东郭记》中也有记载。在这里是对非正常死亡的用语，如某人被车碰“墦了”，某后生还没活多久，人就病“墦了”。还有没被文献记载的“没了”“撂了”，“典故下（hà）”了，“老牵下（hà）”，这些也都是对死亡的说辞，或许我们在文献中没有找到对它们的记载。

8. 方言中的典故

“哌（借用字）侃”，“csang 嘛”，哌侃是用语言来征服对方，带有一定的挑衅性和斥责性。“csang 嘛”是向对方软磨硬泡，跌皮耍赖索取，这两个词语是在嫁女礼仪上的两个环节。当女儿出阁时，母亲站在门口不让走，这时就是第一个环节“哌侃”，母亲对女儿的“哌侃”，因人而异，大体意是：你到大了，行汉起身了，不管老娘了，老娘把你辛辛苦苦养大，你就这么站转走也，我和你大以后吃什么也，喝什么也，不拉下（hà）放些养老钱别想走。“哌侃”一阵后，外面迎亲的人早就准备好了这个环节的钱，给其母一个红包或表示的钱，母亲拿钱后，态度就转变，话也没那么强硬了。进入到第二个环节“csang 嘛”，大致意思是：你婆家就给这么点儿钱，就想让你走，你想都别想，老娘往大拉扯你花费了多少心血，在不给点儿钱别想走出这个家门。“csang 嘛”一会儿后，迎亲的人再给其母小一点儿的红包，母亲说：“昂，这还差不多，以后发财了不要忘记孝敬父母。”这个环节就算完成，女儿顺利出阁。

又如“炒面神”“幡头野鬼”……这些故事的情节太长，只在这里点拨一下，所以说陕北的每句方言都是一个故事，每句都包含着一段历史情节。

## 三、土地的计量单位

今天对土地的计量单位是亩和公顷，而银州老一代人对土地以“嘴”和“寻”作为计量单位。“嘴”是指羊的嘴，是一只羊一天吃草的面积。一嘴地等同一亩土地，一亩地够一只羊一天吃草的面积，故称嘴。“寻”为古代计量单位，八尺为一寻，与今天“寻”相差甚远，这里的一寻是指四至五嘴地，多指川地和间地，好地四嘴为一寻，贫瘠地五嘴为一寻，这里以寻为单位，不知出处，笔者翻了好多资料，也没找到这个记载。三嘴为一垧，二百四步为一亩，已成为新的文化。

## 四、东西相同的习俗

在伊朗、阿富汗一带有一种饮食叫作不捞饭，它的食材和制作方法，与银州不捞饭的名称、食材、制作方法基本相同，中东人把碎肉米饭、少许菜做在一起称之为不捞饭，而银州人把炼过油的油渣称为不捞，如羊油不捞、猪油不捞代替碎肉，做成不捞拌饭、不捞菜、不捞面、不捞馅包子等。不仅不捞的做法、名称相同，还有一种做饭的手法和中东习俗相同，如：中东人切菜不用案板，是在手中切菜，直接下锅，而银州人也有这个习惯，如手中切洋芋、柿子、粉条等，直接进入锅中，手法娴熟，刀绝不会伤及手。还有一种饮食叫作骨垒，就是绞团，它与遥远非洲的面码做法、吃法，佐料、食材完全相同。中东地区的习俗很可能是受丝绸贸易的影响，而遥远非洲的这种文化又如何解释呢？

## 五、出土多民族文物

近年在农耕、农田改造、雨水自然冲刷中，道路的土地挖掘中出土了一定数量的文物，其中不少是少数民族的文物。他们形态各异，民族特点凸显，如鄂尔多斯文化的弯刀、牌饰、实用器等。这种现象很平常，因距离近，山河接壤，易于往来。主要有一些遥远民族的文化，如银州周边出土的维吾尔族带有文字的陶瓶，量很大，形状如茅台酒瓶，瓶的表面打白底，上书维吾尔文字。历史上没有记载维吾尔族在这里活动的记录，维吾尔族原为哪个民族，往上推，维吾尔－

畏兀儿－畏护－回鹘，原来是回鹘文化，唐末被契丹赶到西南青海和新疆连接的地方。同样契丹民族也没有在这里统治及生活的记录，可就在当地出土了黑釉瓷罐，上书契丹文，而且是用于作坊的器具。开办作坊，必须有着稳定的社会环境，人们是长期居住在这里，所以说契丹民族不是过客，他们曾经是这里的主人。

“吐蕃”也没有在这里生活、活动的记录，同样出土了汉唐时期的陶罐，上面刻着吐蕃文字，虽然没有记录，但这是他们在这里生活的物证。

以上这些民族到哪里去了？他们就像其他民族一样融入另一个民族中。银州融入了南北文化，汇聚了东西文明，保留了古老文化。多民族特征，多民族经营，多民族融洽，就形成了银州文化。

# 走在横山的路上，想着陕北

闫拓时
中国音乐学院原党委书记，词作家

2019年1月13日，我们一行11人踏上了神秘的陕北大地，开始了五天对榆林市横山区文旅资源及发展的采风考察。从节气看，春天还有半个月才能光临，但陕北大地上，春的气息已至。天不是那么寒，风小太阳暖。地不是那么冻，黄色的干枯植被和树丛中的绿色点缀为伍。榆林城和横山区更是另一番景象：几乎所有的主要街区花灯已布置停当，花灯和原有的霓虹灯交相辉映，宽阔的马路和外观新颖的高层建筑更显出现代气派。晚上逛街，五颜六色的漂亮灯光让我们感觉置身于都市之中，而不是在黄土地上。今日的陕北，今日的榆林，今日的横山远不是昔日书本和媒体给我们的印象。五天的采风，今日之陕北让我刮目相看，同时也引发了我诸多的思考和感悟。

20世纪前半叶的中国，特殊的国际国内形势，让一个在历史记载中出现概率极低的区域成了人们的永恒记忆，这个区域就是陕北。1935年2月5日，中共西北工委和西北革命军事委员会成立，陕北革命根据地和陕甘边革命根据地连成一片，形成西北革命根据地，成为中央红军长征的落脚点。陕北地处黄土高原，黄河沿着陕北的东侧从北向南穿越了陕北榆林市和延安市的7个县。黄土地是陕北一个国际符号。美国记者斯诺1936年在延安采访后，发布的文章中用了“黄土地”这个词，从此，在西方世界，黄土地和陕北连在了一起。陕北的另一个独特性的标志就是“陕北人”。“陕北人”要比“黄土地”更具有陕北的个性。陕北人不仅豪爽、强悍、喜欢自由，爱热闹红火，他们在语言、饮食习惯、文化习俗等方面都不同于陕西的关中和陕南人。

陕北给人印象最深的是陕北民歌。陕北民歌是陕北人民生活的反映，也是陕北人民所创造的历史文化标志。从20世纪30年代后期开始，陕北民歌伴随着革命的纵深扩展而与时俱进。因此，我对陕北的感悟，就想从以下三个方面谈谈。

# 黄土地

陕北地处黄土高原，东临黄河，北靠内蒙古，西接甘宁，属于终年少雨缺水的干旱地区。这里山大沟深，山有龙虎之势，高大巍峨；沟似川壑，交错纵横。在远古时代，陕北曾是多民族游牧之地。随着社会的演进发展，逐渐形成了多民族居住的社会。由于各族之间的此兴彼衰和相互入侵形成了连年混战的局面，战争需要资源，仅有的土地植被多被毁灭性破坏，造成了荒凉、贫瘠，生存状况十分险恶的自然环境。

但是，黄土地自有他倔强粗犷的性格和神奇之处。陕北人在恶劣的环境中不断适应，不断改造，不断强壮。他们以自己对苦难的博大胸怀，迎接苦难的挑战，积极战胜苦难。他们在为改善生存条件的奋斗过程中，锤炼出了坚忍的品格，凝练出了自己独有的文化习俗，历练出自己乐观、豪放、自由的心态和生活态度。

为什么说黄土地自有它的神奇之处呢？首先是因为黄土地在 20 世纪 30 年代以后创造了神奇。如果不是陕北这块黄土地的贫瘠和闭塞，那么红色的刘志丹和横山游击队就很难在白色恐怖的环境下成了气候，陕北红军的活动作为一个有影响的事件就更不可能报道在国民党的报纸上，那时处于无法了解外部世界更多情况的毛泽东就不可能决策将红军长征北上的落脚根据地选在陕北。由于选择了去陕北，红军因此方向明确，因此争取了宝贵的时间和前进的主动，摆脱了被追击、被围剿的被动。这都是真实的历史，这一切都是由黄土地引发的，这难道不神奇吗？这难道不是由于黄土地的博大和厚重基因拥抱了新的历史选择而产生的神奇吗？

黄土地的另一个神奇时刻是在中国再次发生巨大变革时。昔日以贫穷、闭塞、荒凉为象征的陕北黄土高原，虽然作为红色根据地，为新中国的建立做出了无与伦比的贡献，但由于自然环境的恶劣、新中国成立后的经济社会发展缓慢，和外部世界的发展不可同日而语。“苍天有眼”是一句谶语，我们不相信它，但是，黄土地发生的第二次巨变，又不能不让我们相信老天爷自有它的均衡补偿法。20 世纪 80 年代末，就在我们改革开放的前沿区域已开始分享改革初步成果的时候，陕北高原也爆出了震惊世界的消息：陕北发现了巨量的优质煤、天然气及石油。原来老天心中一直惦记着黄土地和黄土地上的人民。老天要让陕北赶上时代的发展，乘上时代的高速列车。巨量能源的储藏和开采让黄土地再一次扬眉吐气于世界，再一次为中国的历史性发展做出了它独有的贡献，再一次让世界感受到了它的神奇。

20 世纪，中国发生了两次载入史册的事件，一件是新中国建立，一件是改革开放。陕北这块黄土地两次都扮演了极为重要的角色，都做出了独有的历史贡献。

今日之陕北，经过40年改革春风的沐浴，凭借自己强大的内力，已实现了翻天覆地的变化。陕北大地已被绿色覆盖，陕北城市中的高楼，像高原昂起骄傲的头，看着远方，寻找着习近平主席新时代黄土地能做出的新诗篇。

## 陕北人

我之所以要把“陕北人”作为一个子题目来感悟和评说，是因为陕北人给我的印象太深刻了。我的大学同班同学有陕北人，我的学生有陕北人，我的朋友有陕北人，我在工作交往中也认识和了解了许多陕北人，这次来陕北也和许多陕北的基层领导和群众有直接的接触。这些陕北人反复验证，给了我一样的印象。

一个音乐大家在他研究民歌的文章中说：陕北民歌体现出了“踏踏实实的人生观，善恶分明，黑白分明，美丑分明，好坏分明，横平竖直，没有歧义”。这一方面是对民歌的评价，也是对陕北人的评价。我所认识和接触的陕北人多表现出了这种特质。也可能黄土地上成长起来的人，从自己的生活经历中深深感受到了世上的一物一事之取得极为不易。因此，他们用他们踏踏实实的价值观判断人和事，接人待物，参与社会和工作。他们不信“忽悠”，反感虚情假意，厌恶不实诚。他们自认为朴实和厚道是立身之本，一份汗水一分收获，天上掉馅饼的事他们不仅不信，也不去接那个有时掉下的“馅饼”。也可能从小在陕北长大的人由于环境的闭塞和生活的单调，让他们失去了和更多的形形色色的人接触和打交道的机会。我所认识的陕北人，他们都非常珍惜朋友之间的友谊，每一次见面和交谈都会给朋友以很愉悦、很舒服、很温和的礼遇和印象。我的陕北朋友，没人和我红脸，没人视我以轻蔑，没人谗我以流言，没人谄我以讨好。也可能祖辈酸酸苦苦的真实人生和热热辣辣的血魂，过早地启示了我的陕北朋友，他们必须对生活处之平淡和理性，才有可能让生活踏踏实实，才是把握生活的真谛。陕北人以“踏踏实实”之人生态度待我，让我常常自己感动自己，忆起多少情景，美好连连。

陕北人外在豪放憨直，内心细腻追求完美。在改革开放以前近百年的日子里，陕北人的物质生活状况基本没有质的变化。但是，在很长的历史过程中，陕北人以自身独有的厚重，把自己豪放憨直和内心细腻的双重秉性完美地统一在为幸福生活的奋斗中，在极为有限的物质生活条件下，却创造了体现陕北人独有风格的陕北民间音乐和陕北美食。这是陕北人最大的骄傲和自豪。

陕北民间音乐以陕北民歌、陕北秧歌、陕北唢呐三个品种最为典型。陕北音乐全面地、丰富地、形象地表达了陕北人丰富的性格和特有秉性。陕北民歌把陕北人的性格特质表现得淋漓尽致。陕北秧歌把陕北人的多情好客、乐观豪迈表现得完美无缺。陕北大唢呐的豪迈音色、健朗旋律把陕北人不惧艰难、奋斗不止的阳刚气概表现得独一无二。陕北音乐是陕北人对世世代代生活在黄土高原上的生活与情怀的一种直接抒发。虽然今天为人民大众所熟悉的陕北民歌是经过多次改编的民歌，陕北秧歌和陕北唢呐在表演中也融进了许多时代元素，但陕北音乐的内在精神内涵和张力，骨子里表达出的对生命意义的追求和向往没有变。尤其是陕北民歌所要表达的价值追求和对美的渴望与追求正好契合了一个伟大新时代的追求，使得陕北民歌的土气、大气、美气更具时代气息，使得土气更可贵，大气更雄奇，美气更撩人心。陕北音乐的土气、大气、美气就是陕北人性格的特质，是陕北人与其他区域之人群最不一样的地方，也是陕北人旺盛的、生生不息的力量之源。陕北人自嘲他们是靠天吃饭的，生来就是受苦人，既然受苦成了家常便饭，那还有“甚”不能做？苦中作乐，苦中寻乐，放开喉咙唱歌就是为了有乐，甩开膀子舞蹈也是为了有乐，如此的达观，何等的气魄。反思今日之许多人们内心和外在的精神状况，是否也应该来到黄土高原，来到陕北汲取精神力量，是否中国梦所引领的我们民族和国家的美好未来的打造也极为需要陕北人所表现出的那股

陕北历史上是一个多民族杂居之地。横山及其周边在这个地区居住过的民族至少有鬼方、猃狁、獯鬻、白狄、鲜虞、匈奴、楼烦、稽胡、卢水胡、鲜卑、突厥、党项、女真、蒙古等 30 多个民族。它的多样性，形成了横山人极其典型的相貌特征。

骨子里的力量?

陕北美食为什么能体现出陕北人的性格呢?这是因为陕北自古细粮少得可怜，粗粮也难饱饭。陕北人是粗粮细作、细粮精作的能手。陕北民歌是陕北人用口腔来表达自己的性格特质，陕北美食却是陕北人用灵动的双手来表达自己的性格特质。我是陕西关中人，从与自己小时候生活经历的对比中，我发现关中人较之于陕北人，面对如何在有限的生存条件中，不甘条件所限，力求尽可能的完美和改变方面，陕北人的创新意识、变革意识、进取意识都比关中人有劲头、有韧性。在这方面陕北的美食最能验证我的观点。我吃过的陕北美食不多，但凡吃了，都给我留下了“没过瘾”的回味。陕北美食现今还不为天下知晓更多。陕北美食比起陕北民歌的名气相差太远。这可能和陕北人不喜吹牛和忽悠有关。但是，在下一个历史进程中，陕北人一定要觉悟，一定要用自己踏踏实实的价值观，把自己对陕北美食的美好体味送进天下人的头脑和舌尖上。陕北美食也是陕北人特质的彰显。陕北美食走遍天下之日，就是天下人都到陕北领略陕北人和黄土高原风采之时。

## 陕北民歌

陕北民歌久负盛名，是一个巨变的伟大时代的记载和象征，影响，不仅仅是陕北民歌的艺术魅力之所在，而是陕北民歌从骨子里透射出的、和红色基因相契合的、符合历史发展趋势方向的、表达了人民群众对美好生活追求的实实在在的价值追求，和激励人们不惧生活的艰难和困苦而顽强拼搏奋斗的勇气和力量。陕北民歌之所以会长盛，是因为陕北民歌不仅仅表达了陕北人对生命意义的理解、对生命所能焕发的力量的崇尚、对生命所能追求的美好的向往，更表达了普世的生命意义和追求。

陕北民歌发展及现代性的历程和辉煌历史不用赘述，我只想对陕北民歌在今天的意义做几点思考。

陕北民歌的大众品质决定了陕北民歌的长久不衰。陕北民歌既是陕北人的歌，也是中国人的歌。它生乎于黄土高原，却唱响于神州大地。陕北民歌的音乐品质人民大众耳熟能详喜闻乐唱，易学易唱。陕北民歌的思想品质纯真无瑕、高山仰止、励人向上。著名音乐学家张振涛先生说："各个时期听到的陕北民歌，在不同观念支配下变化着花样，一轮轮演绎着翻新版本。不同空间、不同媒体、新配器、新音色、新表演、新手法不断建构。形式被利用，内容被填充，观念被阐释，旋律被提取，表情被夸张，服装被渲染，不断呈现新语义。之所以一次次风靡，就在于不同于上一次的集体阐释。民间艺人，像前辈一样，灵活地调节着大传统与小传统的距离，这正是陕北民间音乐乃至一切民间音

2016年2月，王澍（中国美术学院建筑艺术学院院长，普利兹克建筑奖获得者）在横山雷龙湾镇靠统万城界地

也是引领中国产生巨变的中国共产党和广大人民共同追求的美好生活的一种特色艺术表达。陕北民歌是陕北文化的灵魂，也是黄土高原的灵魂，更是陕北人的灵魂。就其艺术地位而言，陕北民歌堪称中华民族文化的奇珍异宝。它之所以能对中国革命、革命文艺和新中国的建设发展产生重大而深远的

乐的生存法宝。奇怪的是，谁也没有违背传统风格，却努力去适应陕北音乐固有的形式感，因为陕北音乐的天然属性，具有强烈的内聚力，难以改动。”为什么难以改动？因为陕北民歌是有灵魂的，这个魂是和大众的心灵相通而不可分离的。这恰恰就是陕北民歌的力量源泉，就是陕北民歌在新时代的意义。

## 走进横山

横山区地处陕西省北部，是鄂尔多斯草原向黄土高原过渡地带。清雍正九年（1731 年）置县怀远，民国三年（1914 年）为别于安徽怀远，遂依境内横山山脉主峰而名之。横山在陕北的整个区域中，从地貌和地理去观察，颇有特色。在区域中，有毛乌素沙漠，有无定河流经的树木庄稼茂盛的川道，有石油煤炭储藏的地带，还有地貌相似于陕北其他地方的区域。全区辖 13 镇、5 个街道办、1 个国营农场、4 个便民服务中心、214 个行政村，土地面积 4333 平方公里，是正在建设的国家能源化工基地以及“西气东输、西煤东运、西电东送”的重要组成部分，也是历史悠久的边塞重镇和革命老区。

我们采风的团队一行在横山活动了四天。

养更广的土地。今天的无定河早已有定，虽然河床不深但床体有岸有边。由于已成为湿地保护区，已经经过了改造和保护，湿地的气派已经显现。水中的滩涂上草木覆盖，两岸和周边树木围裹，湿地确是高原奇观，但还需保护提升。河水流向由“无定”变为“有定”。可否预言，横山已经摆脱了不确定，依据今日拥有的优势去看，未来的灿烂是较为确定的。

我们参观了于2018年5月23日才落成的陕北民歌博物馆。这个博物馆的建成，成为传承陕北民歌文化精神，展示陕北民歌发展成果，普及陕北民歌基础知识，繁荣陕北民歌文创事业的重要平台，成为陕北民歌研究创作的高地、年轻艺术人才辈出的摇篮、全国民歌交流荟萃的殿堂，是展品丰富、内容权威、功能完善的全国一流音乐类博物馆。这个博物馆会让陕北民歌这一文化瑰宝，在新的历史时期焕发出更加绚丽的艺术光彩，让从黄土地里成长起来的陕北民歌永久延续它的生命之火、艺术之光。半天的时间，我们较为系统地了解了陕北民歌的起源、变化发展、历史作用、文化音乐意义和今天的现实意义。

我们参观了响水镇和曹家大院。响水镇，顾名思义，因流水的声响而得名。当地的领导告诉我们，响水镇地处无定河旁一个有落差的河段，河水在这里流淌发出了很好听的声音，尤其在晚间，河水流动的声音更好听，夜深人静，流水

2019年1月16日，田青（左五）、蒋子龙（左六）、杨海蒂（左三）、狄马（左二）、闫拓时（左四）、李建军（右二）、杨晓升（右四）、王克明（右三）等在横山武镇

我们首先考察了无定河湿地自然保护区。无定河是横山的母亲河，几乎流经横山全域。无定河原先没有固定的河床，在横山的川道里随着地势的高低任意流淌，所以叫无定河。也可能黄土高原水源奇缺，无定河的肆意正好是为了滋

的声音本身就是一种音乐，只是由大自然演奏而不是人用器乐演奏而已。夜间美妙的流水声似安神曲，似催眠曲，似梦幻曲，总之，非常美妙。所以人们把自己的聚集地命名为“响水镇”。由于居于无定河边，水草庄稼茂盛，所以必是宜居佳地，大户人家就会有近水楼台。我们参观的两户曹家，当年院落房屋的轮廓尚在，但早已人去屋空。其中一户是清代建筑，主人是有功名之人，叫曹凤翔。另一户是民国建筑，书香门第，主人叫曹雨山。这两个院落大门都是向西开，都是青砖铺地，都是上五级台阶到富贵台。陕西关中以前的大户人家都是坐北朝南，门向南开。可能黄土高原地势高，北风大，因此门户舍弃阳光正照而避北风。是不是这样的利弊选择，我仅猜测而已。

我们走访了波罗镇的波罗古堡，参观了波罗古堡里的诸多遗迹，登上了重新修葺一新的明长城。波罗（梵语意为渡到或接引到彼岸）古堡位于横山波罗镇内，波罗堡初建于明正统十年（1445 年），距今已有 600 年历史。波罗古堡的存在为研究中国南北文化、蒙汉文化和宗教文化有着极其重要的意义。波罗古城属于陕西省重点文物保护单位。

波罗镇位于毛乌素沙漠边缘无定河南岸的黄土石头山上，紧邻横山波罗镇治所，鱼横公路穿越古堡脚跟下面，距县城 23 公里。西临大夏国都统万城，东接响水堡，西北与榆林保宁堡相距不到 5 公里。波罗堡属明长城线上三十六堡寨之一，过去是重兵把守的地方，它是边关要塞，有着很大的军事战略价值。

当年宋与西夏的征战、大明与蒙古部落的征战、李自成与清兵的征战、清兵又与李自成残余在波罗城及周边展开的战事，都发生在这里。

波罗古堡在宋元时期是一个小营寨，明正统元年（1436年），都督王祯在原营寨的基础上修建波罗城郭。明正统十年（1445年）巡抚马恭为加强卫戍，置波罗堡。

此后延至清朝前期，波罗堡历经几次扩建或维修，其建设是随着它的军事战略地位的变化而不断变化发展的。两百年前，波罗堡最繁华时人口过万，人称小北京、小扬州。居民大多以从事手工业、商业、医药、饮食业为生，从事农业者甚少，有“小商业城”之称。城内有粮、盐、炭等集市，各种商行、药铺、当铺，琳琅满目，生意非常兴隆。方圆六七十里的人们都来进行商贸交易，过去称“常街市”。居民的文化生活也相当丰富，每逢过春节及庙会时，都举办灯会、秧歌、戏曲、说书等文化艺术活动，是集商贸、军事、文化为一体的中心城堡。

波罗堡梁家大院作为历史的见证，它留下了中国革命的足迹。在那残存的院落中，习仲勋同志1946年10月13日在这里组织策划了震撼西北，影响全国的横山起义。它是解放战争初期发生的一次较大规模的反蒋爱国武装起义，是中国革命史上具有重要意义的事件。当时中共中央驻地延安和陕甘宁边区处在国民党军队的包围之中。东面是滔滔黄河，隔断了它与晋绥解放区的联系；南面胡宗南的 20 万大军，已经把战车推进到边区门口；西面马鸿逵的两个骑兵师虎视眈眈；北面是以邓宝珊为总司令的晋陕绥边区指挥部，及其所辖的第 22 军等重兵驻守。敌我力量悬殊，正是在这样的情况下，陕西横山一带的国民党 22 军 86 师新编 11 旅，及陕北保安九团的 5000 余名官兵发动了弃暗投明、归向人民的横山武装起义，解放了无定河以南 5000 多平方公里的土地和 12 万群众，缓解了陕甘宁边区的军事压力，对全国的解放战争产生了深远的影响。

漫步在无定河畔，穿过历史的云烟，也许你还会想象到一幅早已逝去的古战场硝烟弥漫的画面。但是，当你今天站在无定河畔，你会欣喜地发现，一个新的、更美的梦在复苏，正展现在你的面前。

我们在武镇观看了秧歌表演和民俗表演，参观了高岗纪念馆。到武镇是 2019 年

2019年7月23日，文化部原副部长、故宫博物院原院长，现中华诗词学会会长郑欣淼；中国光大集团原董事长，现中共党史人物研究会副会长、中国延安精神研究会副会长唐双宁；中央党史研究室原副主任，现全国党建研究会副会长，中国中共党史学会副会长高永中；秦始皇帝陵博物院名誉院长，秦始皇兵马俑博物馆名誉馆长，陕西省人民政府参事室文史馆员吴永琪；中青旅红奇基金管理有限公司董事总经理刘广明；浙江大学旅游研究所副所长、副教授周永广等在横山波罗古堡横山起义旧址

1月15日，据春节还有20天，外出打工的子弟已经归乡，那天的场面非常热闹，来参加演出和观看的人都是开着车子来的。常年的乡愁终于得以表现和抒发，那种内心深处的激情在秧歌和腰鼓中陶醉到尽性和极致。从这里，我再一次体会了黄土高原和陕北人的性格和秉性。

我们观看了党岔镇古银州的大型伞头秧歌表演，参观了古银州博物馆。古银州城遗址地处横山党岔镇北庄村，位于无定、榆溪二河相会之南约1.5公里处。城址分为两座城池，东西并列，俗称“上下城”。上城为银州，始置于南北朝周武帝保定三年（563年），2013年被国务院公布为国家级重点文物保护单位。下城据说为秦汉时期的上郡肤施城，是党项民族活动的重要区域，也是西夏政权的发祥地。党项文化是陕北历史文化的重要源泉，对陕北区域文化的形成也产生了重要影响。

古银州历史悠久，地理位置独特，是历代军事战略要地，保护遗址和文物，是探究党项文化乃至陕北历史文化的有力佐证，对今后的考古研究、探寻历史起着十分重要的作用。

发展为要，文化为魂。党岔镇的领导告诉我们：“他们要以古银州的文化历史传承为基，把党岔镇打造成文旅产业大镇，商贸物流大镇。”

横山区域优势独特，发展潜力巨大。优势独特主要表现在以下方面：地貌独特壮美，传统朴实后重，历史沧桑悠久，文化底蕴丰厚，红色基因根深，资源实力雄厚。交通辐射四方，文旅能源互享。

两点建议：横山要打陕北牌，要在大陕北中发展壮大。本来陕北就是一个统一概念，不说陕北难成发展佳话。陕北原有的神奇，陕北今天的壮观，对于今天大城市的成年人和青少年充满着魅力，如何能吸引他们来陕北亲身感受，是个大文章。习近平总书记说：“绿水青山就是金山银山，冰天雪地也是金山银山。”那么，陕北已不是原来的陕北，今日之陕北既有青山绿水，还有其他地方没有的高原壮美，还有红色资源的根深，应该是几个金山银山。横山要打横山牌。在大陕北框架下显出亮色，靠亮色耀眼天下，吸引天下，招揽天下。以地理环境为辅，以陕北艺术、陕北民歌为主要抓手，精细策划，融旅游、观光、教学培训、实践体验、比赛平台为一体。联手铁路、旅游、媒体为一体，横山会具有和出现像当年进步青年蜂拥而至陕北的盛况。

# 去横山！

杨晓升
《北京文学》杂志社社长、主编，报告文学作家

## 去横山！

冬天，友人邀我去榆林。

榆林在哪儿？在黄土高原，在陕西最北部、黄土高原和毛乌素沙漠接壤处。

关于黄土高原，无论有没有去过，人们只要一提到它，“面朝黄土背朝天”的形象便会跃然脑海，甚至一贯展现各地正面形象的中学地理教材，也用了较大篇幅强调它的水土流失、生态恶化。

古今中外更有无数诗句为证：“黄天厚土大河长，沟壑纵横风雨狂。千古轩辕昂首柏，青筋傲骨立苍莽。”“天

横山白界镇毛乌素沙漠边缘

老地黄车难行，多见层山少见人。可叹壶口藏其深，奔腾千年难富民。”……

总之，“穷山恶水”“贫瘠苍凉”这些字眼，几乎成了黄土高原的代名词。我说，去这样一个地方，何况是在冬天，这不是自找没趣、自讨苦吃吗？友人却反问我：你都没去过，怎么就知道是苦？去吧，保证你会有另一番体验、另一种收获。

为什么黄土高原会以贫穷苦难形象示人？内心虽然带着

疑问，却禁不住好友的诱惑，考虑再三，最终还是决定——去，去榆林，去横山！

## 榆林——“中国的科威特”

榆林，古称“上郡”，始于春秋战国，兴于明清，明朝九边重镇“延绥镇”驻地。康熙皇帝赐“两守孤城，千秋忠勇”刻碑，有“南塔北台中古城，六楼骑街天下名”的美誉，如此奇特城建，在神州大地实属罕见，这也是榆林成为国家历史文化名城的重要标志。

2019 年 1 月 13 日，我与作家蒋子龙、评论家李建军、音乐家田青、文化学者王克明等一行近十人乘机抵达榆林。走出候机楼，榆林的真容瞬间扑进眼帘。时值正午，碧空如洗，空气清冽。温暖的阳光像透明的温泉水从天穹缓缓地流泻下来，撒在我们每个人身上，只觉浑身暖洋洋的，冬天的寒气瞬间收敛了不少。从机场通往榆林市区的道路竟然宽阔得有些嚣张，堪比北京的长安街：双向八车道，道路两侧是整齐的树木花圃，以及齐刷刷列队向我们致敬的太阳能路灯。道路之外的两旁，辽阔且连绵起伏的荒漠被一簇簇的植物覆盖。主人说，这一带就是著名的毛乌素沙漠。过去这里是茫茫黄沙，后来为了治沙，这一带便种植了柠条、沙棘、沙柳，马路边种植的是成排的樟子松，原先的沙漠便逐渐不见了。听着主人的介绍，我不由得啧啧称赞。主人却不以为然，问我是否是第一次来榆林？我点头称是。主人说难怪呢，接着不无自豪地说：“没听说榆林被誉为‘中国的科威特’吗？这里有世界七大煤田之一的神府煤田，有中国陆上探明的最大整装气田——陕甘宁气田。如今的榆林可富裕了，可不是你想象的‘面朝黄土背朝天’的贫穷之地。”

榆林的富裕，我当然早有耳闻，但真的是百闻不如一见，眼前的榆林道路宽阔，高楼林立，穿梭来往的车辆和远处三三两两的烟囱提醒我，这里确实是一个资源丰富的城市，而资源就是财富。迄今为止，榆林市已发现 8 大类 48 种矿产资源，尤其是煤炭、石油、天然气、岩盐等能源，矿产资源富集一地，平均每平方公里地下蕴藏着 622 万吨煤、1.4 万吨石油、1 亿立方米天然气、1.4 亿吨岩盐。此外，还有比较丰富的煤层气、高岭土、铝土矿、石灰岩、石英砂等资源。主人无不自豪地说，榆林每平方公里的土地下拥有 10 亿元的地下财富，矿产资源潜在价值超过 46 万亿元，占全国的三分之一。每平方米土地下平均蕴藏着 6 吨煤、140 立方米天然气、40 吨盐、115 公斤油。榆林的煤炭，不仅量大质优，榆林还是采煤的天堂：煤矿无透水，无瓦斯，矿顶硬，无坍塌……

榆林还是陕西杂粮主产区，榆林的小米、绿豆等都很有名。在人们都讲养生、重营养、追求绿色食品的今天，榆林的杂粮也大受欢迎。

榆林更是历史文化名城。主人说，到榆林观光旅游，保证会让你觉得不虚此行，说着他举起手，如数家珍地掰起了指头：你瞧，榆林拥有万里长城第一台镇北台、榆林古城、红石峡、统万城遗址、红碱淖、榆林沙漠国家森林公园、石峁遗址、白云山、青云寺、悬空寺、二郎山、府州城、高家堡古城、西峰寺、清涧笔架山景区等大景点。主人的这一番介绍，一下子吊足了我的胃口——榆林，你这个陌生的黄土高原神秘之城，是否果真如主人所言，让我不虚此行？

## 横山老腰鼓

按照主人的安排，在榆林三天的行程，我们先后去了无定河、黄河，参观了横山区的响水堡、榆林老街、陕北民歌博物馆、波罗古堡、贾大峁、秦明长城遗址、陈家大院、高岗旧居、李自成故里、石峁遗址、马镇……对榆林的印象像在显影室里冲洗照片一样逐渐明晰，几种疑问逐渐解开，几个意外也让我改变了对黄土高原先前的印象。

在榆林三天的行程，我们纵横数十公里，黄土高原在我们的脚下像一头历尽沧桑、看破尘世的巨象，安之若素地趴在地球表面的一隅闭目养神。它褶皱纵横的身体表面并非如我先前想象中的那样，到处是黄沙弥漫的景象。多年的退耕还林、退牧还草，使榆林的生态环境已经发生了很大的改变。主人介绍说，经过多年的治理，如今只有冬天来榆林才能看到黄土高原的本色，但也已经不是早年看到的那种纯黄土色。你瞧，我们现在看到的远远近近的这种浅墨色，都是冬眠的草木植被，冬天一过便是满眼青翠的绿色，放眼望去就像黄土高原的表面，穿上了厚厚的绿装。

黄土高原干旱缺水？也不尽然。至少，榆林所在的黄土高原并非如此。仅横山一地，境内大小河流就达 115 条，著名的无定河就从横山蜿蜒穿过。横山人均水资源高于榆林全市平均水平，建设中的王圪堵水库成为全市工农业用水的源头和枢纽。

横山有历史悠久的响水堡。响水堡位于今天横山区响水镇所在地，始建于明正统二年（1437 年），因东、北两面濒临无定河，堡边水声不断而得名。响水堡上有座古建筑叫盘龙寺，寺门外的一首《盘龙诗》让我们依稀见证着响水堡旧时的风貌："桥水响流双浪开，寺龙盘塔绕河来。迢迢路远岸垂柳，樵唱晚舟鱼钓台。"可见，横山乃至榆林，历史上也曾经有过江南水乡的风采，横山一带也曾有"塞上小江南"的美誉。

提起黄土高原，人们不由自主地想起陕北的腰鼓、秧歌，也不由自主地想起安塞、延安。因为安塞腰鼓闻名遐迩，延安的秧歌则是由于战争年代共产党领导的军民大生产运动而深入人心，让人们误以为延安是秧歌的故乡。而到了榆林，我才知道安塞腰鼓其实源于横山。那是因为在明代后期，由于灾荒与农民起义，安塞已经人烟稀少，横山人迁到安塞，也把横山的腰鼓带到了安塞。陕北的秧歌也并非起于延安，而最早是流行于榆林的绥德、米脂、吴堡等地。陕北秧歌舞，历史悠久，相传北宋时已有，原为“阳歌”，“言时较阳，春歌以乐”。《延安府志》记有：“春闹社，俗名秧歌。”由此可知，秧歌源于社日祭祀土地爷的活动。作家曹谷溪在《再谈陕北秧歌》中说：“陕北人闹秧歌，就是图个红火。每年正月二三开始，几乎要闹腾一个正月天。一直到二月初二才压了锣鼓五音。”而横山可谓陕北秧歌的中心，那里的农村至今仍保留传统的秧歌表演程式、礼俗和风格特色，其中既有古代乡人驱傩的“神会秧歌”“二十八宿老秧歌”，也有1942年之后才兴起的新秧歌。秧歌表演者常有数十人，有的多达百人，在伞头的率领下，踏着铿锵的锣鼓，和着嘹亮的唢呐，做出扭、摆、走、跳、转的动作尽情欢舞。沉浸在喜庆气氛中的陕北秧歌表演十分红火。2011年，横山区已被中国舞蹈家协会命名为“中国秧歌之乡”。

榆林的横山，不仅历史悠久，由于地理位置特殊，历来为兵家必争之地。这里的古堡、古寨、古寺、古银州、长城、直道、狄青塬等战争遗迹，依稀让人穿越时空，闻见历代战争的风烟。

乱世出英雄，战争也让横山这个黄土高原上的弹丸之地，历史上涌现出多位帝王：建立大夏的赫连氏、拥兵自立的梁师都、经营西夏政权的党项李。这些桀骜不驯的枭雄们当年在漠北高原上不断搅起战火烽烟，在刀光剑影中书写自己的铁血人生。一代英豪李自成更是从这里出发，推翻了穷途末路的大明王朝，建立了大顺政权。

的确是百闻不如一见。

横山的富饶，不仅仅在于大自然赐予的丰富矿产，还在于它有悠久的历史和随处可见的遗迹。

响水堡是榆林众多古堡中比较著名的一个，始建于明正统年间。明成化二年（1466年）响水堡移建至黑河山并更名平邑堡。成化七年（1471年）因平邑堡泉水干涸，不利屯守，于是又迁回原址，仍称响水堡，与归德堡相距40公里。响水堡东、北两面面临无定河，城墙依山势蜿蜒而行，周长约1700米。因为依山而建，响水堡整体形状并不规则，站在高处俯瞰，响水堡形若特大洪水过后被遗失在黄土高原褶皱处的一只巨型河蚌。响水堡设有四座城门，即东门、南门、小西门和西门，并建有瓮城，城内设有楼铺八座。万历六年（1578年），驻军还对响水堡进行增修，以青砖、石块包砌城墙、垛口。

走进这个曾经有“塞上小江南”美誉的古堡，三多堂曹家大院、合盛公曹家大院、永盛当大院、丰盛公曹家老院、曹雨山故居……这些著名的清代民居建筑比肩接踵，一一呈现在我们面前。这些大院，大都倚塬而建，坐东向西，是典型的陕北窑院风格，院中有正窑数间，两侧各有厢窑数孔。数百平方米见宽的大院，均由青砖铺就，宽敞明亮，富贵堂皇。虽然这些大院因年代久远，岁月的磨砺和风沙的侵蚀已经破损不堪，甚至院门都已摇摇欲坠，但此刻透过阳光照射的光影，人们不难想象大院主人曾经的荣华以及响水堡昔日的辉煌。

风雪响水杨家巷

漫步于响水堡的巷道，我一步步追寻着历史的遗址，回味着响水堡乃至横山、榆林这片黄土高原神奇土地上曾经的历史风云，想象着这片土地上的先人们曾经的生活景象，不由惊叹先人们适应自然、创造生活的巨大威力。

如今响水堡的村头广场，古老的城墙上悬挂着诸如此类的巨型标语："古迹属于你，属于我，是我们的共同财富。破坏古迹，就是破坏我们的未来。""保护文物就是保护祖先智慧的结晶。留下历史就是留下民族传统的文化。"可见，当地政府对历史文化有多么重视，这与"文革"时期的大肆破坏已经不可同日而语。

其实，在横山，历史文化遗产的保护、开发与推广，不仅是政府，也是普通百姓已经践行的自觉行动。那天在"高岗旧居"山坳里的一片开阔地，我们采风团一行正兴致勃勃地观看腰鼓和秧歌，当地百姓也成群结队驻足观看，人群中就有乡亲自发站出来维持秩序：“哎呀，你们都挤个啥？又不是没看过，让客人先看！”同行的朋友发现这一细节，禁不住啧啧称赞，感慨如今榆林最普通、最底层的百姓素质也都提高了，都对自己家乡的历史文化遗产有着深厚的感情。

## 横山羊肉

三天的榆林之行，其中的美食也令人难忘：炖羊肉、熬酸菜、醋泼羊头、煮羊蹄、羊肉烩面、拼三鲜、油炸五花肉、菠菜焖肉丝、炸豆奶、土豆肉丝、花卷、饺子、包子、蒸红薯、南瓜，小米粥……我们先后品尝过的美食五花八门，风味各异。当然，在这众多的美味佳肴中，最难忘的还是横山羊肉，就像同行的评论家李建军赞叹的那样，横山羊肉的确是“鲜美极了、好吃极了”。究其原因，横山的白绒山羊，长期食用地椒、苜蓿、沙葱、香艾等多种富含微量元素的菊科、豆科、禾本科植物，其肉质细嫩、肥瘦相间、低脂无膻、香味浓郁。横山的羊每天满山爬、遍地跑，肉瓷实，还没膻味。不过横山的羊肉没膻味，更主要原因是因为横山养的羊大都是山羊而非绵羊。一般来说，草原上养的都是绵羊，肥，每只七八十斤，有膻味。横山的山羊每只至多三四十斤。如此众多的原因，使得横山的羊肉与众不同，鲜美可口。

横山之行时间虽短，却已经让我流连忘返、记忆绵长。假若还有机会，我会再来榆林，尤其想再来品尝那鲜美可口的横山羊肉……

## 响水豆腐好吃，横山婆姨能干

39岁的横山殿市镇农村妇女张丽到响水做豆腐，起早贪黑，和另一个女伴两人一天能出1400到1500斤黄豆。响水街上遍布数十家豆腐坊，干活的基本上都是婆姨女子。横山女人能干！

泡豆、打磨、熬煮、点卤、成块到速冻，道道程序不能马虎。横山响水冻豆腐吃法也很多，可炖、煮、炸、烧、炒，等等。响水冻豆腐由新鲜豆腐冷冻而成，孔隙多、弹性好、营养丰富，味道极其鲜美可口。当然响水这个名字就很特别，当地的水好必然和豆腐有主要关系。

◎至于横山铁锅羊肉，在鼎盛时期仅西安市区就有100多家大大小小的『横山铁锅羊肉』店，古都尽飘『横山羊肉香』。你若在榆林地区待久了，会发现一个现象：各县的集市街铺、农贸市场，但凡有卖羊肉的无不打出『横山羊肉』的招牌，如『横山双城羊肉』『横山艾好峁羊肉』，很少有拿其他县冠名的卖羊肉的店铺。其实榆林的靖边、定边、佳县等地的羊肉也不错。这说明在人们的心目中横山羊肉好是当之无愧的了。这大概就是『品牌效应』吧。再回到横山人的性格来看『横山美食』文化，横山美食文化特别像横山历史上的英雄好汉们『起得快』，敢为天下先，但败得也快，缺乏可持续性。打造百年老店的美食文化，对横山人来说是一种挑战，也是必须面对的。这一点从『横山石马坬农场羊肉面』『横山驴肉盖饭』黯然淡出市场可以看出个一二。

# 横山美食馋天下

◎横山的美食文化，极其像横山人的习性特征——热烈张扬、独领风骚、风云一时。譬如二十世纪九十年代兴起的『石马坬农场羊肉面』『横山驴肉盖饭』，曾火爆延安、榆林两地。这些年又兴起了『横山铁锅羊肉』和『横山响水冻豆腐』。

◎横山响水冻豆腐历史悠久，早在清朝时期当地居民就开始用清凉甘甜的泉水制作豆腐，然后冷冻成冻豆腐。由于其含有很高的蛋白质和较低的脂肪及铁、钙等多种对人体有益的矿物质和维生素，有『植物肉』的美誉。横山响水冻豆腐做法考究，从选豆、

# 在横山想起了《四妹子》

李建军
文学评论家，中国社科院博导、教授，《文学评论》副主编

初春季节的陕北大地，是一幅意境荒寒而苍茫的山水画。

举目四望，远山近水，仍然披着冬天的衣裳。

高原的风又冷又硬，呼呼地刮着。

小河的冰面，平滑而晶莹，在明亮的阳光下，闪烁着刺眼的银光。

远望无定河，瘦成了一根细细的冰带，在蜿蜒的黄色河道里，忽隐忽现。

黄河里的冰凌，浩浩荡荡，仿佛一朵朵巨大的莲花，在宽阔的水面上，旋转着，碰撞着，缓慢而庄严地向南流去。

然而，生活在这里的人们，内心却是另一种样子。

他们的心里似乎燃烧着一团火，总是生活得热情洋溢，兴高采烈。

冬天的寒冷和荒凉，不仅没有沮抑他们生活的热情，反而点燃了更加澎湃的生活激情，激发出了更加强健的内在活力。

喧腾的锣鼓声，打破了这里无边的寂寥；生龙活虎的秧歌舞，让人感受到了生命的欢悦和激情。

陕北，这块贫穷而又富饶的土地，美丽而又多难的土地，自古以来，就是多民族杂居的地方，就是少数民族和华夏民族对抗的交战地带。

那么，生活在这片土地上的陕北人，这是怎样的一群人？他们跟别处的人们，有着什么样的性格差异？生活在别处的人们，又对陕北人有着怎样的印象和看法呢？

还有，小时候，经常见到衣衫褴褛、蓬头垢面的“上头人”（富县一带人对甘泉以北的人，尤其是横山、子洲和佳县人的称呼），沿街乞讨。每到秋天，还会看见很多“上头人”，被“民兵小分队”遣送回老家。

在横山行走的日子里，每当听着震耳的锣鼓声，每当看着龙腾虎跃的秧歌舞，我就会想起这些问题，回忆起那些令人心酸的情景。

忽然想起，陈忠实写过一篇以陕北人为主人公的中篇小说。

那篇小说里的女主人公，也是因为贫穷，告别故土，远嫁到关中。

到了20世纪80年代中后期，陈忠实似乎意识到了特定的文化构成和特定的文化背景对于人的性格、命运的影响，意识到了人与人之间的冲突，往往是制约人的意识和行为的不同文化之间的冲突。

他对陕北人产生了兴趣。

他想在自己的小说里探索和揭示陕北人的性格。

中篇小说《四妹子》，细腻而美丽，充满打动人心的魅力，不仅在陈忠实的所有中篇小说中占有无可替代的重要地位，也是那个时期中国中篇小说创作的重要收获。

这部小说虽然把故事发生和延展的背景，放在一个政治上混乱得近乎荒诞的年代，划定成分和五花八门的政治运动，给普通农民的家庭生活和精神世界，造成了无尽的烦恼和痛苦。但是，作者显然已不像他在前期阶段那样，纯粹从一个外在的政治角度来看问题，并把它作为推动情节的动力，而是主要从文化冲突的角度来展开叙述，来把握人物的命运。

作者把他的同情都放在了四妹子一边，也放在了塑造四妹子的性格、情感及行为方式的陕北文化一边。陕北的文化，是一种并没有完全被正统儒家文化同化的文化形态。由于地处僻远，而且人们居住较为分散，所以，就很不利于正统的儒家教化力量的渗入。陕北的山是多的，但却非常贫瘠；那里有清亮的桃花水，但却是那么少；那里的女子是美丽的，像山野中红艳艳的山丹丹花，但命却总是那么苦，就像“实实爱死个人”的兰花花，就像《三十里铺》里的四妹妹，就像《走西口》里的那位用和着眼泪的歌声送走心上人的好姑娘；那里的后生身材颀长，鼻梁像刀削一样的直，体魄强健、雄心勃勃，但却长年累月在劫难逃地被拘絷在土地上，像他们在路遥的《人生》中出了名的兄弟高加林一样。

陕北人的天性自由、浪漫，甚至含有一些野性、剽悍的成分，但如果说陕北人粗鄙、野蛮、没有教养，却是极大的诬枉。陕北人骨子里是善良、温和、慷慨的。他们非常自尊，甚至到了病态的程度，但他们更尊重别人，他们的热情好客，是出了名的。在他们的内心深处，有一个极为温柔、敏感、细腻的情感世界。事实上，正是这种诗性的内在情愫，赋予了他们吼唱信天游的丰富的想象力和不竭的激情。

他们的生活是苦焦的。恶劣的环境、繁重的劳作，再加上这个地方长期处于汉族与北方民族交战的前线，也是官匪冲突与周旋的地带。这些因素，在陕北人身上最终凝定成一种面对苦难、死亡的坚韧、乐观、豁达的性格，当然其中也不乏听之任之、无可奈何的因素。这些因素最后积淀成陕北人性格中消极的一面：盲从、缺乏理性和对权力的缺乏节制的歌赞与膜拜。

《四妹子》叙述的故事，塑造的人物，都在揭橥陕北的自然、浪漫性质的文化形态，与关中的方正、板直，甚至压抑得有些让人窒息的文化形态相冲突。所以，四妹子的遭遇，不仅是个人性格和命运的反映，也是两种文化冲突的结果。关中与陕北，都鄙有章，原是两种不同的文化形态。四妹子为了不再过苦不堪言的穷困生活，便投奔已经嫁到关中的二姑，想让她在关中为自己找一个婆家。她的愿望卑微极了，只不过是想吃得好一些，不再挨饿忍饥。小说从相亲、结婚开始，直到最后的分家，都注意从文化的角度来表现两种文化形态的差异和冲突。四妹子嫁到吕克俭（老八）老汉家，老汉对这个儿媳妇的“勤苦、节俭”，都很满意，对她不会做针线，不会擀面的缺点，也能理解。但是，“最让吕老八担着心的，是这个陕北女子不太懂关中乡村甚为严格的礼行。譬如说家里来了亲戚或其他客人，应该由家长接待，媳妇在打过招呼之后就应退避，不该唠唠叨叨”。

四妹子喜欢唱歌，走路也蹦蹦跳跳的，喜欢与人来往，这本是陕北人天性的自然流露，也是陕北人消愁解闷、舒散疲劳的方式。但是，这些在这个家庭里像在关中的其他家庭里一样，是一种禁忌。吕老八老汉终于通过儿子吕建峰，把这种禁忌传达给了儿媳。对这些禁忌，四妹子当然是没法理解的："不准唱歌，不准嬉笑，不许在村里和人说话，也不许在自家屋串大嫂和二嫂的门子，那么，她该怎样过日子？她在陕北家乡，上山背谷子背得腰酸背疼，扔下谷捆子，就唱喝起来了。在娘家时，虽然吃的糠饼子，油灯下，她哼着忧伤的曲儿，哼一哼也就觉得心肠舒和了。有时候，她哼着，母亲也就随着哼起来了，父亲坐在窗外的菜园子边上，也悠悠地哼起'揽工人儿难'来了。她没想到，哼一哼小曲儿会不合家法，甚至连说话走路都成了问题，是关中地方风俗不一样呢，还是老公公的家教太严厉了？"这种禁忌和压抑的气氛，使四妹子很难适应，"四妹子感到孤单，心里憋闷得慌，吃饭无味，做活儿也乏力，常常在田间歇息的时候，坐在水渠边上，痴呆呆地望着北方……"

后来发生的事情，更让四妹子难以忍受：老公公对前来看她的二姑的冷淡，丈夫的缺乏温情，对她"太正经了，整天太冷了"，没有"亲昵和疼爱"，这些都让她怀念陕北的生活，想起陕北放羊的山哥哥。但四妹子没有仅仅在内心咀嚼这些不满。她开始表达自己的不满，甚至开始抗争。她的第一个步骤，是"示威"，并争取到了去桑树镇看病的机会。她用人家给她看病的五元钱痛痛快快地吃了一顿。她为此跟觉得吃了亏的妯娌们打了一架。从这些冲突中，四妹子似乎也悟出了从经济上谋求独立，才是根本出路的道理。

于是，她起早贪黑地到山里去贩鸡蛋。

于是，她被当作“投机倒把”分子受批判。

四妹子却全然不在乎，“批判”完了，她回到家里照样有滋有味地吃饭。这恰是陕北人身上固有的那种忍耐、乐观、豁达的文化性格的表现。

四妹子的大胆行为，再次让吕克俭老汉意识到了四妹子这个陕北人，这个“异类”身上存在着可怕的东西：“老汉猛然联想到‘闯王’，那个东奔西杀的李闯王就出在陕北。穷则乱世。这个自小生在吃糠咽菜的穷山沟里的三儿媳妇，自然无法养成遵规守俗的涵养了，活脱脱就是一个失事招祸的女闯王。”

吕老八说得对，她绝不满足于吃饱饭。她还要活得自由，活得有尊严。她通过切实的努力追求着这些东西。她过去的苦难生活教给了她追求这些东西的智慧和能力。她挣到了钱。吕家堡大队长的老婆和慷慨激昂地念着发言稿批判她的女团员来向她借钱，她打破自己不给别人借钱的习惯，爽快地借给她们了。她有一种维护了自己尊严的快感。她终于等到分家的日子：“四妹子不屑地盯了建峰一眼，很不满意他那难过的神情，对着黑天的旷野大声说，‘分了好！好得很！我就盼这一天哪！’”四妹子终于有了真正属于自己的家。她有了自己的孩子。

时代的变换，也给四妹子的生活带来更大的生存空间。光明正大地凭着智慧和吃苦耐劳的精神做起了生意。她买进了小麦，加工成面粉再卖出去。她办养鸡场。她把丈夫的两个哥哥也动员起来，联合办养鸡场。但两位兄长的斤斤计较，破坏了这个联合体。四妹子的养鸡场倒闭了。但四妹子没有被打垮。她把自己比作路边的一种最常见的车前草。这种草的生命力是极旺盛的。四妹子又承包了没有人敢承包的果园。她走进果园，张开双臂，大声喊：“砸不烂的四妹子，又闯事来了……”在这连续的打击中，让她支撑下来，不屈不挠的东西，依然是她过去的苦难生活留给她的抹不去的记忆，是在艰难生活中培养起来的乐观、坚韧的吃苦精神。这里依然可以看出陕北人文化心理结构中最重要的构成要素：在他们脚下，没有跨不过去的坎坷；在他们的心里，没有承受不起的磨难。

通过对女性命运的关注和叙说，批判关中传统文化中压抑人性的一面，是陈忠实许多小说的一个共同倾向。《康家小院》中的吴玉贤，《蓝袍先生》中的田芳和杨龟年的二儿媳妇，还有《白鹿原》中的田小娥、小翠等许许多多不幸的女性，都是陈忠实用同情的笔墨刻画的不幸的女性形象。在《四妹子》中，陈忠实批判关中已经板结的伦理文化和关中人的文化心理结构的立意，已是显而易见的了。

他意识到了陕北的黄土高原和关中平原存在着巨大差别，而这种差别“多半是由于自然环境形成的”。他清楚地认识到这个陕北女子在食饱衣暖的关中活得并不自在，而“《四妹子》就是写她的人生的不自在的”。在已经熟悉了小说的事象和人物之后，我们完全可以说，四妹子的不自在正是由关中文化与陕北文化的异质关系和强烈冲突造成的。陈忠实在一篇题为《从〈跳底子〉看关中人的心理结构》的文章中，探讨了关中人文化心理形成的原因。他说：“缓慢的历史演进中，封建思想封建文化封建道德衍化成为乡约族规家法民俗，渗透到每一个乡社每一个村庄每一个家族，渗透进一代又一代平民的血液，形成这一方地域上的人的特有的文化心理结构。在严过刑法繁似鬃毛的乡约族规家法的桎梏之下，岂容那个肆无忌惮地呼哥唤妹倾吐爱死爱活的情爱呢？即使有某个情种冒天下之大不韪而唱出一首赤裸裸的恋歌，也会很快被沉没，不会产生恒久的生命力。”很显然，这样一种性质和形态的文化，与陕北的具有浪漫精神和诗性气质的文化必然是不相融的。所以，一下子被抛进这样的文化氛围和生存环境中，四妹子的“不自在”，几乎是注定的。

其实，如果透过一层来看，一些表面上似乎与传统的儒家封建文化格格不入绝不相类的东西，也正是这种文化的一种合逻辑的自然延伸。具体地说，诸如“割资本主义尾巴”，反“投机倒把”，“阶级斗争”的伦理基础，及“批判会”这种完全不顾个人尊严的粗暴的道德控制方式，都与中国的传统文化和伦理道德体系中衰朽、反人道的一面，是联系在一起的，是“小人喻于利，君子喻于义”，是权力意志高于一切的传统观念的产物，是人民意志纯粹符号化和国家权力绝对个人化的结果，是对人进行君子与小人，好人与坏人的简单化二元划分的结果。

总之，中篇小说《四妹子》在我们面前展开的其实是关于文化冲突的事象体系。它的意义在于告诉人们，一种古老的文化，不仅要尊重并满足人的物质需求，还必须尊重人的精神生活，保护人的个性的自由舒展和情感生活的充分展开。否则，它就必然会因其压抑和窒息人的内在精神生活，而遭受来自异质文化和自由个体的反抗，而反抗的结果，一方面证明着这种已经板结的文化的反人道性质，一方面则是个体自由空间的不断扩大，和一种新的现代文化形态的逐渐形成。

回头再看，陈忠实对陕北人的命运是同情的，对他们的理解和叙写，也是切近事实的。

陕北人的生活是苦焦的，但是，他们的生存意志是强大的，创造生活的能量是巨大的。所以，只要给他们最基本的自由，他们就能主宰自己的命运，就有能力改变自己的生活。

站在横山的大地上，看着这些内心充满热情的陕北人，看着这些身体里储满活力的陕北人，看着他们成群结队开着自己的小汽车赶场子打腰鼓、扭秧歌，我心里有一种深深的感慨和感动。

他们已经创造了巨大的奇迹。他们不再是扶老携幼、沿门乞讨的“上头人”，不再是毫无尊严地被遣返的“黑户”。

他们不靠神仙皇帝，而是靠着自己，改变了自己的命运，过上了比较体面的生活。

祝福陕北大地，祝福横山人民。

横山区古长城遗址

# 响水堡走笔

贺荣仙
文旅部北京兴旅国际传媒有限公司总裁

陕西榆林自古便是边关要地。从战国开始一直在修筑长城，现在保留下来的大都是明长城。明代朱元璋建国后，将蒙元集团赶到了漠北高原，但他们一直没有被摧毁，而是纠合残余势力，重新建立了政权，史称“北元”。

“北元”鞑靼、瓦剌诸部一遇雪灾、瘟疫，便向南侵扰，掳掠人口、牲畜。明王朝不得不在北部边境线上筑起一道长城，分段驻守，统称“九边十三镇”。延绥镇就是其中之一。

明成化年间，延绥巡抚余子俊上书朝廷，请求筑边御敌，得准后，亲率 4 万将士，在原隋长城的基础上，历时 4 个月

2019 年 1 月 16 日，贺荣仙（左一）等在横山无定河畔

筑起了东起府谷黄甫川，西至定边盐场堡的长城。延绥镇长城全长八百八十多公里，横穿现在的府谷、神木、榆阳、横山、靖边、定边六县区，沿线筑有城堡 36 座，响水堡就是其中之一。

响水堡，位于今横山区响水镇所在地，坐落于无定河南岸的山坡之上，是横山的五大古堡之一（其余四堡为波罗、怀远、威武、清平）。西距县城48公里。明正统二年（1437年）始筑，成化二年（1466年）移建北岸黑河山并更名平彝堡。成化七年（1471年）该堡因泉水干涸，不利屯守，不得不迁回原址，仍称响水堡。

关于此次移城，当地还流传着一个传说：戍边将士确定将平彝堡建在黑河山后，就开始规划城防。奇怪的是，他们刚将确定方位的木牌钉好，翌日木牌却不见了踪迹，如此反复数次，军士皆感蹊跷。后来，一名役卒看到两只狐狸叼起木牌向东飞奔，便悄然尾随。至天亮，在今日的响水堡发现了此前丢失的木牌，而这些木牌放置的图形正好形成了一座城堡的轮廓。役卒回营报告，将帅顿时醒悟：这是狐仙点化，要他们在此筑营修堡。

余子俊主持修筑的响水堡，东、北两面临无定河，城墙依山势蜿蜒而行，周长约一千七百米。因为是依山而建，响水堡整体形状并不规则。堡城设有4座城门，即东门、南门、小西门、西门，并建有瓮城，城内还设有楼铺8座。万历六年（1578年），驻军还对响水堡进行增修，以青砖、石块包砌城墙、垛口。

作为横山区境内建筑年代最早的营堡，响水堡在明代曾历经蒙古部落的多次侵扰。《横山县志》记载，从成化七年（1471年）到万历四十年（1612年），部落首领阿罗出、吉囊、猛克什力等曾数次掳掠响水，单是万历四十年的一次，守将张承荫就率军在响水斩首700级。

如今的响水堡早失去了冷兵器时代的军事意义，但断壁残垣间仍能发现昔日的繁华，雕梁画栋应犹在，只是朱颜已改。我站在响水堡上，遥望无定河川，不由得记起古人的诗句："可怜无定河边骨，犹是春闺梦里人。"

响水堡为何叫"响水"，这是到此旅游的人经常问到的一个问题。据《榆林府志》记载，"怀远（横山区旧称）八景"中，有一处名为"响水天桥"，指的就是响水堡以东1.5公里的天生桥。过去的无定河河床宽近百米，石崖高约数丈，河中乱石遍布，没有桥梁，人无法横渡。传说成化年间，堡内有一僧人，四处募化，请来石匠，整修河床，凿石为洞，建城一桥，名曰"天生桥"。因此桥系穿凿河中巨石而建，浑然天成，因此得名。桥建成后，行人往来，好像行走于河中鳌背之上。河水湍急，伏流于天生桥下，怒涛奔腾，浪花四溅，声传数里，远闻恍若雷鸣，"响水"之名由此得也。

响水堡龙泉寺东侧山下，有一眼豆井。传说康熙皇帝到响水私访时，一路劳顿，饥渴难忍。看到在豆井边打水的老者，上前打拱讨水。老人转身从桶中舀起一瓢水，康熙随即抓过狂饮。一瓢水下肚，康熙顿觉神清气爽，连饥饿感也消失了，便问老者为何。老人幽幽答道："这豆井有神龙护佑，水性清灵，有病之人喝了尚可痊愈，更别说解你饥渴之苦了。"响水豆腐如今依然驰名陕北，得益于它的水质清冽，不含杂质。

2019 年 11 月，中央党校教授李东朗（右二）、上海交通大学教授刘统（右三）、响水镇党委书记陈真（左二）、响水村主任曹海林（左一）在横山响水古堡

盘龙寺位于无定河北侧的盘龙山上，与响水堡隔河相望。据《怀远县志》记载，盘龙山“横江怪石，盘绕无定河边……远望若踞河中，石如盘龙，故名”，盘龙寺也因山得名。盘龙寺山门外的九龙壁背面，一首《盘龙诗》吸引了我的注意。这首诗正反皆可读通，作者是响水堡人、清吏部侯

铨直隶州州判乙酉（1885 年）科拔贡曹子正所作。从中我们不仅可以领略到响水旧时的风貌，也可以感受到作者对故乡无尽的热爱。诗曰：

桥水响流双浪开，寺龙盘塔绕河来。
迢迢路远岸垂柳，樵唱晚舟鱼钓台。

“文革”时期，响水堡的寺庙、造像遭到极大的破坏。壁饮弹洞，庙染硝烟。近年来，当地村民逐步将庙宇恢复，今日堡中已有祖师庙、城隍庙、三官庙、娘娘庙等建筑。

作为明延绥镇长城沿线的“三十六堡”之一，历经五百年的世事沧桑，响水堡现在已被列为省级重点文物保护单位。游人行走在其中，看到的是古老城墙的气势恢宏，百年村寨的宁静古朴，横山人家的热情好客。来过的游客都说，这是一个澡雪精神的好地方。

# 无定横山远，恍惚信天游

## ——关于横山文化旅游：从『七笔勾』说开去

刘建华
文化生态社会独立学者

## 一

第一次到陕北，不是为了圣地朝圣，也不是为了怀古寻幽，或者假日旅游。

朋友邀上我们几位故交，去他的故乡看看，他的故乡在横山，横山在榆林，榆林在陕北。

陕北的黄土高原与内蒙古的鄂尔多斯草原沙漠，在榆林－横山一带犬牙交错，相互过渡。我们一行，先是从北京飞到鄂尔多斯，接着换乘越野车，一路自驾，望着榆林，直奔横山——草原、沙漠、黄土高原、沟沟壑壑，在车窗外如转幻灯片，让人感觉斗转星移，恍惚在做时空穿越……

2017 年 7 月，刘建华（左），横山区发改局副局长周学文（中），中国光大集团光大文投总经理郑颖宇（右）在横山白界镇黑峁墩

## 二

不知不觉中，一条时隐时现的小河，逐渐进入视线，只见她沿着时宽时窄的河床，在沙漠草滩与黄土断崖之间，悄

无声息地流淌，不知流淌了多少年。朋友告诉我们说：这便是那条令无数文人墨客感怀无限的无定河。

无定河流经榆林六县，可谓榆林的母亲河。她在流经横山的时候，尤为充沛而凄美，哀婉而幽怨，在她身后，为横山留下了一条不可思议的碧玉绿带，奇迹般地，造就了一个江南田园般的稻香河谷。

据说，无定河本名晃忽都河。晃忽，恍惚也，难以捉摸的恍惚，是无定的本义。现在看来，“晃忽”之于无定河，的确要比“无定”来得真切。此时此刻，无定河让我们这些第一次目睹她芳容的外地客恍若梦中，恍惚中，她的形象越来越难以捉摸，更何况，渐渐地，晚霞退下了她的浓妆，朦胧的月色为她蒙上了一层轻柔的面纱，星星点缀在她的月光面纱上，隐隐地闪烁，如她晶莹的泪花。古道塔影在她娇柔的身边幻化出千军万马，突然间，一声信天游从天而降，让人如梦初醒，原来是车上的CD音响，吼出了横山的陕北民歌。朋友用这样的方式通知我们：横山，到了。

## 三

没来横山之前，听说过不少有关《七笔勾》这首近似打油诗的传闻。据说，有位钦差大臣巡视过陕北后，一连用了七个“一笔勾”给皇上上了一份奏折，大意是说陕北有多么愚昧落后，这其中当然包括榆林及横山。这七个“一笔勾”分别是：

万紫千红一笔勾，雕梁画栋一笔勾，绫罗绸缎一笔勾，山珍海味一笔勾，金榜题名一笔勾，粉黛佳人一笔勾，礼义廉耻一笔勾。

我很好奇，在这去尽文明的七个“一笔勾”之后，远离皇上和皇都文明的陕北还有榆林及横山，还能剩下什么呢？这便是我此行要找寻的。

## 四

几天下来，我们沿着无定河两岸行走。

我看见每天都是节日的横山腰鼓。

我听见横山人随时便开唱的说书和民歌。

我在村里老人的记忆中，寻找陕北的历史，然后，走村串户，去听同样是走村串户的艺人表演陕北说书。

我随着牧羊人爬到黄土梁上，听他隔着无定河朝对岸的黄土崖上一个移动的红点，吼出一声撕心裂肺的“亲妹妹”，换回来对岸传过来一句感天动地的“情哥哥”，这岂止是被城里人把玩的歌唱，简直就是生命如火的呼唤，爱欲齐天的悲鸣，在无定河谷交相回荡，经久不息……我终于有点儿明白了，真正的信天游，只在这无定河谷才能听得到，听得见，听得真切，听得入神。

## 五

在横山的这几天，我被当作文化旅游专家，受到特别的礼遇。离开横山前，当地领导希望我能够为横山发展文化旅游说点儿什么。

我还能说点儿什么呢?

我听说，过去这些年来，陕北邀请过中国乃至世界许多文化旅游专家前来支招，也招商引资了不少大型旅游项目。

我了解到，榆林以其雄厚的财力和历史责任感，要重点打造无定河绿色生态走廊，以此为基础发展旅游，重点是横山境内的无定河段湿地。

我们得知，榆林的新城市中心，将向横山偏移，这无疑会给横山的社会经济发展以及文化旅游带来前所未有的历史契机。

由于这些所闻、所知，我反而为横山的文化旅游忧虑起来。

这是因为，所有这些新发展、新思路、新项目，都很有可能直接将横山最宝贵的文化旅游优势“七笔勾”一笔勾销，然后，堂而皇之地将大规模开发建设及其宏大成果赞誉为新时代、新榆林、新横山的“新七笔勾”。事实上，种种“新七笔勾”，已经以文字的形式，在网络上出现了——荒漠碱滩一笔勾，茅庵土房一笔勾，皮袄烂裳一笔勾，传统劳作一笔勾，糠菜充饥一笔勾，历史粗颜一笔勾，落后文教一笔勾……

与历史上的“七笔勾”一样，当代形形色色的“新七笔勾”始作俑者，无不以文明的优势自居，无不自以为比当下的榆林人和横山人更文明，或则，无不相信大规模建设新城才是更文明的生活，大手笔建设大旅游项目才是更文明的文化和旅游。

## 六

自从我在横山，在横山的无定河边，在横山的黄土梁上，在横山的沙漠草原，在横山的田头地边，在横山的村镇人家，听横山人的说唱、歌声和鼓舞，听横山人的信天游，我才发现——真正文明的，是这些用生命拥抱荒凉的横山人和他们所代表的榆林人，是这些无定河－母亲河的儿女；真正野蛮的，其实是我们这些自以为文明的外来游客，以及像我们这样的所谓文化旅游专家。

我想，这个世界上，还有什么文化旅游能比这张扬生命活力的横山现象更有魅力呢？还有什么人造景观能比这无定河的恍惚梦幻更能让人魂牵梦萦的呢？

## 七

在我看来，横山的文化旅游所能做的，所应该做的，就是榆林文化旅游最应该做的和最能够做的，就是将“七笔勾”反其意而用之，看作是、转化为、利用为“横山七好”——

横山：

好旷远，好苍凉，好故事，好声音，好去处，好生活，好快活。

剩下的只是榆林和横山的文化旅游建设者，如何为天涯来客感受这“七好横山”，做七件“新七笔勾”的本分事情：

第一笔勾，保护一个“非文明”的文明横山；第二笔勾，守护一条永远“无定”的稻香河谷；第三笔勾，提供一种穿越时空的体验交通；第四笔勾，构筑一批恍惚梦幻的住处；第五笔勾，创建一组生态小镇群落；第六笔勾，唱响榆林－

横山人的信天游；第七笔勾，向文明世界出售横山人的“七笔勾”“非文明”生活方式。

## 恍惚的结语

我来陕北，不是因为朝圣；我来榆林，不是因为访古；我来横山，是因为我的朋友是无定河畔的横山人。

我想，旅游无非需要一个能让自己心动的理由。无定横山远，恍惚信天游，对我来说，就是最好的理由了。我想，陕北－榆林－横山，想要吸引世界的游客，还有什么比这更好的理由呢？

建于横山西南新区毛乌素沙漠边缘地带的 30 至 50 平方公里的榆林科创新城，将是一个宜生活、宜工作的生态性科技研发创业新型城市，通过科创新城的打造，引领榆林的技术创新和经济转型发展工作。这是榆林市领导描绘的远景。

横山区杨官海则村背后就是即将消失的沙漠，代之崛起的将是榆林科创新城。图为横山惠安社区书记黄华（右二），杨官海则村书记王峰（前左二）和北京来的专家在一起。

越是荒凉的地方，
越是蕴含着宝藏。

WU DING HE BIAN
DA HENG SHAN

**图书在版编目（CIP）数据**

大家看横山/北京早春文化编．—修订本 —北京：北京工艺美术出版社，2020.11

ISBN 978-7-5140-2049-6

Ⅰ．①大… Ⅱ．①北… Ⅲ．① 横山区－地方史－史料 Ⅳ．① K294.14

中国版本图书馆CIP数据核字（2020）第204747号

出 版 人：陈高潮
责任编辑：宋朝晖 刘 艳 冯光宏
装帧设计：廉 明 任 毅
照片采用：胡武功 苗 壮 杜芳林 吴静心 雷亚军
刘爱平 高海平 刘 旷 崔 青
责任印制：高 岩

法律顾问：北京恒理律师事务所 丁 玲 张 磊

**大家看横山（修订本）**

北京早春文化 编

出　　版　北京工艺美术出版社
发　　行　北京美联京工图书有限公司
地　　址　北京市朝阳区焦化路甲18号
　　　　　中国北京出版创意产业基地先导区
邮　　编　100124
电　　话　（010）84255105（总编室）
　　　　　（010）64283630（编辑室）
　　　　　（010）64280045（发　行）
传　　真　（010）64280045 / 84255105
网　　址　www.gmcbs.cn
经　　销　全国新华书店
印　　刷　北京九天鸿程印刷有限责任公司
开　　本　710毫米×1000毫米　1/16
印　　张　28
版　　次　2020年11月第1版
印　　次　2020年11月第1次印刷
印　　数　1～6000
书　　号　ISBN 978-7-5140-2049-6
定　　价　200.00元